SURVIVAL

für Anfänger

Das große Survival Buch für das Überleben in der Wildnis: Notfallnahrung, Überlebensausrüstung, Wasseraufbereitung und vieles mehr!

Thomas Gast

Bibliografische Information der Deutschen Nationalbibliothek.

Die Deutsche Nationalbibliothek verzeichnet diese Publikation in der Deutschen Nationalbibliografie; detaillierte bibliografische Daten sind im Internet über http://dnb.dnb.de abrufbar.

Für Fragen und Anregungen:

info@eulogiaverlag.de

ISBN: 978-3-96967-211-2

Originale Erstausgabe 2022

Eulogia Verlags GmbH
Gänsemarkt 43
20354 Hamburg

Lektorat: Ramon Thorwirth
Satz und Layout: Tomasz Debowski
Umschlaggestaltung: Aleksandar Petrović

SURVIVAL

für Anfänger

EULOGIA
VERLAG

Inhaltverzeichnis

Bevor du dieses Buch liest, denke daran, dass wir Brüder sind. Brüder, vereint im selben Kampf: Brüder, die wissen, dass der Kampf nur gewonnen werden kann, indem wir ihm uns tapfer stellen. Schauen wir dem Teufel gemeinsam und ohne Angst ins Gesicht.

(THOMAS GAST)

Übe dich jede Woche deines Lebens einmal in Sachen Bushcraft. Du musst die Natur spüren, um das Leben zu spüren. Entferne dich von Alkohol, gehe auf Distanz zu Drogen, geh weg vom sinnlosen hin zum Sinn. Verplempere deine Lebenszeit nicht mit Bullshit. Natur heißt Wahrheit. Quäle deinen Körper mit Wahrheiten, quäle dich, quäle dich und nochmal: Quäle dich! Nur so findest du deinen persönlichen Existenzsinn. Schau jeden Morgen in den Spiegel. Wenn dir gefällt, was du siehst: Gut. Gefällt es dir nicht, dann schrei. Schrei deine Wut und dein Unvermögen hinaus in die Welt. Schrei dich an und sag: Da stimmt was nicht mit mir! Danach pack deinen Rucksack und geh in den Wald. Komm erst zurück, wenn der Prozess der Mannwerdung und der Selbstfindung begonnen hat.

(THOMAS GAST)

Vorwort

Ausgangspunkt für die meisten der im Buch gezeigten Techniken, Tipps und Anwendungen sind meine persönlichen Erfahrungen damit und die Annahme, dass Menschen, allein oder in der Gruppe, sich plötzlich in Extremsituationen wiederfinden. Bringe ich Beispiele aus der Geschichte, so sind diese wahr und belegt. Einige meiner Ansichten oder Vorgehensweisen in bestimmten Situationen mögen schockieren, doch ich weise darauf hin: Sie haben sich bewährt! Ich wünsche viel Spaß beim Lesen.

(DER AUTOR.)

Bevor ich begann, dieses Buch zu schreiben, stellte ich mir die Frage: Sollte es tatsächlich ein weiteres Buch mit dem Thema Survival geben? Die Frage war berechtigt, denn der Markt war überlaufen und Survival-Standardwerke gab es bereits mehr als genug. Doch dann wurde mir gesagt, dass viele dieser Standardwerke von Männern geschrieben wurden, die nicht halb so viel Hintergrundwissen und Erfahrung in Sachen Überleben aufweisen konnten wie ich. Also machte ich mich an die Arbeit. Und vor allem, ich erinnerte mich ...

— — —

1987, Camp Szuts – DER RAID.

Antreten!

Stockdunkle Nacht. Es regnet. Im Kampfanzug stehen die Männer stramm. Nach einem kurzen Appell hasten sie im Laufschritt runter zu den Pirogen. Bevor sie einsteigen, werden sie gefilzt. Alles, was nur im Entferntesten mit Ausrüstung, Equipment oder Nahrung zu tun hat, wird ihnen weggenommen. Messer, Waffen, Schnüre, Seile, Decken,

Hängematten, Kerzen, Feuerstahl, Streichhölzer, Feuerzeuge: Nichts darf mit. Auch kein Tabak. Die Schnürsenkel der Kampfstiefel sowie die Gürtel der Hosen werden herausgenommen. Die Hände auf dem Rücken gefesselt, bekommen sie einen Jutesack über den Kopf gezogen und schon geht es los Richtung Mataronifluss, und von dort aus, einem kleineren Seitenarm folgend, immer nach Süden. Dorthin, wo die ewig grüne Hölle wartet.

Ausgesetzt! Einer nach dem anderen verlassen sie die Piroge. Sie verschmelzen mit dem Gelände und es ist ihnen strikt verboten, das Terrain zu verlassen. Ihr Auftrag? Eine Woche überleben! Es ist ein Drop and Forget. Niemand kommt zurück, um zu helfen. Höchstens um nachzusehen, dass nicht gemogelt wird. Es gibt kein Backup Team, kein Netz, keinen doppelten Boden. Das Terrain ist schlangenverseucht. Der Buschmeister oder die Lanzenotter lauern im Gebüsch. Von einer der beiden Schlangen gebissen zu werden, wäre fatal, denn es gibt keinen Arzt, kein Gegengift, kein Pardon. In den Creeks tummeln sich giftige Rochen, Anakondas, schwarze Kaimane lauern unter der Oberfläche. Berührst du einen der bunten Pfeilgiftfrösche mit bloßen Händen, ist dein Leben nichts mehr wert. Es regnet gefühlte 360 Tage im Jahr. Wie schütze ich mich vor dem Regen? Wie mache ich ein Feuer? Muss ich das Wasser filtern oder kann ich es ungefiltert trinken? Wo finde ich Nahrung und wie bereite ich sie zu? Diese Fragen gehen den Männern von nun an ständig durch den Kopf. Sie müssen sich ihnen in der Praxis stellen. Der größte Gegner jedoch, soll sich erst im Laufe der kommenden Stunden und langen einsamen Nächten zeigen. Es ist der innere Schweinehund.

Was tun, wenn mein Körper noch könnte, der Kopf aber längst nein sagt, weil der Wille fehlt?

Nach sieben Tagen kehren die Ausbilder zurück. Die Lehrgangsteilnehmer – müde, nass, hungrig – je nachdem, wie gut sie Gelerntes umgesetzt haben oder nicht, bekommen sie einen Teil ihrer Ausrüstung zurück. Sie müssen ihr Lager, meist eine aus Palmblättern errichtete behelfsmäßige Unterkunft, niederreißen und jegliche Spuren

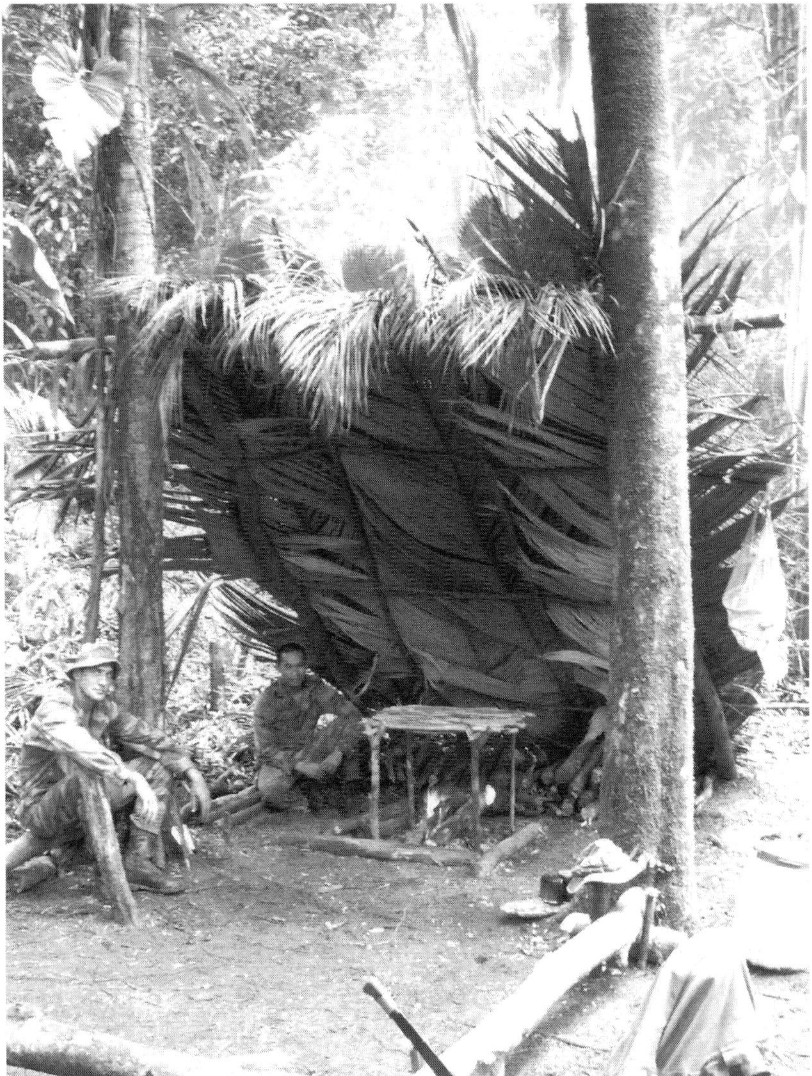

ihres Aufenthaltes verwischen. Es gibt eine knackige Lageeinweisung und einen Auftrag. Um ihn ausführen zu können, muss zunächst der Fluss überquert werden. In aller Hast wird ein Floß gebaut, eine dreitägige Durschlageübung beginnt. Sich im Gelände zu orientieren ist jetzt Thema. Und ja nicht in einen Hinterhalt laufen! Gut getarnt auf im ewigen Schatten liegenden Pfaden hat der Gegner Menschenfallen ausgelegt. Sie zu kennen und anzufertigen erfordert Wissen. Um sie im Gelände zu finden und zu umgehen oder um sie zu neutralisieren (bzw. um sie zu entschärfen), bedarf es höchster Konzentration, doch all das, und vieles mehr, haben die Männer gelernt. Die Stunde der Bewährung ist gekommen.

Ich war einer dieser Männer. Während ich das vorliegende Buch schrieb, kam die Erinnerung an diesen Raid peu à peu zurück. In den Jahren zwischen 1985 und 1987 ins dritte Regiment der Fremdenlegion abkommandiert, verbrachte ich mehr als 400 Tage im Dschungel und etwa ein Drittel der Zeit davon im Camp Sutzs an der Dschungelkampfschule, kurz CEFE. Diese Ausbildungsstätte, Referenz und Lehrmeister in Sachen ‚Kampf im Dschungel' und ‚Überleben' (SURVIVAL) – nicht nur für Fremdenlegionäre, sondern auch für Spezialeinheiten verbündeter Streitkräfte wie z. B. KSK, US-Marines, Navy Seals – befindet sich in Régina, am Ufer des Approuague. Am Zentrum, wie wir Legionäre das CEFE kurz nennen, geht es hart zu. Wer von hier wieder heil in seine Heimat oder ins Quartier zurückkehrt, hat die Hölle besucht. Diese Hölle habe ich zunächst als Lehrgangsteilnehmer, später aber auch als Ausbilder erleben dürfen.

Einige Jahre später ging es mit meiner Einheit zu einen Kommandolehrgang in Mont-Louis. Dort, in der Zitadelle, Teil der Festungsanlagen von Vauban, absolvierte ich einen Lehrgang in Sachen ‚Leben und Überleben' im Milieu Winter. Der Lehrgang fand im Februar in den Pyrenäen in 1650 Metern Höhe statt. Vorausgegangen war ein Lehrgang in Dschibuti am CECAP. Hierbei handelte es sich um eine Ausbildung in Überlebenstechniken im Milieu Wüste. 1995 und 1997 folgten Überlebenslehrgänge in Gabun / Westafrika am CEFOGA. Nicht zu vergessen wäre das Jahr 2014 mit einem Lehrgang am CETIS in l'Estaque, bei Marseille. Für meine zukünftigen Abenteuer im Bereich der Private Security musste ich hier ein Überlebenstraining Milieu Meer / See absolvieren. Aus all diesen Lehrgängen (und nicht wenigen scharfen Einsätzen) schlau geworden, nahm ich Wissen mit. Wissen, welches ich dir, lieber Leser, gerne zusammengefasst und zum besseren Verständnis vereinfacht zur Verfügung stelle. Dank gehört an dieser

Stelle meiner lieben Frau Diana. Lange Stunden am PC gruben einen kleinen Graben zwischen mich und den Rest der Familie. Mit Hingabe und Geschick baute Diana die notwendigen Brücken zwischen den Kindern und ihrem Vater. Dank gehört auch der Légion étrangère, für mich Lehrmeister, Ratgeber und rote Linie. Viel Spaß bei der Lektüre und denk daran: Du hast nur einen Auftrag – Überleben!

Warnhinweis und Haftungsausschluss

Sämtliche Inhalte dieses Buches sind nur im absoluten Notfall anzuwenden, um das eigene Überleben zu sichern. Autor und Verlag übernehmen keinerlei Haftung für eventuelle Schäden, egal welcher Art, die durch das Anwenden oder das Nichtanwenden der im Buch beschriebenen Techniken im Allgemeinen oder durch das falsche und missbräuchliche Anwenden derselben im Speziellen entstehen könnten. Bestehende Gesetze, insbesondere bezüglich der Flora und Fauna, müssen stets gewissenhaft befolgt werden. Bei Zuwiderhandlungen durch den Leser sind Rechts- und Schadenersatzansprüche gegenüber dem Autor oder dem Verlag ausgeschlossen.

Einleitung

... mein größter Feind war die Angst!

Ziel dieses Buches ist es, Menschen, ob jung oder alt, auf das schrecklichste Szenario vorzubereiten, das wir uns vorstellen können: den Real Survival. Die Rede ist vom Ernstfall. Vom Mindset und der körperlichen Fitness bis hin zu den wohl wichtigsten Überlebenstechniken werden hier alle Bereiche abgedeckt, die uns dem Ziel ÜBERLEBEN näherbringen. Da ich nichts dem Zufall überlassen möchte, beginne ich in meine Ausführungen an der Basis, wobei im Laufe der einzelnen Kapitel das technische Know-how progressiv gesteigert wird. Das macht, dass das Buch für Anfänger ebenso geeignet ist wie für Fortgeschrittene. Dem Titel zum Trotz befasst sich dieses Buch mit einer Mischung aus Bushcraft und Real Survival. Spätestens jetzt ist es angebracht, die Spreu vom Weizen zu trennen und den Begriff Survival genauer zu definieren. Fast immer, wenn über Real Survival gesprochen wird, taucht ganz am Rande auch der Begriff Bushcraft auf. Zwei unterschiedliche Begriffe für eine Sache? Nein! Bushcraft und Real Survival sind so unterschiedlich wie Sonne und Mond. Bei uns ist es fälschlicherweise üblich Bushcraft zu exerzieren und dem Ganzen den Stempel Survival aufzudrücken. Internet und YouTube verzerren die Realitäten. Der klärende Satz wäre: *Wer lange und oft genug Bushcraft betreibt, hat möglicherweise eine höhere Chance in einer Real-Survival-Situation mit dem Leben davon zu kommen.* Was beide Oberbegriffe gemeinsam haben, sind die vier Bedürfnis-Pfeiler: Feuer, Wasser, Nahrung und Shelter. Damit ist aber auch schon Schluss. Wenn wir uns ein Beispiel von Real Survival genauer ansehen, stellen wir fest, dass die Nahrungsbeschaffung eine untergeordnete Rolle spielen kann, bei Bushcraft dieselbe jedoch essenziell ist. Beim Real Survival kann Feuermachen wichtig sein, bei Bushcraft gehört es einfach dazu. Während Bushcraft ohne Shelter und Wasser kaum denkbar ist, kann beim Real Survival gerade der Shelterbau so unnütz sein wie ein Kropf. Findet das Durchschlagen, das Ausweichen, das Verstecken und das Überqueren von gefährlichen Hindernissen bei Bushcraft kaum Beachtung, so kann einen das fehlende Wissen darüber in einer Real-Survival-Situation das Leben kosten, so einfach ist das. Doch stellen wir mal Bushcraft und Real Survival gegenüber und verwenden jeweils eine Handvoll Stichworte dafür. Ich denke, dass mein Anliegen damit deutlicher gemacht wird.

BUSHCRAFT: Angenehmes Szenario. Freiwillig. Selbst herbeigeschaffte Situation. Vorhersehbar. Geplant. Unter normalen Umständen kaum lebensbedrohlich. Erreicht man sein Ziel nicht oder läuft etwas schief, bricht man die Zelte ab und geht einfach nach Hause. Der Wille zum Überleben spielt eine absolut untergeordnete Rolle. Es ist unter Umständen immer jemand erreichbar, der helfen kann, (Handy am Mann, Auto in der Nähe abgestellt, Arzt oder gar Backup Team nicht weit weg) ganz dem Motto treu: *Männer Pause, Kamera aus, wir lösen erstmal das Problem. Problem gelöst. Kamera wieder an!* Bei Bushcraft werden die eigenen Fähigkeiten, die Natur und ihre Ressourcen dazu benutzt, um freiwillig, oft auch über längere Zeit hinweg, Outdoor in einer selbst gewählten und relativ gut ertragbaren Komfortzone zu verbringen. Der gepackte Rucksack mit den selbst gewählten eigenen sieben Sachen ist immer dabei. Es werden nur die Sinne abgerufen, die für den anliegenden Part notwendig sind.

REAL SURVIVAL: Worst-Case-Szenario. Unfreiwillig. Völlig unvorhersehbar. Nicht geplant. Absolut lebensbedrohlich, kann nicht abgebrochen werden. Es ist ein vom eigenen Willen unabhängig entstandener Notfall oder es stellt zumindest ein großes Problem dar. Dieses lebensbedrohliche Problem kann meist nur gelöst werden, indem ich es schaffe, zur Zivilisation zurückzukommen (Notion Durchschlagen, sich verstecken, Ausweichen, Überwinden von gefährlichen Hindernissen). Ohne das Mindset *Ich will überleben,* stirbst du womöglich. Die hohe psychische Belastbarkeit, ein gestählter Körper und der stark ausgeprägte Überlebenswille sind Zünglein an der Waage. Du bist in der Regel auf dich allein gestellt, niemand kommt, um dich herauszuholen. Eine Komfortzone gibt es nicht. Da du nicht damit rechnest, in eine Real-Survival-Situation zu kommen, hast du meist keine Überlebenstools oder Equipments am Mann. Es werden alle Sinne und Gefühle abgerufen, die du in dir trägst. Auch die, die bei Bushcraft eigentlich nie ins Spiel kommen. Unter anderem: Die Angst! Selbst wenn Real Survival simuliert wird, ist und bleibt es dennoch nur Bushcraft, denn während der Simulation können wir den Prozess in jeder Phase und zu jeder Zeit beenden. Beenden wir in einer Real-Survival-Situation den *Prozess*, dann sterben wir oder erleiden dauerhafte Schäden am Körper und im Geist. Nichtsdestotrotz können ein Bushcraft-Vorhaben, ein normaler Ausflug oder eine Situation mitten aus dem alltäglichen Leben immer und zu jeder Zeit zu einem Real Survival ausarten. Hier ein Beispiel dafür.

Zu Beginn des Jahres 2021 stürzte der Brasilianer Antonio Sena mitten im Amazonaswald mit seiner Cessna ab. Im Umkreis von zweihundert Kilometern gab es keine Ortschaft. Das Terrain gehört zu den menschenfeindlichsten, unwirtlichsten Gegenden der Erde. Vor dem Crash konnte er einen Notruf absetzen. Bevor die Cessna Feuer fing, Sena hatte 600 Liter Öl an Bord, schnappte er sich ein Taschenmesser, eine Taschenlampe sowie eine Schachtel Streichhölzer und sprang aus der Maschine. Den Absturz überlebte er, aber dafür musste er durch die Hölle. In einem einmonatigen Überlebenskampf, der ihn durch schlangenverseuchte, für Menschen unzugängliche Gebiete führte, erlebte Sena seinen Real-Survival-Alptraum hautnah. Emotional am Boden zerstört, so sagte Sena hinterher, war es das einzige Mal in seinem Leben, dass er dachte, dass er da vielleicht nicht mehr rauskomme und dort sterben müsse. Er sagte sich aber auch, und das ständig: *Nein. Mein Leben darf nicht hier und so enden!* Da er davon ausging, dass Rettungsteams schnell nach ihm suchen würden, verblieb er zunächst ganz in der Nähe des brennenden Wracks. Als ihm aber klar wurde, dass man ihn durch die dichten Baumkronen nicht sehen und selbst ein Hubschrauber an dieser Stelle nicht landen konnte, marschierte er los. Achtunddreißig Tage lang lief er immer in die Richtung, von der er wusste, es ist Osten.

… Er wusste es! Man sieht an diesem Beispiel, wie wichtig es ist, sich im Gelände orientieren zu können.

Dabei ernährte er sich hauptsächlich von Vogeleiern. Sena wusste auch, dass Jaguare ihrer Beute am Boden und meist in Wassernähe auflauerten. Deshalb schlief er nachts teilweise auf hohen Bäumen. Einmal weg vom Fluss, schlief er am Boden, wo nachts ihm völlig unbekannte Insekten über ihn hinweg krabbelten. Müde, hungrig und schlapp studierte er das Verhalten der Klammeraffen. Sie aßen Früchte, die er noch nie gesehen hatte. *Wenn Affen diese Früchte essen können*, so sagte er sich zu Recht, *dann kann ich das auch*. Er aß und überlebte. Nach mehr als einem Monat, Sena hatte inzwischen 25 Kilogramm Körpergewicht verloren, gelang es ihm zur Zivilisation zurückzukehren. Was er erzählte, war erstaunlich. Er teilte seinen Rettern mit, dass er nicht so viel Angst davor hatte zu verdursten, zu verhungern oder Opfer eines Jaguars zu werden. Vielmehr hatte er große Angst vor der Angst selbst. Sie war sein täglicher Begleiter. Erst als er den Mechanismus der Angst und was Angst mit ihm anzustellen vermochte, erforscht hatte, wusste er, er würde überleben. Senas wohl wichtigste Aussage zum Schluss seines Abenteuers war folgende: *Der Dschungel war nicht mein größter Feind, sondern die Angst!*

Grundsätze

Die Vorteile von Überlebenstraining

Weißt du vorher schon, wann du in eine Notsituation gerätst? Sicher nicht. Und wenn es passiert – zu einem völlig unpassenden Zeitpunkt natürlich – wie gehst du damit um? Könntest du eine lebensbedrohliche Situation meistern? Wenn du jetzt mit ‚na klar' antwortest, hast du schon zwei Mal gelogen. Fakt ist, du weißt es nicht, denn das weiß niemand. Die möglichen Szenarien variieren von ‚völlig krass, aber machbar' über ‚lebensbedrohlich, könnte man aber gerade noch schaffen' bis hin zu ‚mit hundertprozentiger Sicherheit kein Ausweg möglich.' Eine Wanderung mit der Familie auf Europas schönstem Wanderweg, dem GR-20, ist vielen schon zum Verhängnis geworden. Zu viert los, allein überlebend zurück. Ich war Zeuge davon und suchte tagelang mit Hilfskräften nach Überlebenden, die längst tot waren. Ein harmloser Flug mit dem Helikopter kann zum Drama, eine Überfahrt mit der Fähre von A nach B zum Alptraum werden. Du bist nie in Sicherheit. Selbst in den eigenen vier Wänden nicht. Unter gewissen Bedingungen aber müsste man zugeben: Gut! Alles ist da, die Survival-Suppe ist angerührt, der uneingeladene Gast kann kommen. Natürlich heißt der Gast ‚Real Survival' oder ‚unser persönliches Worst-Case-Szenario'. Auf den Inhalt der Kasserolle kommt es also an. Ich möchte nicht um den heißen Brei herumreden. Um zu überleben, benötigst du – WISSEN – ERFAHRUNG – TRAINING – MENTALE UND KÖRPERLICHE VORBEREITUNG. Und ein Quäntchen Glück. Aus Erfahrung weiß ich, dass eine weitere Komponente niemals fehlen darf. Ein gestählter Körper. Es gibt da einen Spruch, der sagt ‚Quäle deinen Körper, sonst quält dein Körper dich.' Ich würde ihn dahingehend erweitern, indem ich die Psyche einbeziehe. Das sähe dann so aus. Quäle Körper und Geist, damit du Tag X überlebst! Mit anderen Worten, sei immer bereit. Wie du dich auf täglicher Basis vorbereiten kannst? Easy. Beziehe einfach Dinge in deinen Alltag mit ein, die deinen Körper und deine Psyche auf das Worst-Case-Szenario einstellen. Das hört sich schwer an, ist aber einfach zu realisieren. Du musst einkaufen? Dann fahr nicht mit dem Auto, sondern schnapp dir einen kleinen Rucksack und jogge zu Aldi, Lidl & Co. Du hast bis zu deiner Arbeitsstelle nur 15 Kilometer? Fahr mit dem Rad. Sag deiner Frau einmal in der Woche, sie soll dich nachts ohne Equipment 10 Kilometer tief in den nächsten Wald fahren, Tür auf und Tschüss. Versuche heimzufinden, indem du intuitiv die richtige Richtung einschlägst, ohne dabei feste Wege zu benutzen. Lege einmal in der Woche einen Fastentag ein und übe dich mindestens zwei Mal im Monat in Sachen Bushcraft und Outdoor. Suche bewusst die Konfrontation mit den Gezeiten: Kälte, Nässe, Wind, Nebel, Dunkelheit. Aber auch mit Aspekten wie Alleinsein, Isolation, Angst, Hunger und Durst. Nur wenn du all diese Seiten am eigenen Körper schon verspürt hast und Unbequemlichkeiten hegst und pflegst wie eine gute Freundschaft, räume ich dir Chancen ein, eine Real-Survival-Situation gut zu überstehen. Warum das Überlebenstraining wichtig ist? Ein Satz bringt es auf den Punkt.

- **Um alle Chancen auf deine Seite zu bringen.**

Gerne füge ich hinzu, um zu verstehen, wie du funktionierst, damit es, kommt der Tag X, keine Überraschungen gibt. Ein gutes Überlebenstraining verknüpft Dinge miteinander, die in unseren Zeiten keine Selbstläufer mehr sind. Über sich hinauswachsen. Abenteuer hautnah erleben. Durch die Bewegung im Freien körperliche Fitness praktizieren. Schnelle Reflexe üben. Solide Nerven beweisen. Den Sinn für die Natur wiedererkennen. Mit der Natur im Gleichklang vibrieren. Doch mehr als das: Du entdeckst neue Seiten deiner Persönlichkeit. Möglicherweise stellst du fest, dass du, abhängig von Komfort und Technologie, bisher sehr oberflächlich gelebt hast. Dass du mutiger bist, als du ahntest. Wenn du dich regelmäßig gewissen Szenarien unterwirfst, lernst du nicht nur, was Angst mit dir anstellt, sondern auch, wie du die Angst zu deiner schärfsten Waffe machst. So etwas vor dem Worst-Case-Szenario einer Real-Survival-Situation zu wissen, halte ich für klug.

Wir können unseren Körper mit etwas Fitness drei oder vier Mal die Woche quälen oder wir können es lassen. Unterlassen wir es, verkümmern die Muskeln, wir werden unbeweglich, steif und krank. Genauso verhält es sich mit unserer geistigen Flexibilität. Manche vegetieren mental dahin. Handy, Fernseher und Videospiele übernehmen ihre Denkprozesse beziehungsweise suggerieren, was gedacht werden soll und was nicht. Eigenes Denken verkümmert. Unser Körper und unser Geist sind eine unzertrennliche Einheit. Pflegt man beide, erhält man ein gesundes, rundes Mental-Kraftpaket, welches uns bis ins hohe Alter Freude und Anerkennung bringt. Die Vorteile der körperlichen Bewegung und des eigenen Denkens liegen klar auf der Hand. Wir werden älter als andere Menschen. Das gesunde Zusammenspiel beider Komponenten befähigt uns, Gefahren blitzschnell zu erkennen und ihnen geschickt auszuweichen. Um uns aus der Bahn zu werfen, wenn Körper und Geist perfekt harmonieren, muss schon viel kommen.

Das gilt für alle Lebensbereiche. Es gibt eine alte Soldatenweisheit, die da sagt: Wer schneller schießt und besser trifft, bleibt Sieger. Schneller schießen und besser treffen und somit Sieger sein? Ja! Das geht aber nur, wenn du fleißig trainierst. Wenn du als Soldat viel Zeit damit verbringst, den Umgang mit der Waffe zu üben, wenn du marschierst, den Kompass in die Hand nimmst, dich mit Optronik und Fernmeldegeräten auseinandersetzt, an Manövern teilnimmst und ständigen Drill über dich ergehen lässt. Drill spart Blut. Auf Deutsch: Du überlebst. Wenn wir uns drei oder vier Mal im Monat allgemeinen Outdooraktivitäten wie Bushcraft oder einem geplanten, gut überdachten Überlebenstraining ganz bewusst hingeben, kann uns das Real Survival mal.

Nimm den Kampf an – oder welche Faktoren für das Überleben notwendig sind

3 Minuten ohne Atemluft, 3 Stunden ohne Schutz vor Kälte bei Unterkühlung, 3 Tage ohne Trinkwasser und 3 Wochen ohne Nahrung: Aus die Maus!

Ich denke, in einer Sache sind wir uns einig. Um zu überleben, benötigen wir Wasser, was zu essen, die richtige Temperatur und Luft beziehungsweise Sauerstoff. Sicher wirst du die Grenze von drei Minuten ohne Atemluft kaum knacken. Bist du länger als drei Stunden extremen Temperaturen ausgesetzt, erfrierst du oder trocknest aus wie Dörrobst.

Ohne etwas Essbares kann ein Mensch im Durchschnitt dreißig Tage auskommen, wobei hier die Messlatte sehr hoch liegt bei 116 Tagen. Durst ist immer um ein Vielfaches schlimmer als Hunger: Ohne Flüssigkeit stirbt der Mensch sehr schnell, es ist oft nur eine Frage von Tagen. Wir sehen, es gibt viel zu tun. Als Ex-Soldat mit nicht wenigen Einsätzen rund um den Globus verwundert es mich jedoch, dass fast alle sogenannten Survival-Experten all dies immer wieder und nochmal predigen, eines aber absolut nicht auf dem Schirm haben. Die Gefahr, die vom Menschen ausgeht! Die Rede ist von physischer (körperlicher) Gewalt. Eine Kugel tötet innerhalb einer Sekunde. Ein gut geführter Messerhieb in drei Sekunden. Ein gut gezielter Fausthieb schafft das wohl ebenso schnell. Der Faktor, der hier für das Überleben notwendig ist?

Menschen, und somit diesen Gefahren, ganz gezielt ausweichen!

An allen geeigneten Stellen des Buches werde ich aufzeigen, wie man sich schützt beziehungsweise wie man sich dem Zugriff durch böse Menschen entzieht. Auch in Krisen und während eines militärischen Konfliktes. Wir halten fest: Das Überleben einer Real-Survival-Situation ist in erster Linie davon abhängig, wie ich mich verhalte, wie stark mein Wille ist und über welche Mittel und Erfahrung ich verfüge.

Adrenalin – Unser Verhalten.

Die richtigen Aktionen im richtigen Moment und in der richtigen Reihenfolge können unser Überleben sichern. Die meisten Menschen werden Opfer von Panik, wenn sie sich von jetzt auf gleich in einer Real-Survival-Situation wiederfinden und feststellen, dass es plötzlich ums Ganze geht. Jetzt falsche Prioritäten setzen, erschwert unser Überleben. Ein mögliches Szenario:

Dein Flugzeug ist abgestürzt. Wie der Brasilianer Antonio Sena findest du dich als einziger Überlebender im Dschungel wieder. Das Flugzeugwrack, aus dem du gerade herausgekrochen bist, schwelt, es riecht nach Rauch.

Die richtige Aktions- Reihenfolge wäre nun.

- **Kopfarbeit, handeln, Bilanz ziehen.**

Die erste Phase, das Nachdenken und somit das Einleiten einer folgerichtigen Handlung, beansprucht nur einige Sekunden. Überlege blitzschnell, wovon jetzt die größte Gefahr für dich ausgeht. Wir sind uns einig. Das Flugzeug könnte womöglich explodieren. Die richtige Aktion wäre, sich sofort in Sicherheit zu bringen. Warte nicht. Da du davon ausgehst, ja dir fast sicher bist, dass es keine weiteren Überlebenden gibt, musst du dir um andere keine Gedanken machen. Du bist unverletzt? Gut! Steh auf und laufe um dein Leben. Merke dir die Richtung, entferne dich vom schwelenden Wrack – da der Urwald an dieser Stelle sehr dicht ist, müssten 200 Meter genügen – und setze dich dann hin. Du wirst feststellen, dass du am ganzen Körper zitterst. Das ist völlig normal, denn du bist vollgepumpt mit Adrenalin. Deine Energiereserven werden mobilisiert, deine Leistungsbereitschaft gesteigert. Warte einige Minuten. Atme dabei tief durch, gerne auch sehr geräuschvoll, wenn dem nichts entgegenspricht (Achtung: Gefahren, die von Menschen ausgehen). Behalte einen klaren Kopf, du musst jetzt in der Realität im Hier und Jetzt bleiben, deswegen: Verneine deine Situation nicht, sondern nimm sie an. Lasse blitzschnell Revue passieren, was eigentlich passiert ist und was du gerade unternommen hast. Insofern keine akute lebensbedrohliche Situation mehr vorherrscht, geh dazu über Bilanz zu ziehen. Bist du vielleicht doch verletzt? Check das bitte. Nein? Alles gut. Weiter. Was habe ich am Mann? Über welche Tools verfüge ich? Du fühlst dich nackt? Bist du aber nicht! Breite alles, was du hast vor dir am Boden aus. Aha: Wir haben ein Portemonnaie. Darin sind unter anderem drei Kreditkarten. Ein Schlüsselbund. In deiner rechten Beintasche finden sich ein Schweizer Taschenmesser, ein Smartphone, ein Kugelschreiber und ein loses, zerknülltes Stück Papier. Doch das ist nicht alles. Du hast den Gürtel und die Schnürsenkel vergessen. Kleinigkeiten? Du irrst schon wieder! Es sind deine Waffen. Es ist dein Equipment. Diese Kleinigkeiten können wesentlich zum Überleben beitragen. Vom Prinzip her ist die hier angewandte Entscheidungsfolge auf die meisten Krisensituationen dieser Art übertragbar. Es könnten je nach geografischer Lage, Jahreszeit oder persönlichem Umfeld andere Parameter ins Spiel kommen. Fällt mein Flugzeug im Urwald vom Himmel oder geschieht dasselbe im Winter in den Pyrenäen? Finde ich mich plötzlich nur mit Jeans und T-Shirt bekleidet in der afrikanischen Steppe wieder oder im vereisten Lappland bei minus 23 Grad? Wir beenden das Gedankenspiel hier, kommen aber im Verlauf des Buches auf all diese Möglichkeiten zurück, um zu sehen, wie es für dich gegebenenfalls weitergehen könnte.

Unser Mindset. Deine psychische und physische Vorbereitung/Verfassung

Survival ist im Kern eine mentale Fähigkeit. Willenskraft und ein klarer Kopf helfen zu überleben. Angst und Panik vernebeln die Gedanken und erschweren Entscheidungen.

(THOMAS GAST)

Eine Real-Survival-Situation zu überleben, erfordert von uns viel mehr und viel Wichtigeres als nur das Wissen und die Erfahrung darüber, wie ich ein Feuer mache, wie ich den Shelter errichte, wie ich Wasser aufbereite oder wie ich ohne den Einsatz von GPS von A nach B gelange. Es gibt Menschen, Männer und Frauen, die es ohne große Erfahrung ganz einfach schafften. Sie überlebten Extremsituationen.

Dann gibt es jene, die sehr wohl über sehr gute Survival-Kennnisse verfügten, diese aber nicht abriefen und einfach starben. Sie hatten es nicht geschafft. Warum das so war? Nun, erstere hatten den eisernen Willen zu überleben, letztere hatten ihn nicht. Sie hatten die wichtigste Funktion, die da heißt – *Gib Niemals Auf* – nicht abgerufen. Im Februar 1988 war ich mit meiner Einheit in Mont-Louis am CNEC. Die Ausbilder waren Béret Rouge, Kommandospezialisten vom 1. Choc. Wir Legionäre waren dort gern gesehene Gäste, weil die Ausbilder wussten, dass sie uns länger als andere schikanieren, härter rannehmen und bis zum Kotzen triezen konnten. Dennoch hielten wir die Klappe und mischten zu ihrem größten Erstaunen immer kräftig mit. Wir waren eben ein sehr robuster, wohl disziplinierter Haufen. Aber nur mit Disziplin und Robustheit war unser Status nicht zu erklären. Es gab da noch etwas und das war weit wichtiger. Es war diese Besessenheit niemals aufzugeben. Egal was kam, wir warfen niemals das Handtuch. Den eisernen Willen schöpften wir aus der Überzeugung, dass, wenn der Kopf einknickt, das Spiel aus und dein Leben keinen einzigen Cent mehr wert ist. Eine Durchschlageübung zum Ende des Lehrgangs zeugte von diesem Starrsinn, den man auch Überlebensinstinkt nennen kann. Stell dir vor, es ist Nacht. Und es ist eiskalt im zweistelligen Minusbereich. Du wirst mit gefesselten Händen in ein unterirdisches Labyrinth in die dunklen Gänge der Festungsanlage gebracht. Es gibt nur einen Ausgang. Du hast keine warmen Klamotten, keine Waffe, keine Ausrüstung. Alles, was man dir gab, ist ein Auftrag. Alles, was du besitzt, ist dein intakter Wille, da rauszukommen, um den Auftrag auszuführen, der da heißt: Fliehen und dich um jeden Preis zur eigenen Truppe durchschlagen. Du frierst. Du beginnst zu suchen, findest schließlich den gut versteckten Ausgang. Kaum bist du durch das Loch geschlüpft, denn mehr als ein enges Loch gibt es nicht, wirst du von festen Händen gepackt. Sie sind zu dritt. Du teilst Hiebe aus, trittst in Weichteile und steckst Hiebe und Tritte ein. Sie zwingen dich zu Boden, aber du bist robust, stemmst dich dagegen, kommst auf die Beine, trittst nochmals zu und entkommst schließlich. Nur weg von hier. Irgendwann öffnet sich der Boden unter deinen Füßen, ein Loch, eine Falle. Sie zerren dich heraus, richten dich auf, schreien dich an. Du musst dich mit dem Rücken an eine Wand stellen und langsam in die Knie gehen, sodass Waden und Oberschenkel einen rechten Winkel bilden. In dieser Folterposition wirst du ausgefragt: Wie heißt du? Von welcher Einheit bist du? Wie heißen deine Vorgesetzten und welchen Auftrag hast du? Kein Wort kommt über deine Lippen. Du zitterst, fällst nach vorne, deine Beine versagen den Dienst. Man führt dich ab, bringt dich in einen kalten, dunklen Raum. Man fesselt dich und verbindet dir die Augen. Dann legt man dich auf den Boden. Das Letzte, was du hörst, ist wie jemand die Tür geräuschvoll schließt. Nach einer Ewigkeit öffnet sich die Tür wieder. Jemand betritt den Raum. Wie heißt du? Von welcher Einheit bist du? Wie heißen deine Vorgesetzten und welchen Auftrag hast du? Du schweigst, erhältst als einzige Antwort einen brutalen Hieb in die Seite. Du hörst den anderen atmen. Dann ist es wieder still. Die Tür schließt und öffnet sich in dieser Nacht sehr oft. Plötzlich stellt jemand ein Radio neben deinen Kopf. Du hörst Musik, die von Sekunde zu Sekunde lauter wird. So laut, dass du am liebsten schreien möchtest: Aufhören, aufhören! Das Radio läuft noch eine halbe Stunde mit maximalem Volumen weiter und wird urplötzlich ausgeschaltet. Die Stille ist Wahnsinn pur, tut aber gut. Wie heißt du? Von welcher Einheit bist du? Wie heißen deine Vorgesetzten und welchen Auftrag hast du? Die Fragen sind immer gleich. Du schüttelst den Kopf, worauf die Musik wieder beginnt. Das Spiel dauert Stunden und wiederholt sich immer wieder, immer wieder. Vier Gedanken beherrschen dich. Sie heißen: Schmerz. Hunger. Durst. Kälte. Aber ein Gedanke ist stärker als alle anderen. Er heißt: Durchhalten. Überleben! Wenn du sprichst, wird man dich sofort erschießen, das ist sicher. Du bist dann nicht mehr wichtig. Genauso war es damals, doch nun zurück in die Gegenwart. Was ist passiert? Nun, die Ausbilder waren der sichere Tod, dein Dagegenhalten und dein überaus starker Wille, waren das Leben. Du hast dich für das Leben entschieden, musstest dafür – wie unser Brasilianer Sena – durch die Hölle. Hat es sich gelohnt, stark und starrköpfig zu sein? Na klar! Heute feierst du mit deiner Familie Weihnachten, bist fröhlich und ausgelassen und du wirst zum dritten Mal Vater, welch Freude im Haus. Das Leben ist wunderbar. Nun ist es egal, ob du Bankkaufmann, Polizist, Rechtsanwalt, Verkäufer bei ALDI-Süd oder Fremdenlegionär bist. In dem Moment, in dem du das Leben bejahst, bist du Sieger.

Mindset – Positiv – Wille stark = Überleben!

Für die meisten Menschen, die ich kenne, gibt es keine größere Herausforderung (oder sollte ich sagen keine größere Horrorvision?) als die, allein irgendwo in der Natur weg vom familiären Umfeld zu sein. Diesen Ängsten kann man jedoch aktiv und ganz gezielt vorbeugen, indem man sich ihnen hingibt, sich ausliefert. Daher mein Tipp, wenn ihr ein Outdoorvorhaben plant: Geht allein raus. Es ist die Konfrontation mit sich selbst, die Outdoor zu einer Sensation macht. Stille. Ruhe. Zu sich finden. Den Menschen in sich mit dem nähren, was nur die Natur ihm von ihrem Besten geben kann. Wenn du eher der Typ bist, der immer andere Menschen um sich herumhat, der gerne und viel redet und sich in Menschenansammlungen wohl fühlt, denke daran, dass Survivaltraining auch und vor allem dazu dient, den inneren Schweinehund in dir zu besiegen. Den ersten Stepp in eine höhere Bewusstseinsstufe als Mann machst du, indem du über deinen Schatten springst und dir sagst: Ich bin dann mal für eine Woche weg. Ja, ich habe eine Scheißangst, aber ich gehe trotzdem oder genau deswegen. Deine Freunde werden zunächst den Kopf schütteln, dich aber insgeheim bewundern. Und sie werden dich beneiden, denn du tust etwas, was sie nie tun würden. Und dann? Du wirst als Fels zurückkommen. Etwas wird sich verändert haben. Es könnte sein, dass du, wenn du da draußen unterwegs bist, neben der Angst zunächst mit zwei Gefühlen kämpfen musst, die dir bis dahin völlig fremd waren: Langweile und Einsamkeit. Aber genau diese zwei Faktoren sind es, die das Beste aus dir herausholen, nämlich deinen Erfinder- oder Einfallsreichtum (Kreativität) und deinen Überlebenswillen. Du wirst Qualitäten an dir erkennen, die du im gesellschaftlichen Umfeld, in der Masse nie kennengelernt hättest. Möglicherweise ist dein Alleinsein mit der Natur nicht das Resultat deiner bewussten Entscheidung. Vielleicht hattest du einen tragischen Unfall wie der Brasilianer Sena. Vielleicht hast du dich während einer Wanderung mit Freunden verlaufen oder du warst mit deinen Soldatenkameraden im Einsatz, euer Hubschrauber wurde hinter den feindlichen Linien abgeschossen und du bist der einzige Überlebende. Vielleicht hast du im Einsatz Fehler gemacht. Fehler, die dazu führten, dass deine Männer starben, du aber überlebtest und dich nun allein wiederfindest. Alles ist möglich. Zu deiner ursprünglichen Angst gesellen sich nun sicher auch Wut, Selbsthass, Schuldgefühle und eine Menge Frust. Die Gründe, die dazu führten, spielen nun keine Rolle mehr. Was jetzt wirklich wichtig ist, ist am Leben zu bleiben. Sei dir einer Sache bewusst, nur wenn du es schaffst, diese Gefühle, Angst, Wut, Selbsthass, Schuld und Frust positiv zu kanalisieren, nur dann kannst und wirst du überleben. Von deiner Seite aus muss nun der nächste Schritt eingeleitet werden: die Trotzreaktion. Übernimm das Kommando über deine Gefühle, gewinne die Kontrolle, sag dir und ihnen ganz klar: Okay, ich sehe euch. Aber der Auftrag, mein Überleben, hat oberste Priorität. Lasst uns die Details zu einem späteren Zeitpunkt klären.

Um es kurz zu sagen: Höre nicht auf deine Ängste, sondern sprich mit deinen Stärken.

Deine eigenen Stärken herauszufinden, ist ein Prozess, der bereits im Vorfeld auf täglicher Basis stattfindet und zwar im Freundes- und Familienkreis. Bei der Arbeit. Bei Spiel und Sport. Finde heraus, wer du bist, aber besser noch, wer du sein könntest. Baue deine Stärken kontinuierlich aus und arbeite an deinen Schwächen. Bei allem, was du tust, habe den Blick nur auf die Realität, auf das Jetzt, auf den Istzustand. Interpretiere nichts, sondern halte dich an die Fakten. Hoffe stets das Beste, aber bereite dich innerlich auch auf das Schlimmste vor.

Anm. des Verf. Geht allein raus. Diese Aussage unterstütze ich nicht, wenn wirklich Extrembedingungen oder Extremtemperaturen herrschen und / oder wenn jemand körperlich und psychisch unstabil ist.

Egal wo, wann, unter welchen Umständen und mit welchen Mitteln du in eine Real-Survival-Situation gerätst, hab immer folgende drei Wahrheiten im Hinterkopf.

Ich will. Ich kann. Ich werde überleben.

Während meiner siebzehnjährigen Zugehörigkeit zur französischen Fremdenlegion befand ich mich ziemlich oft in gefährlichen, fast ausweglosen Situationen. Das Wichtigste, was die Legion mir in diesen Augenblicken beibrachte, war die Affirmation, dass es immer einen

Ausweg gibt. Dass es immer vorangeht. Dass nichts unmöglich ist und dass ein *-Geht Nicht-* ganz einfach nicht existiert. Diese Bejahung des Lebens vereint mit viel Biss, mit etwas Glück sowie mit einer Prise Cleverness und Boshaftigkeit dem Bösen gegenüber, macht dich immer zum Sieger. In meinem Fall kam noch ein wichtiger Faktor hinzu. Die Liebe. Ich liebte meine Frau und meine Kinder und nichts – NICHTS – hätte mich davon abhalten können, sie wieder in meine Arme zu nehmen. Also, lieber Freund, die Mindset- Suppe ist angerührt, lass sie dir auf der Zunge zergehen. Ein sehr ernst zu nehmender Aspekt in einer Real-Survival-Situation ist die Angst. Bei mir war die Sache immer klar. In Extremsituationen, von denen ich nicht wusste, ob ich da heil rauskomme, hatte ich Angst vor folgenden Aspekten:

1 – meine Frau und die Kinder niemals wieder zu sehen.
Angst also, vor dem Tod.

2 – hier jämmerlich zu sterben, obwohl ich noch so viel vorhatte im Leben.
Angst also, vor dem Tod.

2 – den Auftrag nicht ausführen zu können.
Angst also, vor dem Tod.

Das Positive an der ganzen Sache? Angst vor dem Tod ist die Geburtsstunde unseres Überlebensinstinktes. Nur deswegen werden wir aktiv, nur deswegen begehren wir auf. Wären wir frei von Angst, würden wir unser Los entweder still akzeptieren oder wir würden so risikoreich und unbedacht handeln, dass wir mit Sicherheit ums Leben kommen. Angst ist also ein wichtiger Verbündeter auf dem Weg des Überlebens. Was sagte der Brasilianer Antonio Sena? *Der Dschungel war nicht mein Feind, sondern die Angst!* Sein Überleben glich also eher einem Wettlauf gegen die Angst als einem Kampf gegen das Verdursten und Verhungern. Ich verstehe das. Sena war allein. Er hatte Angst davor, einem Jaguar zu begegnen. Er hatte Angst, von einer Schlange gebissen zu werden und elendig zu verrecken. Er hatte Angst vor dem Alleinsein. Angst davor, es nicht zu schaffen. Was für uns wichtig ist, ist zu verstehen, dass in einer Real-Survival-Situation die Angst immer präsent sein wird. Du bist ihr auf Gedeih und Verderb ausgeliefert. Unser Vorteil hier ist: Ein Gegner, den du kennst, ist keiner mehr! Angst beflügelt oder lähmt. Es ist vergebene Liebesmühe zu versuchen, sie unter Kontrolle zu bekommen. Was du hingegen tun kannst, ist, diese Angst bedingungslos anzunehmen. Selbst sehr oft in Situationen, die mir Angst einflößten, wusste ich, dass ich keinen Einfluss darauf habe, was die Angst (positives oder negatives) mit mir anstellt. Als ich das für mich kapiert hatte, war alles gut. Hatte ich Angst, führte ich meinen Auftrag eben ängstlich aus. Das Resultat war nicht anders, als wäre die Angst, gut oder böse, nicht beim Rendezvous gewesen. Einen kleinen Unterschied gibt es dennoch. Ist die Angst positiv, also gut, schürt sie eine Rebellion. Du bäumst dich auf, hast nur eines im Sinn; mit heiler Haut davonzukommen. Du denkst über Lösungen nach, die dich am Leben halten.

- **Mir ist verdammt kalt,** wo finde ich Schutz?
- **Ich habe Durst,** wo finde ich Wasser?
- **Mein Magen knurrt,** wie beschaffe ich mir was zum Essen?
- **Hier herrscht Gewalt,** wie kann ich ihr entfliehen?
- **Fliehen ist unmöglich?** Gut, ich werde kämpfen.

Flucht wäre also eine Lösung. Du bist über beide Ohren mit Adrenalin vollgepumpt und willst einfach nur am Leben bleiben, also wegkommen von dem, was dir gefährlich werden könnte. Negative, also böse Angst, outet sich meist als Panik und Panik hält dich davon ab, die richtige Aktionsreihenfolge einzuhalten. Selbst schon von Panik befallen, habe ich am eigenen Körper erleben müssen, dass in gewissen, sehr gefährlichen Situationen Momente entstehen, wo du sogar auf tödliche Gefahren ganz einfach nicht reagierst. Du bist wie gelähmt, Körper und Geist lassen dich feige im Stich. Dein Geist sagt: *Hey, was um dich herum abgeht, geht dich nichts an.* Er bugsiert dich in die Zuschauerloge, anstatt dich zum Akteur zu machen. Gegebenenfalls müsstest du ja zugeben, dass dein Leben bedroht ist und es tatsächlich um die Wurst geht. Du willst die Realität nicht akzeptieren, schaltest unbewusst in den OHNE-MICH-Modus. Dein Körper sagt auch: Ohne mich! Er revoltiert. Du erbrichst dich und zitterst am ganzen Körper. Du liegst am Boden, schaffst es nicht mal aufzustehen. Du pisst in die

Hose, kannst aber nichts dagegen tun. Das Atmen fällt dir schwer. Nun stellt sich uns die Frage, wie man es schafft, die Angst so zu neutralisieren, dass sie nicht lähmt oder gar eine unkontrollierbare Panik auslöst.

Angst in einer Real-Survival-Situation führt meist direkt ins kühle Grab. Und da gehörst du auch hin, außer du handhabst sie wie oben bereits besprochen: Du ergibst dich ihr und akzeptierst sie als völlig überflüssigen, aber dennoch gleichwertigen Partner. Schrei: *Ich habe Angst, meine Hände zittern, vermutlich ist es eine Panikattacke: Was soll das?* Schreie das drei oder vier Mal so laut wie du kannst. Sprechen die Umstände dagegen, dass du laut bist, dann schließe die Augen und flüstere. *Ich habe Angst, meine Hände zittern, vermutlich ist es eine Panikattacke: Was soll das?* Ob Angst oder ihr großer Bruder Panik, beide sind Reaktionen auf die Notlage, in der du dich gerade befindest. Defacto hat mit dem Erscheinen der beiden dein Überlebenskampf begonnen. Um das Thema Angst zum Abschluss zu bringen, zitiere ich Doric Germain. Er sagte: *Heldentum zeichnet sich nicht durch ein Fehlen von Angst aus, sondern durch die Umwandlung dieser Angst in Taten.*

Tausendmal geübt oder: dein Vertrauen in deine eigenen Fertigkeiten.

„Der Angst tapfer ins Auge zu schauen, erinnert mich daran, dass ich einst Beharrlichkeit und Durchhaltevermögen schwor, dass ich resolute Entschlossenheit kultivieren und pflegen wollte. Angst lehrt mich Begonnenes nicht einfach hinzuschmeißen, weil mein Vorhaben mit einem Schlag zu gefährlich, zu hart, zu utopisch, zu undurchführbar oder zu unübersichtlich wird. Ich möchte der Angst mit der wichtigsten Waffe begegnen, die ich besitze: Vertrauen in mich selbst!"

(THOMAS GAST)

So sehr du dich auch bemühst, die Angst wirst du nie so richtig los. Was du aber tun kannst, ist, sie mit deiner effizientesten Waffen zu konfrontieren: dem Vertrauen in dich selbst und in deine Fähigkeiten. In Krisensituationen keine Angst zu haben, war bei mir nie der Normalfall. Oft hatte ich so viel Angst, dass mir das Denken schwerfiel. So wird es dir sicher auch gehen. In den ersten Sekunden der

Bedrohung bist du wie vom Rest der Welt isoliert, kommst dir vor wie der Besucher einer Oper von Richard Wagner. Du hockst in deiner Loge, siehst mit großer Verwunderung zu, wie sich alles um dich dreht, sich bewegt, explodiert und immer rasantere, bedrohlichere Formen annimmt. Dass du Teil der Oper bist, kommt dir zunächst gar nicht in den Sinn. Das beinhalte ja die potenziellen Gefahren, Schaden zu nehmen, verletzt werden zu können, zu handeln oder eingreifen zu müssen. Und das willst du doch nicht, oder? Der Film, der gerade abläuft, nennen wir ihn ‚Der Fliegende Holländer', kommt dir wie eine Ewigkeit vor. Dann aber kommt ein Punkt, an dem du beginnst zu denken, zu handeln. Du stellst verwundert fest, dass diese Ewigkeit der Schockstarre, dieser Blackout, nur zwei Sekunden gedauert hat. Wie eine gut geölte Maschine bewegst du dich plötzlich, tust, was getan werden muss. Was ist passiert? Nun, dein Überlebenswille hat sich zu Wort gemeldet. Er sagte: Du kannst das alles, weil du es tausendmal geübt hast. Du weißt, wie du dich in Sicherheit bringen kannst. Du kannst Feuer machen. Du kannst Wasser aufbereiten. Du kannst einen Shelter bauen, mit der Angst umgehen, und du weißt, wie du dir Nahrung beschaffst, und jetzt los. Was ich da erzähle, entspringt nicht meiner Fantasie. Viele Menschen, die urplötzlich einer Real-Survival-Situation gegenüberstanden, berichten davon, dass ständiges Üben, ihre daraus resultierenden Erfahrungen und somit das Vertrauen in ihr Wissen und in ihre Fähigkeiten, ihnen das Leben gerettet haben. Also, weg vom Sofa und von deiner Schön-Warm-Daheim-Komfortzone und raus in die Pampa! Üben. Üben. Üben.

Die Natur und du

Harmonie mit der Natur? Ohne geht es nicht! Stemme dich nicht gegen die Elemente, sondern sei Teil von ihnen, werde selbst zur Naturgewalt. Draußen unterwegs zu sein, impliziert immer den pflichtbewussten Umgang mit der Natur. Das ist vor allem dann wichtig, wenn keine Notsituation vorherrscht. Dürfte ich ein Wort aussuchen, das im Umgang mit der Natur treffend ist, dann würde ich das Wort Disziplin wählen. Wenn du in Sachen Outdoor oder Bushcraft unterwegs bist, verlässt du oft die bereits begangenen Wege und begibst dich in No-Man's-Land. Du dringst in den Lebensraum wild lebender Tiere ein. Dein Gewissen sollte gegebenenfalls sofort Alarm schlagen, denn schließlich möchtest du mit und in, aber auch von der Natur leben. Von einer Natur, die nicht ausschließlich dir gehört. Du bist hier Gast, benimm dich auch so. Hier ein paar Regeln, über die du dich niemals hinwegsetzen solltest.

- **Sei nicht laut.**

Einmal weg von Städten und großen Verkehrsadern wirst du feststellen, dass die Natur ebenso rein, pur und schweigsam sein kann wie das Ungeborene im Bauch seiner Mutter. Jedes laut gesprochene Wort ist ein Wort zu viel. Jeder Schrei ist eine Beleidigung. Genieße die Stille. Bewegst du dich geräuschvoll, dann hörst du die Laute der Natur nicht. Deine Umgebung schweigt dich an. Nur wenn du dich im Gleichklang mit der Natur bewegst, also ruhig, besonnen, respektvoll und voller Demut, wirst du nach und nach herausfinden, wie sie tickt und was sie dir sagen will.

- **Lass keinen Müll liegen.**

Zigarettenkippen, Plastik, Bananenschalen, Draht & Co. haben im Wald, in der Wüste, im Eis und im Dschungel nichts verloren. Zu einer guten Ausrüstung gehören auch kleine Müllsäcke. Nimm deinen Abfall mit nach Hause und entsorge ihn dort.

- **Säge oder hacke keine Bäume oder großen Äste ab.**

Insofern keine Real-Survival-Situation vorherrscht, mach es wie die Ureinwohner Nordamerikas. Um Feuer zu machen oder um ihre Unterkünfte zu bauen, nehmen sie nur totes Holz. Oder Treibholz! Zum Feuer machen ist grünes Holz sowieso nicht oder nur bedingt geeignet.

- **Fange oder töte niemals Tiere nur aus Spaß.**

Es ist einfach. Wir gehen von einer absoluten Notsituation aus, denn es verstößt natürlich gegen das Gesetz, Tiere zu töten. Jedes Tier, ob die Maus oder das Reh, ist ein Lebewesen wie du und ich. Möchtest du etwa gefangen, gebraten und dann genüsslich gefressen werden? Ich hatte in einem meiner YouTube-Clips eine Tierfalle vorgestellt und mit Vehemenz betont, dass es nicht nur verboten ist, sie aufzustellen, sondern dass es auch moralisch höchst bedenklich ist, dasselbe zu tun. Die Qualen für das Tier sind immer enorm, vom Stress rede ich noch nicht einmal. Also solltest du dich nicht in einer Real-Survival-Situation befinden: Finger weg von Schlagfallen, Stoßfallen, Schlingen, Fallgruben und von Booby Traps.

- **Mache kein Feuer, wenn Brandgefahr herrscht.**

In Deutschlands Wäldern ist es prinzipiell verboten, ein offenes Feuer zu machen. Nur Ausnahmen bestätigen diese Regel. Ich selbst habe mich nicht immer daran gehalten. Warum? Weil ich mich oft in Situationen befand, die einer Real-Survival-Situation recht nahekamen. Du solltest jedoch ausschließlich dort Feuer machen, wo es ausdrücklich erlaubt ist! Sei verantwortungsbewusst und übernimm Verantwortung. Kurz: Kein Feuer, wenn Brandgefahr herrscht. Kein Feuer da, wo es verboten ist. Verlässt du dein Biwak, dann lösche dein Feuer richtig. Es darf keine Restglut zurückbleiben. Wenn du deine Hand in die Feuerstelle legst und es sich nicht mehr warm anfühlt, ist es okay, aber schau genau hin und warte noch ein paar Minuten. Ich mache das immer so, dass ich das Feuer lösche, bevor ich die Ausrüstung wieder zusammenpacke. Wenn ich dann zehn Minuten später gehe, ist die Feuerstelle definitiv kalt. Bevor du ein Streichholz wegwirfst, nimm den Streichholzkopf zwischen Daumen und Zeigefinger. Heiß? Nein? Okay. Tut es noch weh, dann wirf es nicht weg.

Anm. des Verf. Auf den meisten Truppenübungsplätzen der Bundeswehr oder anderer Armeen erhalten sich viele Tierarten und die seltensten Pflanzen. Und dies, obwohl Panzer rumfahren und Tausende von Soldaten rumrödeln. Warum? Das hat viele Gründe. Es handelt sich meist um große Gebiete, durch die kaum Straßen oder Bahnlinien verlaufen und die frei von Siedlungen und intensiver Landwirtschaft sind. Kaum Menschen, kein Dünger, keine Pestizide. Viele dieser Truppenübungsplätze existieren seit einigen Jahrzehnten. Die Natur konnte sich somit kontinuierlich sowie weitestgehend ungestört entwickeln. Was aber mindestens ebenso schwer in die Waagschale fällt, das ist die Disziplin, der die Soldaten in diesem Terrain unterworfen sind. Und genau diese eiserne Disziplin ist die Kernaussage im richtigen Umgang mit der Natur. Disziplin fordern, Eigendisziplin vorleben, in allerhöchstem Maße genügsam sein. Sicherlich fallen dir noch weitere Punkte dazu ein, das wichtigste ist aber gesagt.

Ausrüstung

Das Notfallset

Für einige Menschen ist es Survival, wenn sie auf dem Sofa hocken und der Kühlschrank ist weiter als vier Meter weg. Für andere beginnt Survival dann, wenn du ihnen das Smartphone abnimmst und ihnen länger als sechs Stunden keinen Zugriff darauf gewährst. Wieder andere gehen im Sommer mit einem Equipment im Wert von 4000 Euro in den benachbarten Wald, verbringen eine Nacht bei angenehmen Temperaturen draußen im Hightech-Zelt, sie pofen im Best-Of-Schlafsack, essen das, was sie mitgebracht haben und nennen ihr Abenteuer Survival. Das bringt mich zum Grübeln.

(THOMAS GAST)

Ganz ohne Ausrüstung könnten wir nur in den menschenfreundlichsten Regionen dieser Erde überleben. Dort nämlich, wo moderate Temperaturen herrschen, wo es Wasser gibt und wo sprichwörtlich Milch und Honig fließen. Sommer und Spätsommer in Schweden wäre so ein Beispiel. Sind wir Extremen ausgesetzt, verhält sich das ganz anders. Das Überleben wird zu einem ständigen Kampf. Den Kampf würden wir auch dann führen, wenn wir eine gute Ausrüstung hätten, aber das mitgeführte Equipment würde uns das Überleben sehr erleichtern. Kommen wir in eine Extremsituation, kann jedes mitgeführte Plus an Ausrüstung die Chancen zu überleben, ganz einfach erhöhen und natürlich auch verbessern. Am sichersten wäre es für uns, einen ganzen Schrank mitzuführen. Man stelle sich einen riesigen Schrank mit Tragegurten vor. Das wäre es doch. Natürlich hat selbst der kleinste Ausrüstungsgegenstand Volumen und Gewicht, wir dagegen nur die Kraft unserer Beine, um all das auch zu tragen. Wir müssen also den Schrank auf Rucksackgröße reduzieren. Und wir sollten im Vorfeld schon die

Überlegung anstellen, welche Ansprüche das reduzierte Equipment erfüllen muss. Mit vier Worten wäre das Essenziellste schon gesagt. Wasser, Nahrung, Feuer und Shelter (Schutz). Diese Basis kann durch zwei Elemente erweitert werden. Kontaktaufnahme und Instandhaltung. All diese Dinge im Kopf zu haben, ist eine Philosophie, die besonders wir Männer nie aus den Augen verlieren sollten. Es spielt keine Rolle, ob wir gerade zum Überlebenstraining losziehen oder ins Auto steigen, um Freunden, die weiter entfernt wohnen, einen Besuch abzustatten oder ob wir noch daheim in den eigenen vier Wänden sind. Wir stehen in der Verantwortung. Für uns. Für unsere Lieben. Ausflüchte und Ausreden sollte es keine geben. Es ist müßig, darüber zu spekulieren, ob die Ausrüstung ein Überlebensfaktor ist oder nicht, denn das ist sie auf jeden Fall. Und zwar in zweierlei Hinsicht: *Haben (tatsächlich darüber verfügen können) oder nicht. Qualität oder Schrott.* Wobei ich mit Qualität nicht unbedingt Hightech oder gar Ultraleicht und teuer meine, sondern Robustheit und Verlässlichkeit. Sind wir nicht ab und zu nur allein oder zu zweit unterwegs und es passiert Unverhofftes? Zwei kleine Beispiele aus der Erfahrung.

Im Dezember 2021 war ich mit Tochter Emmylou in der Nähe von Jokkmokk am nördlichen Polarkreis unterwegs. Bei minus 26 Grad machte ich dort mit Freunden eine Tour mit Schlittenhunden. Auf der Rückfahrt von diesem Event und wieder unterwegs nach Hause, kam ich mitten in der Nacht im Schneegestöber von der Fahrbahn ab und schlitterte mit meinem PKW in den Straßengraben. Emmylou und mir ist nichts passiert, wir wurden nur kräftig durchgeschüttelt. Der Motor ließ sich aber nicht mehr starten und mir war klar, dass schnelles Handeln erforderlich ist, da meine Tochter erfrieren könnte (es war eine typisch nordschwedische Landstraße, auf der uns gefühlt nur alle 6 Stunden ein anderes Auto entgegenkam). Abgesehen davon, dass ich noch meine gesamte Outdoorausrüstung im Kofferraum hatte, ist es ein Grundsatz von mir, bei längeren Touren immer ein Notfallset im Kofferraum des Autos dabei zu haben. Es umfasst Sommer wie Winter:

- Zwei alte Schlafsäcke, eine große Plane mit etwa drei auf vier Meter
- Zwei Decken, zwei Jacken, zwei oder drei Mützen und Handschuhe

- Wasser, Paracord (Fallschirmleine oder 550 Cord), eine Axt, ein Gaskocher, Kaffee, Kerzen, Schmerzmittel Paracetamol
- Eine Taschenlampe und natürlich Streichhölzer und ein Feuerzeug.
  Die Taschenlampe bitte mit IPX Standard 8. Vorteil: Fällt sie ins Wasser oder es regnet stark, funktioniert sie problemlos weiter
- Ein Dutzend Energieriegel, ein oder zwei MREs
- Mehrere ISO- Alu-Decken, zwei Blizzard-Überlebens-Schlafsäcke Typ BPS-02
- Ein Handy mit geladener Powerbank. In der Kontaktliste sind vorher eingespeicherte Nummern von: Notarzt, Abschleppdienst, Notfallservice der deutschen Botschaft
- Ein kleines robustes Radio, Typ Weltempfänger

Die notwendigen Pfeiler, die zu unserem Survival- Gelingen wesentlich beigetragen haben, waren vereint: Wasser, Feuer, Schutz (Shelter), feste Nahrung und Kommunikation. Diese Dinge haben in dieser Nacht wohl alles Übel von uns ferngehalten, zumal ich mit meinem Handy zunächst keinen Empfang hatte. In diesem Beispiel kam es nicht nur auf die Qualität der Ausrüstung an, sondern vielmehr auf *‚haben oder nicht haben'*. Folge dem Beispiel und sei dir bewusst, dass ein Notfallset dein Leben und das Leben deiner Liebsten retten kann. Es ist nicht voluminös und nimmt nur wenig Platz in deinem PKW ein. Stelle sicher, dass es kompakt konditioniert ist, so dass du alles mit einem Griff nehmen und wegtragen könntest. Dir kann es nämlich durchaus passieren, dass das Fahrzeug brennt oder zu brennen beginnt. Dann schnappst du dir den Rucksack mit dem Notfallset und schlägst dich abseits in die Büsche. Ich habe es zu diesem Zweck in einen Rucksack und in eine Kiste verteilt. Du hast jetzt eine Plane und etwas Paracord, kannst dir also einen Shelter bauen. Du hast Streichhölzer und eine Axt.

Die Axt dient auch zum Einschlagen der Heck- oder Windschutzscheibe, da es durchaus vorkommen kann, dass alle Türen blockiert sind und du schnell aus dem Fahrzeug raus musst. Es könnte brennen. (Frontscheiben lassen sich nicht so ohne Weiteres einschlagen. Sie splittern nicht und brechen kaum wie normales Glas, was bei einem Unfall auch fatal wäre, deswegen die Flucht nach hinten.) Oder das Auto läuft voll mit Wasser, droht einen Steilhang runterzufallen, hängt nur noch mit einem Teil irgendwo fest. Einen fetten Hammer oder besser noch eine Axt im Auto zu haben, ist auf jeden Fall ein Plus!

Du kannst auch ein Feuer machen. Die MREs und die Energieriegel sorgen dafür, dass niemand hungern muss. Ihr habt Wasser, du kannst Tee oder Kaffee kochen und eine warme Mahlzeit ins Spiel bringen, während das Radio zusammen mit dem Feuer etwas Moral liefert. Oben beschriebenes Szenario (oder ein ähnliches) kann dir in einem anderen Land, unter anderen Umständen, allein oder in der Gruppe, immer passieren. Wenn es geschieht, handle schnell, ohne zu zögern und nach Prioritäten, denn die Kälte kennt kein Pardon. Ich ging strikt nach Plan vor. Folgende Vorgehensweise hat sich in meinem Fall bewährt, nimm sie als Anhalt für deine eigenen Abenteuer.

- **Erste Hilfe leisten.**

  Erste Hilfe leisten musste ich nicht, niemand war verletzt. Doch das war mir unmittelbar nach dem Unfall noch nicht klar.

- **Gefahren vorbeugen.**

  Gefahren wie zum Beispiel einem Auffahrunfall vorbeugen, käme möglicherweise und unter anderen Umständen an erster Stelle, doch ein Auffahrunfall war kein mögliches Szenario, weil unser PKW weit abseits der Straße unten im Graben lag.

- **Kommunizieren (auf uns aufmerksam machen / Hilfe herbeirufen).**

  Wenn die Möglichkeit besteht!

- **Stress- beziehungsweise Traumabewältigung noch vor Ort.**

  Damit die Psyche und somit der Überlebenswille angekurbelt wird.

Uns wird beigebracht, dass wir bei einem Unfall nach einem ganz bestimmten Schema handeln. Dazu gehört, dass wir die Unfallstelle absichern, Erste Hilfe leisten und schließlich den Notarzt rufen. Der bringt den Verwundeten ins nächste Krankenhaus. Oder es kommt ein Hubschrauber vom ADAC, alles ist gut. Wir aber befinden uns in einer

Situation, in der keine Hilfe von außen zu erwarten ist. Das Überleben des möglichen Verwundeten oder das Überleben aller hängt also nicht hauptsächlich davon ab, ob es gelingt, jemanden schnell ins nächste Hospital abzutransportieren, sondern vielmehr davon, was du als Ersthelfer mit deinen Händen zu schaffen vermagst und wie du dich selbst im Vorfeld schon auf so ein Szenario vorbereitet hast.

Du solltest dich intensiv um das schwächste Glied der in den Unfall involvierten Personen kümmern. Augenkontakt. Anschauen. Reden. Um herauszubekommen, wie tief ein eventuelles Trauma sitzt, stell Fragen wie: Geht es dir gut? Hast du Schmerzen? Wie heißt du? Und so weiter. Bekommst du die richtigen Antworten und sind Augenkontakt und Stimme stabil, umso besser.

Ich schnappte mir die Taschenlampe aus dem Handschuhfach, sprach mit meiner Tochter, suchte sofort nach Verletzungen, tastete sie ab und hielt nach Blut Ausschau. Ich prüfte, ob ihre Pupillen eventuell unterschiedlich groß waren, was ein deutliches Zeichen für eine Gehirnerschütterung gewesen wäre. Alles schien okay. Das Ganze dauerte keine zwei Minuten. Nun sprang ich aus dem Fahrzeug und stellte ein Warndreieck auf die Straße. Genau das solltest du auch tun.

Sichere im Anschluss die Gefahrenstelle ab. Stelle ein Warndreieck in der richtigen Entfernung von 100 Metern zum Fahrzeug auf, so wie du es gelernt hast. Zieh dir selbst eine Warnweste an. Prüfe, ob zumindest die Warnblinkanlage funktioniert.

Zurück im Auto, probierte ich noch einmal den Motor zu starten. Umsonst! Im Innenraum war es inzwischen fast genauso kalt wie draußen. In der Phase schnappte ich mir den Rucksack mit den warmen Sachen. Ich wickelte eine Decke um meine Tochter, zog ihr Mütze, Handschuhe und Schal an. Anschließend versuchte ich per Handy Hilfe zu rufen. Ich hatte jedoch vorher schon festgestellt, dass das Handy keinen Empfang hat. Deswegen entfernte ich mich zuerst ein paar Hundert Meter in die eine, dann in die andere Richtung, nicht aber ohne mich vorher mit Emmy abgesprochen zu haben. Sie brauchte die Information, sollte wissen, dass ich nicht einfach weggehen würde. Und tatsächlich fand ich einen Spot, der es mir erlaubte, ein kurzes Telefonat mit dem Abschleppdienst der nächstgrößeren Stadt zu führen. Die Nummer hatte ich eingespeichert. Drei Stunden später waren die Männer vor Ort und holten uns aus der Misere. Die ganze Zeit über, also fast vier Stunden lang, hatten wir kein anderes Auto auch nur von Weitem gesehen. Hätte ich mir bei dem Unfall das Genick gebrochen, meine Tochter wäre in dieser Nacht erfroren. Ich gehe in meinen Überlegungen aber noch weiter: Hätte ich das Notfallset nicht dabeigehabt, wäre Emmy möglicherweise nicht ganz so heil aus der Sache rausgekommen.

Das zweite Beispiel ist ähnlicher Natur. Mein Freund, der Leiter der Schlittenhund-Expeditionen, erzählte, dass er eines Tages mit den Hunden allein auf Tour war. Etwa 55 Kilometer von der Basis entfernt, fegte plötzlich ein Blizzard heran, ein Unwetter, das die Wettervorhersage im Internet wohl geflissentlich übersehen hatte. Die Temperaturen fielen innerhalb von Minuten ins Bodenlose, er konnte die Hand kaum mehr vor Augen sehen, alle Spuren wurden sofort verwischt. Doch es sollte noch schlimmer kommen. Urplötzlich schoss der Schlitten los. Die Grönlandhunde hatten einen Elch gewittert. Mein Freund stand plötzlich allein mitten in der Eis-Hölle am nördlichen Polarkreis. Er hatte nur die Sachen dabei, die er am Körper trug, denn sein ganzes Equipment befand sich auf dem Schlitten. Was er aber an und dabei hatte (unter anderem auch in einem Minirucksack, den er nicht mal zum Kacken ablegte), war qualitativ erste Sahne. Das und sein ausgeprägter Orientierungssinn retteten ihm schließlich das Leben.

Sicherlich kennen einige von euch meine YouTube-Clips. Darin ist immer wieder zu sehen, dass ich, habe ich den Hauptrucksack mal abgestellt, eine Umhängetasche (Military Sling Bag) am Körper trage. Darin befinden sich kleine Gadgets wie: Feuerzeug, Taschenmesser, Energieriegel, eine Alu-Isomatte, Pullover oder Jacke, eine kleine, bis zum Rand gefüllte Wasserflasche und ich erspare mir den Rest. Richte ich mich zum Biwak ein und entferne mich von Rucksack und Biwak zum Holzmachen oder um das Gelände zu erkunden oder aus anderen Gründen, kann es durchaus passieren, dass ein Unfall geschieht. Ich kann mir zum Beispiel ein Bein brechen und nicht mehr in der

Lage sein, an meine Ausrüstung zu kommen. Mit dem aber, was ich in der Umhängetasche ständig mit mir rumtrage, könnte ich überleben. Es ist mein Notfall-Kit.

Ich bringe immer alle Chancen auf meine Seite!

Unabhängig davon, ob ich in der Stadt zum Einkaufen unterwegs bin, bei der Arbeit im externen Büro oder mit meiner kleinen Emmy auf dem nahen Kinderspielplatz verweile. Ein auf ein striktes Minimum reduziertes Notfall-Kit habe ich stets am Mann. Ich trage es am Körper (Straßenklamotten oder Smoking), im Portemonnaie, in Bein- oder Jackentaschen, um den Hals und teilweise in einer für andere nicht einsehbaren Innenschlaufe des Gürtels.

- Mein Schweizer Taschenmesser (95g). Beintasche links.
- Ein Feuerzeug (10g). Hosentasche.
- Eine ISO-Decke (20g). Beintasche rechts oder Innentasche Smoking.
- Ein reduziertes Motorrad-Erste-Hilfe-Set (60g).
- Ein Paracord-Armband (mit 6 Meter Paracord aufgeflochten). Am Handgelenk.
- Mein Handy, zwei, drei Sicherheitsnadeln.
- Ein Tütchen Wundgranulat (Pulver 15g). Im Portemonnaie.
- Hundert EURO Cash – Gürtelschlaufe innen (aber nicht verraten!)

Ich muss kein Mathematikgenie sein, um hochzurechnen, dass ich von der Last des aufgeführten Gewichts nicht erdrückt werde, dass aber im Gegenzug jedes einzelne Teil mein oder das Leben anderer retten könnte.

Flucht. Fluchtrucksack

Den Fluchtrucksack benötigen wir für den Fall, dass man trotz guter Vorbereitung gezwungen ist, das Haus zu verlassen, wie z. B. bei einem Feuer, bei einer Überschwemmung oder auf Anordnung der Behörden.

Doch nicht nur dann, wie wir gleich anhand einiger Beispiele sehen werden. In Zusammenhang mit dem Wort Fluchtrucksack lesen wir in jeder Prepper- oder Survival-Bibel Ausdrücke wie EDC, BOB, oder INCH. Das hört sich zwar alles schön und gut an und die Verwendung findet in Insiderkreisen sicherlich Anklang, aber mal ehrlich: Diese Ausdrücke sind nicht nur verwirrend, sondern deren Inhalt und Aussage ist in der Annäherung an die Realität völlig losgelöst und kaum umsetzbar. Ich halte es groben Unsinn, für jedes mögliche Szenario einen passenden Fluchtrucksack zu packen beziehungsweise bereit zu halten. Dann bräuchten wir in der Tat vier oder fünf verschiedene Gepäckstücke. Fakt ist: Niemand will das, kaum einer macht es. Wie ich meinen Fluchtrucksack betitle, *Everyday Carry, Bug Out Bag* oder *I'm Never Coming Home*, ist unwichtig. Wichtig ist lediglich, dass er *den* ganz bestimmten Zweck erfüllt. Zwischen *‚ich nehm mal meine Handtasche mit'* und *‚ich schnapp mir schnell den INCH'* sollten wir vielmehr die Überlegung anstellen, bei welcher Variante wir tatsächlich auf der sichersten Seite sind.

Konflikte / Krisen

- Bei uns kann sowas nie passieren.
- Unser Land ist absolut sicher.
- Wir haben doch keinen Krieg.
- Unsere Polizei wird uns gegen alles beschützen.
- Naturkatastrophen? Gibt es bei uns nicht!

Papperlapapp! Solche Aussagen waren gestern. Ich fuhr persönlich immer gut damit, mich auf das schlimmste Fluchtszenario einzustellen. Es geht hier nämlich tatsächlich nur um eines: um Flucht. Deshalb auch die Bezeichnung FLUCHTRUCKSACK! Dabei ist es unerheblich, vor was wir tatsächlich flüchten. Täuschen wir uns nicht. Während im Osten mit der Ukrainekrise eine äußerst bedrohliche Gefahr heraufzieht, genügt ein Blick abseits der Mainstream-Medien hinter unsere heimischen Kulissen. Es brodelt. Überall. Der schöne Lack fällt ab. Gestern noch betonfeste Systeme stehen heute auf tönernen Sockeln. Auch in Deutschland leben wir nicht mehr in einer heilen, zivilisierten Welt. Ich bin davon überzeugt, dass innerhalb von einer Sekunde auf die andere auch bei uns der Modus des Alltäglichen in den des maßlosen Terrors übergehen kann. Obwohl die Menschenwürde das oberste Gut ist und obwohl das Recht auf Selbstbestimmung und Schutz Teile unseres Verständnisses dieses so wichtigen ersten Artikels unserer Verfassung sind, sehe ich gerade jetzt (Jahr 2022) eine Sicherheit, die dem Namen nicht mehr gerecht wird. Je moderner, fortschrittlicher und bequemer die Gesellschaft wird, desto zahlreicher und vielfältiger werden auch die Bedrohungen. Um die Zeichen der Zeit zu erkennen, muss man kein Sicherheits- oder Survivalexperte sein, sondern einfach mit wachem Verstand und offenen Auges durchs Leben gehen. Angesichts der steigenden Entwicklung von ostentativer Unzufriedenheit auf der einen und ständig wachsender Gewaltbereitschaft und Verrohung nicht weniger Mitbürger auf der anderen Seite wäre es angebracht, dass wir, jeder für sich, folgende Überlegungen anstellen: Wären wir in der Lage, in einem immer aggressiver werdenden Umfeld zu bestehen? Wie können wir uns vorbereiten? Ist ein Überleben (SURVIVAL) auch dann noch möglich, wenn:

- **die staatliche Ordnung zusammenbricht?**
- **eine ungezügelte Wut auf unseren Straßen tobt?**
- **selbst die Ordnungskräfte ihr Gewaltmonopol nicht anwenden können, weil sie viel zu sehr damit beschäftigt sind, sich selbst zu schützen?**

Bevor es hier mit dem eigentlichen Thema **FLUCHTRUCKSACK** in die Zielgerade geht, möchte ich anhand dreier Beispiele veranschaulichen, wie schnell aus *absolut sicher*, *brandgefährlich* werden kann. Denn nur wenn wir das verstehen, können wir auch einschätzen, was in einen Fluchtrucksack so alles rein muss.

Letzte Februarwoche 2022. Russland marschiert in die Ukraine ein. Zu der Zeit, in der ich diese Zeilen schrieb, war Deutschland nicht direkt betroffen oder gefährdet. Es hätte aber anders kommen können. Der Krieg in der Ukraine hat meiner Meinung nach durchaus das Potential, zu diesem berühmten Zünglein an der Waage zu werden, Weltfrieden oder Weltkrieg. Ein Krieg muss nicht unbedingt mit Atomwaffen geführt werden. Die Bedrohung, ausgehend von

Cyberattacken, Sabotageakten, marodierenden Banden und einem allgemeinen Blackout mit allem, was ein solcher eben mit sich bringen kann, reicht schon aus, bürgerkriegsähnliche Zustände zu generieren. Unser Instinkt diktiert uns gegebenenfalls: kämpfe oder fliehe. Aber egal welche Option du wählst: Sei immer bereit! Nächstes Beispiel aus der jüngsten Vergangenheit. Der US-Bürger Rodney King wurde 1991 Opfer von durchgeknallten Polizisten. Diese wurden ein Jahr nach der Tat freigesprochen. Nach dem Freispruch brachen in Los Angeles gewalttätige Unruhen aus. Bei den Krawallen kamen 53 Menschen ums Leben, 2.000 Menschen wurden verletzt, der Sachschaden ging in die Milliarden. Armee, Marines und Nationalgarde mussten eingreifen. Es fehlte ein Funke und Amerika hätte einen Bürgerkrieg gehabt. Gott sei Dank war der Großteil der auf den Straßen demonstrierenden Afroamerikaner (circa eine Million USA-weit) unbewaffnet. Dennoch: Stellen wir uns vor, dass inmitten einer solch brisanten Situation plötzlich Schüsse fallen. Wisst ihr, was das bedeuten würde? Nein? Ich sage es euch. Wenn nur jeder vierte oder fünfte bis dahin friedliche Demonstrant seine Waffe geholt und sich damit zurück auf die Straße begeben hätte … Es wäre zu einem Massaker gekommen. Aus Erfahrung weiß ich, dass es dabei nicht geblieben wäre. In ihrer Wut und aus dem Denken heraus, völlig im Recht zu sein, hätten die Menschen alles zerstört, was ihnen gerade in den Weg gekommen wäre. Im April 2015 kam es noch dicker. Gewaltige Ausschreitungen erschütterten Baltimore. Der Grund hatte einen Namen: Freddie Gray. Gray, ein schwarzer Amerikaner, war bei einer Festnahme schwer verletzt worden. Obwohl er vor Schmerzen schrie, transportierten ihn die Polizisten ab. Und zwar ohne einen Notarzt zu rufen. Zu spät ins Krankenhaus eingeliefert, fiel Gray ins Koma und verstarb. Am selben Abend bewarfen Jugendliche die Ordnungskräfte mit Steinen. Die Beamten antworteten mit Tränengas und Pfefferspraygeschossen. Kurz darauf standen Gebäude, Autos und schnell errichtete Barrikaden in Flammen. Es kam zu Plünderungen. Hubschrauber kreisten am nächtlichen Himmel, 2.000 schwerbewaffnete Soldaten der Nationalgarde patrouillierten die Straßen rauf und runter, Marylands Gouverneur verhängte den Ausnahmezustand. Baltimore glich einer *Warzone*, einer Kriegszone. Auch hier hatte nur der berühmte, ins Pulverfass geflogene Funke gefehlt. Wer glaubt, in Europa könnte Ähnliches nicht passieren, der täuscht sich gewaltig. Hier das Europa-Beispiel. Am 21. April 2002 fand in Frankreich der erste Wahlgang zur französischen Präsidentschaftswahl und am 05. Mai 2002 die Stichwahl statt. Das Ergebnis schockierte ganz Europa. Jean-Marie Le Pen, der Kandidat der rechtsextremen Front National, fuhr mehr Stimmen ein als Premierminister Jospin. Es war nun klar, dass Le Pen am zweiten Wahlgang teilnehmen würde. Ich unterhielt mich in dieser Zeit mit vielen französischen Kollegen aus der Sicherheitsbranche sowie mit Offizieren der Fremdenlegion. Bei meinen Gesprächspartnern handelte es sich sowohl um Français de souche, also um gebürtige Franzosen, aber auch um Franzosen mit Migrationshintergrund, darunter sehr viele Menschen aus dem Maghreb, Algerien, Tunesien und Marokko. Durch die Bank waren alle derselben Meinung. Sollte Jean-Marie Le Pen Frankreichs Präsident werden, dann stünde die Grande Nation nicht nur vor dem Abgrund, sondern vor einem sicheren Bürgerkrieg. Es gab im Land einfach zu viele Menschen mit Migrationshintergrund. Würden sie aus eigenem Antrieb oder angestachelt von einigen Hintermännern und Drahtziehern (siehe Maidan – Ukraine 2014) bewaffnet auf die Straße gehen, so wäre dies wohl die größte Herausforderung der Französischen Republik seit der Schlacht von Algier im Jahr 1957. Im Oktober und November 2005 gab es gewalttätige Unruhen in Paris. Glaubte man den Medien, so stand die ganze Stadt, ja sogar das halbe Land in Flammen. Ursache der Ausschreitungen war der Tod zweier Jugendlicher, die aus in Frankreich lebenden Immigrantenfamilien stammten. Für ihren Tod gab man den Ordnungskräften und de facto den Politikern die Schuld. Die Situation eskalierte. Die Zusammenstöße zwischen Demonstranten und den CRS und der Polizei waren so heftig, dass ganz Europa den Atem anhielt. Migranten und Jugendbanden lieferten sich regelrechte Straßenschlachten mit den Ordnungskräften und der Polizei. In Lille, Rennes, Rouen, Dijon, Toulouse und Marseille blieben die Menschen aus Angst tagelang daheim, denn auf den Straßen kam es zu Plünderungen und zu sinnloser Gewalt. Wer sich nicht mit Lebensmitteln eingedeckt hatte, lutschte sprichwörtlich Kieselsteine. Es gab aber auch viele Menschen, die sich den **FLUCHTRUCKSACK** schnappten und einfach aus dem Staub machten. Was sie getan hatten, war SURVIVAL pur. Sie kamen erst zurück, als die Sicherheitslage wieder überschaubar war. Doch das hat gedauert.

Dein persönlicher Fluchtrucksack

Ich bin mir nun sehr sicher, dass das alles in Deutschland nicht so schnell passieren kann. Hier demonstriert man selbst in schlimmsten Zeiten noch mit Kerzen und Rosenkränzen. Ich bin mir aber auch sicher, dass – sollte es dennoch geschehen, sollte eine vom Bürger für sich selbst gezogene rote Linie überschritten werden – dies bei uns viel schlimmere Dimensionen annehmen könnte als in den USA oder in Frankreich. Ich halte mir stets folgende Worte vor Augen: *Das, was man sieht, das, was noch kommen könnte, und das, woran wir niemals geglaubt hätten, dass es tatsächlich geschieht.* Kurz: Lasst uns weiterdenken als unsere Nase lang ist. Oder auf Deutsch: Ein kompakter Fluchtrucksack macht Sinn, und zwar schnörkel- und kompromisslos. Mein Ratschlag ist, dass wir für jedes Familienmitglied einen Fluchtrucksack vorbereiten. Jeder einzelne Rucksack ist dem anderen vom Kern her identisch. Der Unterschied ist nur, dass das Gewicht dem Alter und der Körpergröße angepasst sein sollte. Diese Rucksäcke werden in einer Nische nahe der Tür abgelegt, markiert sowie beschriftet und niemand geht da ran bis zum Tag X. Sollte dieser nie kommen: umso besser! Achtung Blackout. Strom weg und kein Licht: Was erforderlich sein kann, ist, dass man im Vorfeld bereits wichtige Gegenstände, wie z. B. Taschen- oder Stirnlampen mit einem selbstleuchtenden oder reflektierenden Klebestreifen versieht, um sie in der Dunkelheit schneller wiederzufinden.

Vorsicht: Der Fluchtrucksack muss eventuell getragen werden. Ich bezweifle, dass elfjährige Töchter einen Rucksack mit einem Gesamtgewicht von 38 Kilo auf dem Rücken haben möchten. Vor allem dann nicht, wenn weite Strecken zu bewältigen sind.

Gegebenenfalls bräuchte man die Rucksäcke nur aufnehmen und schnell ins Auto bringen. Bevor wir das *vielleicht* sichere Haus jedoch definitiv verlassen, denken wir an folgendes: Fliehen heißt Bewegung. Bewegung wiederum heißt Aufmerksamkeit auf sich ziehen. Du wirst kaum gesehen, wenn du still in deiner dunklen Nische hockst. Kommst du aus dieser heraus: Fokus! Du und deine Familie könnten leicht Opfer von irgendwelchen Gruppen, von Hass und Willkür werden. Behalte das immer im Kopf. Wähle genau in diesem Sinne auch die Farben des nach außen sichtbaren Equipments und der Oberbekleidung (Rucksack, Jacken, Mützen, etc.). Also bitte kein auffälliges Rot oder ein sofort ins Auge stechendes Gelb. Dunkelgrün, braun und schwarz bieten sich an. Der Fluchtrucksack, den ich empfehle, unterscheidet sich in einigen wesentlichen Bestandteilen vom Notfallset, das ich auf meinen langen Touren im KFZ mitführe. Hier meine Empfehlung.

- Ein Survivalset (reduziertes Notfallkit, siehe vorausgegangenes Kapitel)
- Ein Multitool Typ Leatherman
- Ein Schlafsack
- Jacke, Pullover, Wechselwäsche, Mütze, Handschuhe, ein Satz Unterwäsche
- Wasch- und Rasierzeug, Klopapier
- Ein umfangreiches Erste-Hilfe-Set und darüber hinaus eventuell einzunehmende Medikamente und Mittel zur Wasseraufbereitung
- Kochgeschirr, Essbesteck, volle Feldflasche (Flaschen aus Metall eignen sich bestens) und Kocher (Trockenbrennstoff wie Esbit oder eben Gas)
- Messer
- Kerzen
- 1 MRE (EPA)
- Eine Taschenlampe, ein Radio Typ Weltempfänger, eine Powerbank
- Sehhilfen: Ersatzbrille, Kontaktlinsen
- Ein Buch, ein Kartenspiel
- Schreibzeug
- Powertape

In den Rucksack (Schnellzugriff, obere Klappe oder Außenfach) und wasserdicht verpackt gehören:

- Alle wichtigen Dokumente wie Impfbücher, Führerscheine, Fahrzeugbriefe, Testament, Besitzurkunden. Hausschlüssel nicht vergessen! **Jedoch:** Die Ausweise sowie auch Bargeld, Kreditkarten und Handy sind am Mann (am Körper). Das hat im Rucksack nichts verloren. Es gilt auch die wichtigen Papiere am Körper zu verteilen (dislozieren) und sie nicht in einer Tasche zu bündeln. Ist die Tasche weg, ist sogleich alles weg!

Es gibt sogenannte Geldgürtel (Savegürtel oder auch Reisegürtel genannt). Diese sind für Sicherheitskontrollen bestens geeignet. Die Wertsachen befinden sich in einer verdeckten Innenschlaufe. Diese wird in den meisten Fällen mit einem Reisverschluss verschlossen. In die Schlaufe passen gefaltete Banknoten, Kopien von Reisedokumenten und Ausweisen, einzelne Schlüssel und sogar USB-Sticks. Als Währung im Ausland habe ich es mir angewöhnt, vorwiegend US-Dollar mitzunehmen. Eine 100-Dollar-Note hat mir schon oft eine Tür geöffnet, die anderen verschlossen blieb.

Richtig ist – Eine tägliche Angst vor Krisen, Kriegen und Seuchen darf nicht dein Leben bestimmen. Niemand kann den Zeitpunkt voraussagen, wann die eigene Vorratshaltung das Überleben sichert oder man mit Rucksack das Zuhause verlassen muss. Stets auf gepackter Ausrüstung zu sitzen, macht keinen Sinn und raubt irgendwo Lebensqualität.

Noch richtiger ist – sei immer aufs Schlimmste vorbereitet!

Ich selbst war sehr oft Zeuge von Situationen, in denen Menschen plötzlich flüchten mussten und wo jeder nur einen Rucksack mitnehmen konnte. Das war hunderte, ja tausende Male der Fall während meines Einsatzes in Kongo Brazzaville im Jahre 1997. Aus einem *normalen Alltag* wurde für viele innerhalb von Minuten ein *Himmelfahrtskommando.* Sofortige Flucht oder sicherer Tod. Alles zurücklassen (außer eben den Fluchtrucksack) und auf Gott – oder die Fremdenlegion – vertrauen. Das war plötzlich die durch den Gefechtslärm hindurchdringende Tagesordnung. Ohne Fluchtgepäck wäre es für diese Menschen eng geworden. Innerhalb weniger Minuten gab ich vielen dieser Menschen Tipps, was in den Sack rein muss. Die meisten haben sich meine Worte zu Herzen genommen.

Verstecke

Ob Corona oder der Krieg in der Ukraine: Es geschehen Dinge um uns herum, die wir nicht begreifen können. Bei Anzeichen von Unruhen und Gewaltausbrüchen im eigenen Lande legt sich der kluge Mann sofort ein oder mehrere Verstecke an. Du bist klug, ohne Zweifel. Du brauchst:

- **Ein oder zwei Verstecke im oder in der Nähe des Hauses.**
- **Ein oder zwei ferne Verstecke.**

Lagere in deinen Verstecken Lebensmittel, Decken, vielleicht Gegenstände für die Selbstverteidigung, ganz sicher aber Wasser. Bei Lebensmitteln ist es von Vorteil, wenn du gleich mehrere voneinander getrennte Pakete schnürst. Benutze luftdichte Behälter, Tupperware zum Beispiel. Der Proviant darf nicht leicht verderblich sein und sollte lange halten. Es ist gut möglich, dass wir unsere Häuser und Wohnungen verlassen müssen oder dass unsere gehamsterten Vorräte im Haus nicht reichen. Ein oder mehrere Verstecke außerhalb der Wohnung oder des Hauses anzulegen, macht deshalb Sinn. Ich rate zu einem Nahversteck, das man von der Wohnung aus innerhalb kürzester Zeit (zwanzig Minuten Fußweg) erreichen kann. Zusätzlich bietet sich ein Versteck an, das außerhalb des Ortes liegt. Ein Versteck nahe einer gut befahrbaren Straße. So kannst du dir deine sieben versteckten Sachen im Vorbeifahren abholen. Genau an dieser Stelle möchte ich die Notwendigkeit unterstreichen, Survival und Bushcraft stetig zu lernen und die Fähigkeiten immer weiter auszubauen. Lebst du in einer oben angesprochenen Krise, in der marodierende Banden ihr Unwesen treiben, allein und abgeschnitten in einem kleinen Dorf, wirst du unweigerlich ein Opfer von jedem, dem gerade der Sinn nach deinem

Besitz steht. Oder Schlimmeres! Bist du aber survivalkundig, könntest du in die Wälder ausweichen und dort Wochen oder gar Monate ausharren und warten, bis sich der Sturm gelegt hat.

Dein Equipment

Generelles: Vor einiger Zeit drehte ein sehr bekannter YouTuber eine Survival-Serie. Es ging darum, dass mehrere Männer einige Tage lang mit ein paar Gegenständen ihrer Wahl in der Wildnis überleben sollten. Da ich mich zu dieser Zeit selbst samt Familie im gleichen Land befand, konnte ich mir ein gutes Bild davon machen, welchen Entbehrungen diese Männer tatsächlich ausgesetzt waren. Mir wurde schnell klar, dass selbst der größte Pessimist unter diesen fast schon paradiesischen Umständen – *es war warm, man fand Preiselbeeren, Heidelbeeren, alle gängigen Pilzarten, es gab Wasser in zahlreichen Bächen sowie Seen und es gab genug Wild* – kaum von Survival sprechen konnte. Ich fragte mich ständig, wo bei der Sache die Herausforderung sei. Genau zur gleichen Zeit spielte sich eine Szene ab, an die ich mich sehr gut erinnere. Wir hatten auf einem Parkplatz mitten im Wald angehalten, um uns die Füße zu vertreten. Meine Frau und die Kinder Jan, Helena, Emmy und Jo liefen schnurstracks in den Wald und kamen nach zehn Minuten voll beladen mit Beeren zurück. Ihre Münder waren rot vom Saft der vitaminreichen Waldfrüchte, innerhalb weniger Minuten hatten sie sich satt gegessen und außer den Klamotten, die sie am Leibe trugen, hatten sie nichts weiter dabei. Ich wusste, sollte sich eines der größeren Kinder (zum Beispiel Jan, 13 Jahre alt) im Wald verlaufen – ohne Ausrüstung – und müsste eine Woche lang dort ohne Hilfe ausharren: Sein Leben wäre zu keiner Minute in ernsthafter Gefahr. Insofern musste ich über das oben genannte Vorhaben der doch gestandenen Männer, die ja immerhin einige Ausrüstungsgegenstände ihrer Wahl dabeihaben durften, etwas schmunzeln. Wobei wir aber auch schon beim nächsten Thema wären: unsere Ausrüstung.

Hightech und Ultraleicht? Meines Erachtens ist es nicht so wichtig, immer und unbedingt auf ultraleichte (UL) Hightech und megateure/s

Ausrüstung / Equipment zurückzugreifen. Ich habe wahnsinnig viele zu Fuß marschierte Kilometer in den Knochen, bin auch nach der Fremdenlegion nicht gerade wenig marschiert. Mein Fazit war und ist, dass Ultraleicht nur bei wirklich einfachen Touren Sinn macht. Allein schon aus diesem Grund sag ich mal frech, dass UL eher etwas für Trekker und Wanderer ist, aber kaum für Survival-Freaks. Du willst bei schönem Wetter mit wenig Gepäck und Gewicht so schnell wie möglich von A nach B zu kommen? Dann nimm UL. Bei Touren in Regionen aber, in denen Wetterextreme knallhart zuschlagen, und das kann überall und jederzeit der Fall sein: Nein, danke!

Für Soldaten: Synthetik raschelt: Wenn ihr Wert auf Geräuschtarnung legt, solltet ihr auf UL verzichten.

Wenn ich das Haus verlasse, um mich zum Training in die Natur zu begeben, greife ich auf Bewährtes zurück. Das ist ein individueller Denkprozess. In Nordschweden bin ich bei -25 Grad mit einem Schlafsack unterwegs, von dem andere behaupten: Das ist nicht machbar! Für mich ist es aber völlig okay. Mit einem Schlafsack, der laut Hersteller für Temperaturen bis -15 Grad ausgelegt ist, auch bei -25 draußen zu pofen, solltest du als Herausforderung sehen. Wenn du lange Unterwäsche trägst, dir einen guten Shelter baust, ein Feuer mit Reflektor-Wand entfachst und auf deine Erfahrung und Fähigkeiten vertraust, machst du die fehlenden 10 Grad locker wieder wett.

Genau da liegt doch die Challenge. Wir haben ein Problem, einen Notfall. Wir frieren, haben Hunger, Durst und blutige Füße: Was tun? Um dieser Frage in der knallharten Praxis und im Gelände eine passende Antwort zu geben, sind wir doch alle hier. Weil wir uns beweisen wollen. Wäre alles immer nur smooth und angenehm, könnte jeder einen auf Survival machen. Aber was jeder kann oder könnte, ist keine Challenge und sollte uns Männer nicht interessieren. Wir suchen echte Herausforderungen. Außerdem sollst du draußen im Gelände auch nicht schlafen wie ein Murmeltier, sondern dich in einem Zustand befinden, der sicher stellt, dass du bei fremd klingenden Geräuschen sofort wach wirst. Draußen musst du immer etwas alarmiert sein. Hellwach am Tag, Halbschlaf in der Nacht. Es geht eben nicht nur um ... *ich bau mir mal schnell ein schönes Biwak auf*, sondern auch um Bewusstseinserweiterung und Selbstfindung. Ich persönlich möchte keinen Luxus, wenn ich Outdoor unterwegs bin. Wenn ich es angenehm kuschlig will, bleib ich zu Hause. Ich möchte mir auch nicht den Kopf darüber zerbrechen, ob dieses Teil drei Gramm leichter ist als das andere oder ob ich ohne Schnürsenkel schneller laufen kann als mit. Wenn ich schon nach draußen gehe, dann suche ich instinktiv die maximale Annäherung an ein Real-Survival-Szenario. Diese Annäherung ist allein dadurch schon gegeben, dass ich einfach meinen Rucksack packe, mich den Witterungsbedingungen zum Trotz daheim abmelde und drei Tage draußen verbringe. Allein. In einem Terrain, das ich nur von der Karte her kenne. Ohne Hightech. Der Plot oder die große Unbekannte ist: Alles kann passieren. Oder es passiert eben gar nichts. Das ist doch das Salz in unserer Survival- Suppe: die Ungewissheit. Nimm diese Herausforderung an oder lass es und mach hier gar nicht erst weiter. Ich sage immer, bequem kann jeder, aber jedermanns Denken und Handeln sollte nicht unser Anspruch sein. Es gibt tatsächlich Männer, die wiegen alles gründlich ab. Denen möchte ich sagen, schmeißt die Waage in den Mülleimer und nehmt einfach das mit, was ihr braucht. Streiche Waage, setze Vernunft, Punkt. Die Ausrüstung, auch wenn ihr sie selbst tragen müsst, muss stabil sein. Hilfsmittel und Geräte müssen unter allen Bedingungen und in jeder noch so schwierigen Situation funktionieren.

Meine Regel Nummer 1 für einen gewöhnlichen Outdoor-Trip von 48 Stunden oder länger ist:

Körpergewicht 75 Kilo = ein 20kg schwerer Rucksack muss her.

Meine Regel Nummer 2 für denselben Trip ist:

Du hast großes Vertrauen in deinen Körper und in deine Fähigkeiten (Erfahrung)? Nimm lieber zu viel als zu wenig mit!

Meine Regel Nummer 3 für denselben Trip ist:

Du hast wenig oder gar kein Vertrauen in deinen Körper und in deine Fähigkeiten (Erfahrung)? Nimm lieber noch etwas mehr mit.

Ihr seht: Lieber mehr haben und nicht brauchen als umgekehrt. Das war vor hundert Jahren ein sehr weiser Grundsatz und der ist heute bedeutender denn je, vor allem auch deshalb, weil heute wie damals Faktoren eine Rolle spielen, die für uns eine große Unbekannte darstellen. Die Gesellschaft ist verroht. Wir finden:

- Eine unstabile Sicherheitslage (weltweit)
- Einen Unmut größerer Bevölkerungsgruppen (weltweit)
- Eine drohende Eskalation (weltweit)

Was Hightech angeht, beziehe ich mich zuallererst auf Navigationsmittel Was nützt dir zum Beispiel ein teures Smartphone oder ein Outdoor-Navigationsgerät, das dich von A nach B durch den Wald lotsen soll, wenn es bei minus 26 Grad, Nässe, großer Hitze, großem Schock, fehlendem Empfang und fehlender Lademöglichkeit ganz einfach den Geist aufgibt oder du damit keinen Empfang hast? Oder du verlierst das Gerät? Oder jemand knipst die dazu passenden Satelliten aus? Also: Karte, Kompass und das Wissen, wie ich mich ohne Hilfsmittel im Gelände orientiere, wären hier eindeutig die bessere Wahl. Erworbene Kenntnisse in Sachen Orientieren im Gelände kannst du nicht verlieren, außer du löscht deine eigene Festplatte. Und so ist es mit vielen Dingen. Mein Lösungsvorschlag für eventuelle Notfälle und in Bezug auf die Ausrüstung? Du solltest mit der Ausrüstung gut klarkommen, die dir zur Verfügung. Dich in Sachen Topografie gut auskennen (Karte und Kompass kommen ins Spiel). Eher etwas mehr als zu wenig dabeihaben und die Sachen sollten solide sein. Drei Worte: Angepasst, verlässlich, effizient. Ich habe immer meinen *WWZW*-Grundgedanken im Kopf, bevor es losgeht. Was das heißt? Bevor du dich Outdoor auf die Socken machst, stell dir immer folgende Fragen.

- **Was ist das schlimmste, was mir passieren könnte?**

Gut. Du bist draußen, um zu üben. Du machst Bushcraft. Du hast Spaß, das wollen wir alle. Einfach Spaß haben. Denke dabei immer an ein Real-Survival-Szenario. Wie könnte das aussehen, was würde ich gegebenenfalls tun? Welche Wege müsste ich gehen?

- **Welche Ausrüstung bräuchte ich, um einen Notfall zu überleben?**

Denke sofort an: Feuer. Schutz vor Regen, Kälte und übermäßiger Hitze. Wasser. Erste Hilfe. Kommunikation. Feste Nahrung. Wähle dementsprechend deine Ausrüstung.

- **Zugriff! Wie kann ich ständig über einen Teil meiner Ausrüstung verfügen?**

Ich habe immer einen Minimalanteil meiner Ausrüstung am Mann. Selbst dann, wenn ich mich zum Kacken dreißig Meter abseits in die Büsche schlage!

- **Wo bin ich und wo muss ich hin, damit mir geholfen wird?**

Idealerweise kennst du dich mit Karte und Kompass bestens aus. Bevor du allein losziehst, hast du dir die Grundkenntnisse angeeignet. Du weißt, wie du eine Standortbestimmung durchführst, wie du mit der Marschkompasszahl eine Richtung einschlägst und beibehältst. Du kannst eine Himmelsrichtung sowohl am Tag als auch in der Nacht ohne Kompass bestimmen. Du hast entweder eine Karte der Region dabei oder hast sie dir, bevor es losging, gut eingeprägt. Du weißt also, wo die großen Verkehrsadern beziehungsweise wo die nächsten Ortschaften von deinem Standort aus liegen. Du hast dir gemerkt, wo und in welcher Richtung Flüsse und Täler verlaufen. Diese Dinge kann man üben.

Mein Selbstversuch: 2004 lief ich eine Strecke von 120 Kilometern in zwei Tagen und zwei Nächten. Ich wollte A mit B verbinden, und zwar ohne Navigationsgerät, ohne Karte und ohne Kompass. Zu diesem Zweck hatte ich die Karte sehr genau studiert, mir jedes noch so kleine Detail, Geländeformen und die wichtigsten markantesten Punkte auf der Strecke eingeprägt. Als ich loslief, blieb die Karte daheim. Ich wollte mein fotografisches Gedächtnis testen. Um die Richtung einzuhalten, orientierte ich mich ausschließlich nach dem Stand der Sonne, des Mondes und der Sterne. Während des Marsches sah ich Straßen, Dörfer oder Städte nur von Weitem. Menschen ging ich aus dem Weg. Somit war es auch eine Art taktische Übung. Wäre ich noch bei der Fremdenlegion, würde ich sagen, *ich lief Schuss*. Im zivilen Bereich kommt der

Ausdruck *Azimut brutal* (querfeldein strikt der Marschkompasszahl folgend) dem wohl am nächsten. Ich schaffte es tatsächlich ohne technische Hilfsmittel fast genau den Punkt (plus/minus 1 km) zu erreichen, den ich mir vorab als Ziel gesetzt hatte. Solche Übungen sollte jeder Mann einmal im Monat machen. Und zwar zunächst erst mal allein. Sind mehrere Männer oder Frauen mit am Start, hast du bei fünf Personen womöglich fünf verschiedene Meinungen und Möglichkeiten, was der Sache nicht dient.

Bushcraft, jetzt wird es ernst, es geht los. Die mitzuführende Ausrüstung trägst du idealerweise auf deinem Rücken. Was im Rucksack dabei sein muss, gliedert sich prinzipiell in folgende Schwerpunkte.

- Dein Outdoor-Survival-Kit
- Dein Werkzeug (Messer und Beil)
- Dein Biwak Trio
- Deine Verpflegung
- Essgeschirr und -besteck

Der Rest: Waschzeug, Schuhputzzeug, Wechselwäsche etc., ist zunächst Nebensache und kann, den Poncho mal ausgenommen, unter Umständen ganz wegfallen. Der gerne bis auf die Knie fallende regendichte Poncho sowie auch eine gute Stirnlampe und ein trockenes Holzscheit (auf das ich sehr gut aufpasse, es darf nie nass werden) gehören auf jeden Fall zu meiner persönlichen Ausrüstung dazu. Bewährt hat sich das Mitführen einfacher Turnschuhe. Die werden dann angezogen, wenn das Biwak erreicht ist und das Feuer brennt. Mir ist es oft genug passiert, dass ich nasse Füße bekam. Zauberst du dann abends trockene Turnschuhe aus dem Rucksack, ist das zumindest kein Übel.

Das Outdoor-Survival-Kit

Zum Standard gehört auf jeden Fall ein Survival-Set. Bei mir ist das die Umhängetasche, auf die ich Schnellzugriff habe. Sie befindet sich also entweder am Mann, in einer der Außentaschen des Rucksacks oder ganz oben im Rucksack. Darin enthalten sind:

- **Ein auf ein Minimum reduziertes Erste-Hilfe-Set.** Wundgranulat-Pulver. Pflaster. Mullbinde. Dreieckstuch. Wunddesinfektionsmittel. Tourniquet. Einige Wundnahtstreifen Typ Butterfly. Schmerztabletten Paracetamol 500 mg, eine Handvoll Kohletabletten gegen akuten Durchfall.
- Wasseraufbereitungstabletten (Micropur). Einige Meter feiner Draht. Einige Meter Paracord. Kabelbinder. Drei Angelhaken. Eine Rasierklinge. Ein kleiner Signalspiegel. Eine Signalpfeife.
- Zwei oder drei Kerzen. Sturmstreichhölzer. Ein kleines Vergrößerungsglas.
- Nadel. Faden. Zwei oder drei Sicherheitsnadeln. Eine ISO-Rettungsdecke. Ein Bleistiftspitzer. Ein Dreieckstuch (kann für vieles benutzt werden: als Schlinge für einen ausgerenkten oder gebrochenen Arm, als Wasserfilter, als Kopftuch oder auch zum Anlegen eines Druckverbandes etc.).

Für Soldaten: Habt immer Kabelbinder im Rucksack oder in der Beintasche. Sie eignen sich als Handschellen bei gefangenen Gegnern. Hände auf den Rücken, Kabelbinder marsch!

Dein Werkzeug

Das Messer? Allgemein, und dem stimme ich mit Vorbehalt zu, sagt man, dass das Messer zu den wichtigsten Werkzeugen für Bushcraft und Survival zählt. In ihrem UL-Wahn nehmen viele wohl eher ein Skalpell oder einen Zahnstocher mit auf Touren als ein richtiges Messer. Ich verlasse mich lieber auf schwere, stabile Messer. Für mich kommt nur eine Mischung aus Kampf- und Survivalmesser in Frage, denn ich möchte damit stoßen (Selbstverteidigung) und schneiden beziehungsweise arbeiten. Das Verhältnis von Klinge zu Grifflänge sollte ausgewogen etwa im 60:40 Bereich liegen. Als Anhalt: Bei einer Gesamtlänge von etwa 30,5 cm möchte ich etwa 17,5 cm Klinge. Hier finde ich für mich die beste Nutzbarkeit. Der Griff muss gut in der Hand liegen und eine griffige, angeraute Oberfläche sollte sicherstellen, dass die Hand auch bei Schwerstarbeiten (Schweiß, Nässe, Blut etc.) nicht in Richtung Klinge abrutscht. Genau aus diesem Grund ist eine Parierstange (Handschutz) zwischen Klinge und Griff sehr willkommen. Der Klingenrücken sollte geschärft, die Klinge selbst gerne 6 mm dick sein. Mehr Ansprüche stelle ich an ein Messer nicht. Mein Hauptmesser wird immer griffbereit am Gürtel getragen. Mein Zweit- oder Beimesser befindet sich in den Tiefen meines Rucksacks. Wirst du vom Rucksack getrennt, – du musst ganz schnell flüchten, der Rucksack ist für eine schnelle Flucht hinderlich und zu schwer – bist du diesbezüglich nicht ganz aufgeschmissen. Das Zweitmesser wird auch dann verwendet, wenn ich mich zum Beispiel dazu entscheide, einen Wurf- und Stoßspeer zu machen. Was für mich das beste Survival Messer war und ist, beschreibe ich im Kapitel *Urwald.* Ein Taschenmesser Typ Opinel rundet das Bild ab. Mein Opinel hat im oberen Teil des Griffes einen integrierten Feuerstarter sowie eine Signalpfeife. Die Klinge kann offen oder geschlossen arretiert werden. Ich stecke es in die rechte Beintasche. In Normalzeiten umwickle ich die obersten drei Zentimeter des Messergriffs mit fluoreszierendem Tape (gelb). So finde ich es schneller wieder, sollte es verloren gehen. Bin ich taktisch (Soldat oder auf der Flucht) unterwegs, verzichte ich auf das Tape.

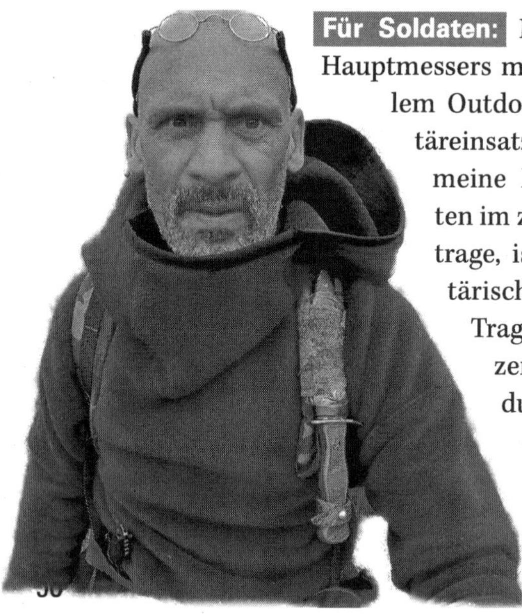

Für Soldaten: Bezüglich der Trageweise des Hauptmessers möchte ich noch zwischen zivilem Outdoor/Bushcraft und einem Militäreinsatz unterscheiden. Während ich meine Messer bei Outdoor-Aktivitäten im zivilen Bereich wie oben erklärt trage, ist mein Zweitmesser im militärischen Einsatz außen am linken Tragegurt des Rucksacks mit Panzertape so befestigt, dass ich es durch schnelles Ziehen sofort in der Hand habe. So ist es für die linke als auch für die rechte Hand zugänglich. Ist dein rechter Arm blockiert (Nahkampf/Verletzung) führst du den Kampf übergangslos mit der bewaffneten linken Hand fort. Deshalb ist eine Zweitbewaffnung der Truppe anzustreben. Spezialeinheiten haben das längst eingeführt: Eine Hauptwaffe, zum Beispiel das Sturmgewehr und die Zweitwaffe, eine Pistole.

Das Beil: Ein Beil habe ich bei meinen Outdoor-Exkursionen immer dabei. Sollte die absolute Notwendigkeit bestehen, möchte ich damit in der Lage sein, kleinere Bäume zu fällen, zu hacken, zu spalten, Tiere zu hälften und eventuell auch Tiere zu häuten. Das Beil dient auch zur Selbstverteidigung. Wichtig ist eine scharfe Schneidkante. Mein Beil, das mir bislang sehr wertvolle Dienste leistete und mich nie im Stich ließ, hat folgende Dimensionen:

- Kopfgewicht 900 g
- Schneidlänge 120 mm
- Gesamtlänge 370 mm

Natürlich könnte man viel mehr an Werkzeug mitführen wie zum Beispiel noch ein Multitool von Leatherman, eine Säge und eine Machte. Aber aus Erfahrung – auch mit Rückblick auf lange Monate in Urwald, Savanne, Wüste und europäischen Wäldern – sage ich hier guten Gewissens: stopp! Das ist nicht nötig. Wer Messer und Beil gut gewählt hat und weiß damit umzugehen, braucht nicht noch mehr. Ich selbst hatte früher immer ein Multitool von Leatherman dabei. Jahrelang. Bis ich irgendwann beim Packen der Ausrüstung bemerkte: Ich hatte das Teil nicht ein einziges Mal benutzt. Konsequenz – weg damit! Die Machete war während meiner zwei Jahre im Urwald von Französisch-Guyana und später dann in Gabun wichtiger als das Messer. Doch jetzt gilt: kein Urwald – keine Machete. Eine Säge macht keinen Sinn. Schließlich möchte ich mir kein Blockhaus bauen, sondern versuchen, so minimalistisch wie möglich in der Natur unterzukommen. Was ich mitführe, ist ein Sägedraht. Das Teil ist leicht. Zusammengerollt lässt es sich einfach in die Hosen- oder Beintasche stecken.

Dein Biwak-Trio und mehr

Schlafsack, Tarp, Isomatte – Hängematte: Bei Temperaturen bis um den Nullpunkt habe ich es mir angewöhnt, meine brasilianische Haushängematte mitzuführen. Im Vergleich zur herkömmlichen Zelt- oder Biwak-Idee *(Zelt, Tarp, Isomatte, Schlafsack)* schneidet sie unter oben aufgeführten Bedingungen einfach besser ab. Eine Hängematte bietet Schutz gegen Bodennässe und -kälte. Sie lässt sich selbst im unwirtlichsten Gelände spannen. Am Hang, auf abschüssigem oder abfallendem Gelände, du liegst immer in der Horizontalen. Wie oft ist es mir passiert, dass ich nach einem langen, strapaziösen Marsch mitten in der Nacht erschöpft Halt machte, mein Nachtcamp da aufschlug, wo ich mich gerade befand und aufpassen musste, dass ich nicht samt Schlafsack den Hang runter rolle? Mit der Hängematte ist so etwas unvorstellbar. Weiterhin hat diese Hängematte ein Moskitonetz. Weder Fliege noch Ameise noch ein anderes Insekt können deine wohlverdiente Nachtruhe stören. Der einzige Nachteil, den ich sehe, ist, dass du mindestens zwei Bäume benötigst, um sie zu

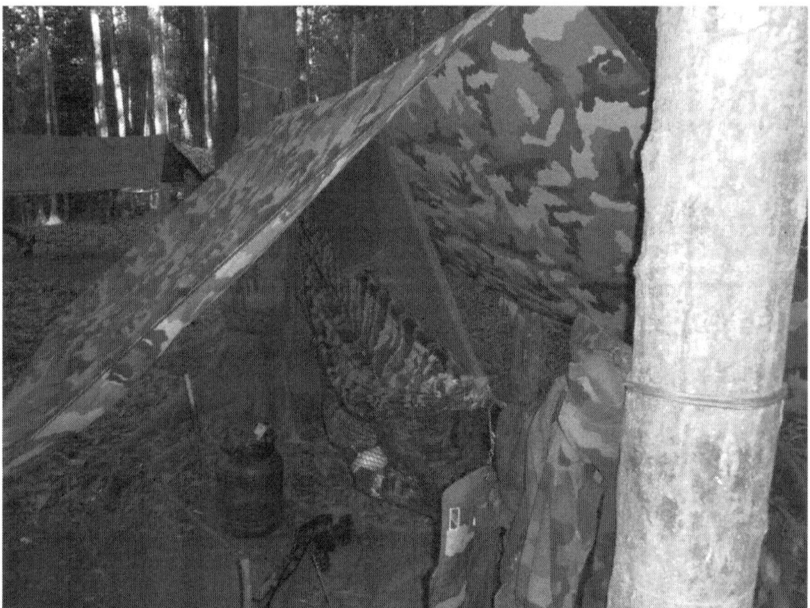

spannen. Aber bleiben wir doch in mitteleuropäischen nordischen Gefilden. Hier ist die Hängematten-Idee eher illusorisch, vor allem in kalten Wintern. Das ist sie schon deshalb, weil du mehr Wärme benötigst als dein eigener Körper produzieren kann. Die Rede ist von einem Feuer auf derselben Ebene, auf der sich auch dein Körper befindet. Wir kehren also zurück zum Trio aus Schlafsack, Tarp und Isomatte. Ein Zelt lasse ich bewusst außen vor. Es ist Luxus. Und diesen Luxus wollen wir uns Outdoor aus bereits genannten Gründen nicht gönnen.

Der Schlafsack – Tipps für Anfänger.

Suche dir für strenge Winter einen reinen Daunenschlafsack aus. Die größeren Vorteile bietet ein Mumienschlafsack (Mumienform mit speziellen Kammern). Wenn irgendwie möglich, sollte der Kopf nicht mit in den Sack. Es geht um die Feuchtigkeit, die das Ausatmen im Schlafsack unweigerlich hinterlässt. Zieh bei größerer Kälte dann lieber eine Mütze auf. Achte darauf, dass der Reißverschluss kurzgehalten ist und dass er eine breite und solide Abdeckung hat, denn hier entweicht die Wärme. Lege Wert auf eine Konturkapuze und einen Wärmekragen.

Der Schlafsack sollte nicht zu groß sein. Die Luft im Innenraum wärmt sich nur dank deiner eigenen Körperwärme. Zu viel Luft, zu wenig Effizienz! Nimm die Klamotten, die du am nächsten Morgen anziehen möchtest, mit in den Schlafsack. Auch dann, wenn sie bereits etwas feucht sind. Morgens schlüpfst du so nicht nur in gut vorgewärmte, sondern auch in trockene Kleidung. Kalte Füße killen deinen Schlaf! Im Kapitel *Fluchtrucksack* schrieb ich, dass sich Wasserflaschen aus Metall sehr gut eignen. Der Grund liegt in ihrer Robustheit. Wasser ist wichtig. Hast du aber ein Loch in der Flasche, was bei Flaschen aus Plastik oder anderem Kunststoff schon mal passiert, heißt es: Ende Gelände! Dann hilft nur Powertape. Aber noch aus einem anderen Grund finde ich Wasserflaschen aus Metall interessant. Ist es sehr kalt, benutze die Wasserflasche einfach als Wärmflasche. Fülle sie mit heißem Wasser ab, steck sie in einen Socken und ab damit in den Schlafsack. Sind die Füße warm, zieht der Rest des Körpers nach. Aus Erfahrung wissen wir, dass kalte Füße uns lange wachhalten. Zu wenig Schlaf heißt leider auch zu viel Energieverlust. Ansonsten wählst du den Schlafsack einfach den vorherrschenden Temperaturen entsprechend aus.

- Eine Schlafsackhülle (Schlafsacküberzug) aus Gore-Tex ist Pflicht. Wenn es hart kommt, erspart dir so eine Hülle Zelt und Tarp gleichermaßen.

Ansonsten empfiehlt sich ein 3-Jahreszeiten-Schlafsack mit kleinem Packmaß. Gewebe aus Mikrofaser sind atmungsaktiv, leiten Feuchtigkeit nach außen, weisen Wasser und Wind ab. Gewebe aus Polyesterstoffen oder Ripstop-Nylon sind sehr stabil und nehmen keine Nässe auf, sodass sie bedenkenlos im Freien eingesetzt werden können. Wichtig ist, dass der Schlafsack im Rucksack wasserdicht verpackt ist. Zu diesem Zweck, hülle ihn in die Gore-Tex-Schlafsackhülle oder in einen wasserdichten Drybag.

Isomatte: Wähle hier schnörkellos. Eine einfache Schaumstoffmatte genügt. Ich rolle sie fingerdick zusammen und stecke sie in den Rucksack. So kleide ich die Innenwände damit aus. Das verleiht dem Sack die Form und isoliert nochmal zusätzlich gegen Nässe und Kälte.

Tarp: Meine Wahl fällt auf eine einfache Schutzplane. Maße 3 auf 3,5 Meter. An den beiden langen Seiten sollten mittig, links, rechts metallverstärkte Ösen vorhanden sein, durch die man ein Paracord oder eine einfache Schnur zum Spannen ziehen kann. Benutze ich meine Hängematte, fällt die Abmessung für das Tarp immer etwas größer aus. Ich nehme dann eine Plane von 4 auf 4 Meter, gespannt auf 2,5 Meter Höhe. Das ist nicht sehr diskret, doch wir sind (noch) nicht auf der Flucht, sondern kräftig beim Üben. Achtet darauf, kein Material zu verwenden, das zu sehr raschelt.

Deine Verpflegung

In Sachen Verpflegung bin ich formell: Auch wenn es richtig ist, dass du bei langen Märschen und diversen Arbeiten sehr viel Energie verbrauchst, solltest du, was die Verpflegung anbelangt, recht asketisch daherkommen. Denke zuallererst an den Notfall. Ganz unten im Rucksack befindet sich zu diesem Zweck eine komplette Notration, Typ EPA (ob man ein EPA heute noch so nennen darf, ist mir zu dem Zeitpunkt, an dem ich diese Zeilen schreibe, nicht bekannt. Ich bin mal so frei). Training oder Real-Survival-Situation: Diese Ration wird nur im absoluten Notfall angebrochen!!! Es mag lächerlich erscheinen, aber Regeln wie diese stärken, selbst wenn keine Not am Mann ist, deine Selbstdisziplin. Not ist nur dann gegeben, wenn der Hunger dir wiederholt spitze Dolche in den Magen stößt. Aber glaub mir, bis es so weit ist, dauert es eine Weile. Ansonsten, und jetzt geht es bereits weiter mit der Selbstdisziplin, halte es mit dem Spruch: *Hungriger Wolf rennt schneller, weiter und länger.* Bushcraft und Outdoor sind die perfekte Gelegenheit, auch mal das ein oder andere Pfund Speck am Wohlstandskörper zu verlieren. Wer keinen Wohlstandsspeck hat, stählt seinen Körper weiter. Halte es also einfach. Trockennahrung ist ideal: getrocknete Bananen, getrocknete Aprikosen, Trockenfleisch, hart getrockneter Speck. Pemmikan, Biltong & Co. Denke an Nüsse, rohe Zwiebeln, an etwas Kaffee und etwas Tee. Bei Magenproblemen hilft oft starker schwarzer Tee. Nimm früh und mittags ein wenig von allem. Mach dir dazu ungesüßten Kaffee oder Tee. Trinke Wasser, wenn du Durst hast und verzichte auf andere süß-zuckrige Getränke. In den Rucksack gehören auch etwas Mehl und Salz. Wenn du die Stelle erreichst, an der du dein Biwak aufschlagen willst (zur Erinnerung: lange bevor es dunkel wird), wird der Appetit sich schon längst geregt haben. Mach dein Feuer, spanne dein Tarp, richte deine Schlafstelle her. Fertig? Jetzt ist der Zeitpunkt gekommen, die erste warme Mahlzeit des Tages zu dir zu nehmen. Du backst Brot vom Typ Chapati. Das ist in ein paar Minuten geschehen. Nimm etwa 200 Gramm Mehl und verteile es auf einem flachen Stein (oder Brett). Füge etwas Wasser und Salz hinzu und knete einen zähen Teig. Forme daraus sehr dünne Fladen. Lege die Fladen einzeln direkt in die Glut (nicht in die Flammen) oder stattdessen auf einen flachen, sehr heißen Stein, den du zu diesem Zweck vorher ins Feuer gelegt hast. Warte zwei, drei Minuten, bis der Teig durch und oben sowie unten richtig braun ist. Dazu isst du etwas vom getrockneten Speck und als Nachspeise eine kleine Handvoll getrockneter Aprikosen. Kaffee nicht vergessen: Mahlzeit! Generell gilt es, die Nahrung gut zu verpacken und verschlossen zu halten, um keine Tiere anzulocken. Tagsüber dürfte das für dich kaum zum Problem werden, wenn du aber morgens aufwachst und dein Steak und die Trockenfrüchte haben sich in Luft aufgelöst: Hurra die Gams!

Tipp: Du bist in einem Land unterwegs, in dem es Bären gibt? Dann lege das an, was ich den Bärensack nenne. Nimm alles, was du an Verpflegung hast und pack es in einen Sack. Entferne dich hundert Meter von deinem Biwak, binde Fallschirmleine um den zugeschnürten Sack, befestige einen Stein am anderen Ende der Leine und wirf ihn über einen Ast in vier Metern Höhe. Ziehe den Sack dann so hoch wie du kannst und binde die Leine irgendwo fest. Der Bär, wenn es ihn tatsächlich gibt, wird sich nicht um dein Biwak (und um dich) kümmern, sondern versuchen, an deinen Proviant heranzukommen. Gelingt ihm das nicht, zieht er weiter. Achtung: Gibt es tatsächlich Bären, dann wäre es dumm von dir, dieser Prozedur nicht Folge zu leisten. Bären haben eine feine Nase. Ist dein Proviant im Rucksack, neben dem du gerade schläfst, wird er dich wecken. Vorteil: Du musst den eigenen Wecker nicht stellen!

Essgeschirr und -besteck

Denk nicht kompliziert. Besorg dir ein einfaches, zweiteiliges Feld- beziehungsweise Kochgeschirr. Nimm Edelstahl, kein giftiges Alu. Achte darauf, dass ein Tragegriff oder Henkel vorhanden ist. Ein Göffel, auch Spork genannt (Mischung aus Löffel und Gabel), ergänzt das Ganze.

Welcher Rucksack und wie er gepackt wird

Ich möchte meinen Rucksack eng am Körper spüren. Er muss eins mit mir sein. Aus diesem Grund sehe ich vom Netzrückensystem ganz ab, obwohl auch das sicher seine Vorteile hat. Beim Netzrückensystem befindet sich zwischen dem Körper und dem Rucksack eben ein Netz. Dieses verhindert, dass der Rücken nass vom Schweiß wird.

Idealerweise hat der Rucksack zwei kleine und zwei große Pockets oder Außentaschen. Ein Fach oben sowie eines unten und 80 Liter Totalvolumen sind Pflicht. Ich benutze seit Jahren einen Rucksack der britischen Armee, Typ PLCE long 100 Liter und bin damit richtig zufrieden. Der hat zwar nur zwei große Außentaschen (jeweils eine links und rechts), eine kleine Tasche vorne sowie ein Fach oben, aber damit komme ich prima klar. Nähte und Reißverschlüsse sind bei vielen Rucksäcken Schwachstellen. Besorg dir also eine reißfeste Regenhülle. Flecktarn ist Pflicht.

Wie wird er gepackt? Praktisch. Das ist die einzige Antwort. Jeder sollte für sich herausfinden, wie er seine Ausrüstung am besten verpackt. Was die Ausrüstung angeht, so liegt die Kunst darin, nichts Notwendiges zu vergessen und nichts Überflüssiges mitzunehmen. Das Notwendige muss jetzt also praktisch untergebracht werden. Wichtig ist, dass die schweren Sachen sich eher im oberen Bereich finden. Ansonsten packe ich nach Priorität. Das heißt, der Schlafsack kommt schon mal ganz unten rein. Den benötige ich nur einmal am Tag. Das obere Fach (Schnellzugriff) ist für das Survival-Notfallset reserviert. In eine der kleinen Außentaschen gehören Dinge wie Energieriegel, dunkle Schokolade, aber auch Beef Jerky. Das ist Energie für unterwegs. In die zweite, falls vorhanden, packe ich Kerzen, Schnur, Lampe, Batterien und meine Rettungsdecke. In einer der großen Außentaschen habe ich gerne die große 1,5 Liter Wasserflasche. Auch möchte ich den Poncho immer griffbereit wissen. Er kommt also in die gegenüberliegende Außentasche. Das Beil befestige ich mit einem Karabinerhaken außen am Rucksack. Es dient der schnellen Holzbeschaffung ebenso wie der Selbstverteidigung. Zum Beispiel gegen einen wild gewordenen Hund oder einen einsamen, hungrigen Wolf, vier- oder zweibeinig. Wölfe, (vierbeinige) gibt es in meiner Region so einige. Und so hat jedes Ding seinen Platz. Was nicht nass werden darf, wird wasserdicht verpackt.

Für Soldaten: Bevor du den Rucksack auf den Rücken nimmst, schüttle ihn kurz, um so herauszufinden, ob etwas klimpert oder klappert oder andere störende Geräusche verursacht. Das wäre gegebenenfalls nervig und taktisch unklug. Du verrätst deine Position. Stelle dein Handy im gleichen Zuge auf Flugmodus oder stumm.

Am Mann: Am Mann ist immer der Kompass Silva, Bargeld (eventuell Kreditkarten), das Hauptmesser, das Handy sowie eine etwas dickere Schnur. Letztere dient dazu, in gewissen Abständen Knoten zu machen. Dann nämlich, wenn es gilt, die Entfernung im Gelände zu messen (siehe Kapitel *Orientieren im Gelände*). Entferne ich mich vom Rucksack oder von meiner Hauptausrüstung, unabhängig der Gründe, schnappe ich mir die Umhängetasche (Typ Crossbody Sling Bag, ein Tragegurt also, der die Brust kreuzt und die Bewegungsfreiheit nicht einschränkt) mit dem Outdoor-Survival-Kit und bin somit, sollte weitab vom Biwak ein Unfall passieren, auf der sicheren Seite.

Welche Schuhe?

Merk dir: Bei Schuhen wird am allerwenigsten gespart. Ich selbst laufe, solange es trocken ist und kein Schnee liegt, mit ganz normalen Turnschuhen. Anfänger in Sachen Outdoor aber sollten gutes, robustes Schuhwerk tragen. Am besten sind solide Wanderstiefel, die bis über die Knöchel reichen. Diese sollen auf der einen Seite gegen Feuchtigkeit schützen, also wasserabweisend sein und auf der anderen Seite atmen. Wähle den Schuh weder zu groß noch zu klein. Die Sohle sollte dick und rutschfest sein. Bevor eine längere Tour ansteht, lauf die Schuhe und Stiefel im Rahmen kleiner Tagesausflüge sorgsam ein (siehe nächstes Kapitel). Im Winter schwöre ich auf Trekkingschuhe vom norwegischen Hersteller Viking: Und nein! Viking hat nicht die IBAN-Nummer von Thoma Gast.

Lauf nicht mit den Füßen, sondern lauf mit dem Kopf! So bereitest du dich auf einen langen Fußmarsch vor

Ich gehe hier nicht auf organisatorische Dinge ein. Was die Planung, das Festlegen der Marschroute und Teilstrecken sowie die Ausrüstung oder Analyse angeht, so berichte ich im Folgekapitel darüber.

Nur ein Fußmarsch kann dich optimal auf einen Fußmarsch vorbereiten.

Du wirst diesen Spruch etwas weiter unten noch einmal lesen, aber er muss eben gesagt werden. Was zählt ist die Praxis. Raus, raus, raus! Schuhe an, Rucksack auf den Rücken und ab. Und ja, auch ich werde dir ansatzweise dieses ganze Geplänkel von Socken, Schuhen, Blasen und Fußnägeln erzählen, wie andere Spezialisten es auch tun. Doch halte du dich in der Realität auf, und die liegt auf der Strecke und im Kopf. Hier sammelst du deine Erfahrungen. Nur hier. Ich müsste Albert Einstein konsultieren, um ihn ausrechnen zu lassen, wie viele gelaufene Kilometer ich in meinen Knochen habe. Albert würde an seiner Aufgabe verzweifeln oder sie neu berechnen, weil er sein erstes Resultat womöglich für unmöglich hält. Legionäre marschieren wahnsinnig oft und viel. Der härteste Marsch, ich habe es bereits in meinen YouTube-Clips erwähnt, war der von der Gagadewüste nach Yoboki. Der längste Marsch dauerte fast dreißig Tage. Aus der Erfahrung langer Märsche kristallisierte sich für mich eine Wahrheit heraus. Und die gab ich mir vor und während des Marsches immer in vollen Dosen. Ich sagte mir ständig: *Thomas, lauf nicht mit den Füßen, sondern lauf mit dem Kopf!* Man kann das Ding drehen und wenden, aber ein Fußmarsch ist immer und zuallererst Kopfsache. Wenn du

Blasen an den Füßen hast, das Blut aus den Nähten deiner Schuhe quillt, dein Kopf aber sagt *‚Ich will!'*, dann ist alles gut. Aber so weit muss es nicht kommen. Kopfsache, damit ist auch die Vorbereitung gemeint. Ein längerer Fußmarsch sollte gut geplant sein. Was immer mit im Vordergrund steht, fast gleichauf mit deinem eisernen Willen und deiner guten Planung, ist deine körperliche Fitness. Geben wir uns ein Beispiel, anhand dessen wir hier weitermachen. Du möchtest allein losziehen, um den korsischen GR 20 von Conca nach Calenzana, (Gesamtstrecke 180 Kilometer) zu laufen. Diese Strecke kenne ich sehr gut. Ottonormalverbraucher bewältigen sie in 14-16 Tagen, wir hatten immer nur fünf Tage Zeit. Beginne deine Vorbereitung mit einem Entschluss: *Ich möchte den GR 20 laufen. Ich möchte ihn in zehn Tagen hinter mich bringen. Ich werde ihn in zehn Tagen bewältigen.* Auf der Strecke gibt es 16 Etappen, obwohl du, um es zeitnah in zehn Tagen zu schaffen, einige Etappe überspringst. Am Ende jeder Etappe findest du eine Berghütte. Jede dieser Hütten bietet dir Schutz, Wasser, Wärme. Deinen Proviant musst du dir aber selbst mitnehmen, du kannst im Gebirge nichts kaufen. Wasser, lass es dir gleich gesagt sein, findest du unterwegs überall, teilweise auch im Sommer. Das ist alles essenziell für deine Planung. Was in deinen Überlegungen eine große Rolle spielen sollte, ist, dir Informationen einzuholen. Wie ist der Schwierigkeitsgrad des GR 20? Was kann mir auf dieser Strecke alles passieren? Was ist anderen auf dieser Strecke schon zugestoßen? Du wirst zum Beispiel herausfinden, dass in der letzten Maiwoche des Jahres 2007 drei Touristen auf dem GR 20 erfroren sind. Darunter war auch ein Deutscher. Sie wurden von einem Wintersturm überrascht. Im Mai! Das sollte schon mal alle Alarmglocken in deinem Kopf zum Läuten bringen. Die Touristen waren schlecht ausgerüstet. Und wenn du im Mai dort auch mit Sommerklamotten unterwegs bist, wirst auch du möglicherweise gnadenlos dafür bestraft. Hast du den Knall gehört? Lösungsvorschlag für das Problem: **Führe eine adäquate Ausrüstung mit! Denke an das Schlimmste!** Wir wissen, das hast du bei deinen Recherchen ebenfalls in Erfahrung gebracht, dass der niedrigste Punkt bei 250, der höchste bei 2600 Metern liegt. Es gilt 12500 Höhenmeter zu bewältigen. Es wird also anspruchsvoll. Der Weg führt an beeindruckenden Felsformationen vorbei. Im Jahr 2015 kamen sieben

Menschen während eines Felssturzes am Cirque de la Solitude ums Leben. An was lässt dich das denken? Sicher! **An festes Schuhwerk, Kommunikationsmittel und Erste Hilfe.**

Der Weg kreuzt viele andere Wege. Zum Beispiel auch den *Mare e Monti*. Manchmal ist das sehr verwirrend. Keine Angst, jeder der Wege hat seinen eigenen Farbcode. So hat der GR 20 eine rot-weiße Markierung. Der Clou ist: Sie ist nicht immer gut sichtbar. Du denkst also daran, eine Karte mitzunehmen. **Eine Karte und einen Kompass!**

An- und Abreise ist reine Organisationssache, du beginnst jetzt zuerst mit deinem Training. Bevor es aber raus geht, hier zunächst einige Überlegungen und Tipps.

Fußnägel schneiden: Ganz wichtig. Schneide die Fußnägel und feile die Ecken rund. Wenn sich ein zu langer Nagel in den Nachbarzeh bohrt, ist das höchst unangenehm. Früher oder später musst du, wenn es schlimm kommt, abbrechen oder das nachholen, was du versäumt hast. Das ist nervig und du verlierst Zeit. Schneide die Fußnägel aber nicht unmittelbar vor dem Marsch, sondern schon drei bis vier Tage vorher und schneide sie auch nicht zu kurz.

Füße vorbereiten und eventuell tapen: Ich habe damit keine Erfahrung. Ich hatte auch nie wirklich Blasen. Die Fersen und Zehen zu tapen, macht für den Anfänger aber schon Sinn. Einige schwören auf Leukoplast, andere ziehen Cremes wie Hirschtalg vor, um die Füße vorzubereiten.

Bei Pausen: Zieh deine Schuhe nicht aus. Deine Füße sind geschwollen. Es könnte sein, dass du nicht mehr in den Schuh hineinkommst. Das wäre es dann nämlich gewesen. Schuhe nass? Stelle sie niemals nahe ans Feuer, um sie schnell zu trocken.

Bäche/Flüsse? Wird ein Bach durchwatet, zieh die Schuhe vorher aus, aber achte dabei auf rostige Nägel, Glasscherben und Metallteile am Grund des Baches. Zum Durchwaten des Baches kannst du getrost die Turnschuhe anziehen (die hast du doch hoffentlich dabei?). Als Reserve-Schnürsenkel eignet sich Fallschirmleine. Trockne die Füße am anderen Ufer gut ab und marschiere weiter. Wer auf Nummer sicher gehen will, packt eine von diesen winzigen Tuben mit Atom- oder Sekundenkleber gleich mit in den Rucksack. Sollte sich die Sohle unerwarteterweise lösen, was mir schon passiert ist, bist du damit eindeutig im Vorteil.

Barfußlaufen: 2020 bereitete ich mich auf einen Marsch von 100 Kilometern vor. Schon wochenlang vorher schmiss ich alle Schuhe über Bord und lief nur noch barfuß. Auf heißem Asphalt, im Wald, auf Kieswegen, bei Sonne und bei Regen. Es ist eine Sache der Gewöhnung und bringt tausend Vorteile. Zum Beispiel den, dass du Granitfüße bekommst. Einziger Nachteil: Es macht süchtig.

Schuhe. Wanderstiefel: Ist die Phase des Barfußlaufens vorbei, benutze deine Wanderschuhe. Laufe immer mit demselben Schuh. Lauf ihn ein. Drei Wochen lang jeden Tag. Trage sie daheim, auf der Arbeit, beim Picknick, im Kino. Sie müssen ein Teil von dir werden. Irgendwann wirst du gar nicht mehr realisieren, dass du sie anhast, so leicht und easy fühlen sie sich an. Diese zwanzig Tage bieten dir auch genug Zeit, um herauszufinden, welche Socken du am besten trägst. Genügt ein Paar oder trägst du besser ein dünnes Paar und darüber ein dickeres. Oder hast du barfuß im Schuh ein angenehmeres Gefühl. Baumwollsocken haben sich nicht bewährt. Es ist müßig, darüber zu beratschlagen, welche Schuhe (Typ und Marke) du dir zum Marschieren aussuchen sollst. Trage die, die dir am besten gefallen. Vielleicht die, an die du schon gewöhnt bist und die du kennst. Nur dürfen sie nicht zu groß sein, weil du sonst darin hin und her rutschst, was zu Blasen führt. Und sie dürfen nicht zu klein sein, weil die Füße während eines Marsches anschwellen. Dieser Eingewöhnungsprozess dauert also maximal zwanzig Tage. Danach möchte ich, dass du JEDES Wochenende eine kleine Marschstrecke bewältigst. Marschieren lernst du nur, wenn du marschierst. Keine Theorie, kein Geplänkel, keine Ausreden.

- **Erstes Wochenende: 5 Kilometer, einfache ebene Strecke, 10 Kilo im Rucksack**
- **Zweites Wochenende: 10 Kilometer, hügelige Strecke, 10 Kilo im Rucksack**

- **Drittes Wochenende: 12 Kilometer, einfache ebene Strecke, 12 Kilo im Rucksack**
- **Viertes Wochenende: 15 Kilometer, hügelige Strecke, 12 Kilo im Rucksack**
- **Fünftes Wochenende: 20 Kilometer, hügelige Strecke, 15 Kilo im Rucksack**

Achtung: Wir sind beim Training, nicht auf der Flucht. Überanstrenge dich deshalb nie. Hier ein kleiner Anhalt.

Dein Atem – Stell dir immer eine Skala von eins bis sieben vor. 1 ist ganz locker, dein Atem ist völlig ruhig. Bei 7 bist du völlig außer Atem. Beweg dich am Anfang nie über den 5er-Bereich hinaus.

Deine Muskulatur – 1 ist ganz angenehm, deine Muskeln sind warm und locker. 7 bedeutet Muskelkrämpfe, du zitterst etc. Gerate nie in den Bereich von 6 oder 7.

Nach jedem dieser oben aufgeführten Wochenendmärschen wird ausgewertet. Was war gut, was nicht. Gab es Probleme mit den Schuhen? Mit den Füßen? Mit dem Rucksack? Ergreife Maßnahmen, um die Probleme abzustellen. Mach es beim nächsten Marsch problemloser und besser. Beim Training ist die Dauer des Marsches zunächst wichtiger als die zurückgelegte Distanz. Laufe im Schnitt ungefähr 4 km/h (ebenes und leicht hügeliges Gelände). Die ersten 20 Minuten solltest du langsam laufen. Dein Körper muss warm werden, sich erst mit der Aufgabe vertraut machen. Mache beim ersten Marsch keine und ab dem zweiten Marsch zu jeder vollen Stunde eine Pause von etwa 10 Minuten. Nach dem fünften Wochenende ruhst du. Mache zehn Tage nichts, was mit Marschieren auch nur ansatzweise etwas zu tun hat. Am elften Tag machst du deine persönliche Hammertour.

- **30 Kilometer, 15 Kilo Gepäck, leicht hügeliges Gelände!**

Kein Zeitansatz! Sag dir aber, dass du diese Distanz gerne an einem Tag hinter dich bringen möchtest. Dreißig Kilometer? Deine Tagesleistung könnte damit durchaus erreicht sein. Wenn du im gebirgigen Gelände marschierst, musst du pro 300 absolvierter Höhenmeter (vertikale Distanz) etwa eine Stunde mehr Zeit einplanen. Trinke nicht, während du läufst, sondern in den Pausen. Trink auch nicht sofort in den ersten vier oder fünf Minuten deiner kurzen Rast, sondern lass den Körper erst etwas zur Ruhe kommen. Trink in kleinen Mengen und gewöhne es dir an, jeden einzelnen Schluck zwei, drei Sekunden im Mund zu behalten, bevor du ihn runterschluckst. Und denke dir bei jedem Schluck: Wasser ist nicht mit Gold aufzuwiegen! Nach 4 Stunden Marsch legst du eine größere Pause von etwa 45 Minuten ein. Solltest du die Nacht draußen verbringen, denk daran, dass du etwa eine Stunde brauchst, dein Biwak einzurichten. Laufe also nicht in die Nacht hinein. Grundsätzlich ist es richtig auf deinen Körper zu hören. Er signalisiert, wenn etwas nicht stimmt. Es ist aber auch so, und da bin ich tausende Male durch (und lebe noch), dass du ab einem gewissen Punkt beim Marschieren – *wenn's anfängt hinten und vorne zu zwicken, bei der ersten Blase oder wenn dein innerer Schweinehund dir so unanständige Sachen ins Ohr flüstert wie: hör auf, setz dich doch mal hin oder du schaffst das nicht* – auch einfach mal die Zähne zusammenbeißen solltest. Die Rede ist jetzt nicht von Kreislaufproblemen. Da musst du schon aufpassen. Wenn dir schwindlig ist, dir schwarz vor Augen wird oder dein Puls zu explodieren droht, dann hör auf oder mach Pause. Die Rede ist von Schmerz. Eine Blase, so sehr sie dich auch quält, wird dich nicht umbringen. Ein Wolf (wundgescheuerte Stelle zwischen den Schenkeln) auch nicht. Sag dir hier auch gerne mal: *Was mich nicht umbringt, macht mich nur härter.* Ich meine, Marschieren ist auch eine Art Test und der geht nur dich was an. Du möchtest stolz auf dich sein. Du möchtest ein Vorbild sein. Du willst dich nicht nur körperlich, sondern auch psychisch weiterentwickeln. Dann lass dir gesagt sein: Ein langer peinigender Fußmarsch wird dich hier schneller weiterbringen als der Sechser im Lotto oder der Abschluss eines guten Geschäftes es je könnten. Deine Blasen drücken? Gut. Denke während des Marschierens an die Zeit, in der du Kind warst. Ruf dir die schönen Momente ins Gedächtnis. Frag dich, was sich durch die Zeiten bis heute geändert hat und frag dich, wo dich dein Weg noch hinführen wird. Sag dir, dass der Weg, den du gerade marschierst, dein Ziel ist. Komm nicht vom Weg ab, Kamerad, sondern marschiere ins Glück. Zum Abschluss, ich hatte es bereits erwähnt, noch ein kleiner

Tipp: Habe immer ein Paar alte Turnschuhe im Rucksack dabei. Die kannst du anziehen, wenn der Hauptschuh streikt. Oder dann abends am Lagerfeuer und während kleinerer Arbeiten.

Anm. des Verf. In Französisch-Guyana bekamen wir zum Marschieren die alten Boots. Gemeint sind die Rangers. Das sind Militärstiefel, wie sie heute in Frankreich in Folgemodellen immer noch an die Soldaten ausgegeben werden. Das Leder unserer Stiefel war damals sehr steif, aber wir mussten schnell damit klarkommen. Wir nahmen die passende Größe (nicht kleiner, nicht größer), befeuchteten das noch aufgeraute Leder mit etwas lauwarmem Wasser von innen und von außen, schmierten mächtig Lederfett darüber, schlüpften barfuß hinein und trugen sie über einen längeren Zeitraum an den Füßen. Das Leder schmiegte sich automatisch wie ein Mokassin, ja wie eine zweite Haut, um den Fuß.

Die richtige Planung bei Gruppenvorhaben

Ich wusste instinktiv, dass, wenn jeder von uns den Großteil seines Potenzials und seiner Leistung abrief, gar nichts schiefgehen konnte. Ich wusste, beginnt das böse Spiel, hat jeder die gleiche Ausgangsposition: der Feind, die Situation, wir alle.

(THOMAS GAST)

Machen wir einen Outdoor-Trip im Gruppenrahmen, so kann es uns auch hier passieren, dass daraus ein Notfall entsteht. Es geschieht selten, dass Männer und Frauen dieselben Ziele verfolgen, sollten sie zusammen in eine Notsituation geraten. In der Gruppe gibt es den Rechtsanwalt, den Verleger, den Soldaten und den Mann, der nicht weiß, an welchem Ende die Kugel den Lauf verlässt. Es gibt den Verkäufer bei Edeka, die Krankenschwester, die Studentin und möglicherweise einen langzeitarbeitslosen Freak. Gegebenenfalls hängt das Leben aller von der Fähigkeit ab, sich zusammenzureißen und sich im Gruppenrahmen zu organisieren. Der Wille, jetzt zu überleben, muss von einer gruppeninternen Solidarität ausgehen. Jeder Einzelne ist in der Pflicht. Beispielhafte Verhaltensweisen einzelner Personen stecken an. Sie dienen als Vorbild und übertragen sich auf die weniger motivierten Menschen. Eine gute Organisation im Gruppenrahmen sowie ein gutes Leadership auf der Basis von übergebener und geteilter Verantwortung sind die Grundlage für den gemeinsamen Erfolg: Überleben! Ein größerer Outdoortrip im Gruppenrahmen ist eine enorme Bereicherung für alle Beteiligten. Doch der sollte gut geplant werden. Die richtige Vorgehensweise wäre folgende. Zwei Wochen bevor es losgeht, trifft man sich ganz ungezwungen zum Kaffeeplausch. Bei dieser Gelegenheit lernt man sich näher kennen und kann somit möglicherweise schon abschätzen, mit wem man es genau zu tun hat und wo die Schwächen und Stärken jedes Einzelnen liegen. Ob es sich nun um einen kleineren Fußmarsch des Typs ‚*Spaziergang*' oder um einen langen Gewaltmarsch handelt: Zu wissen, wer hinter und vor einem läuft, ist essenziell. Beim ersten Treffen kristallisiert sich auch immer schnell heraus, wer als Führer geeignet ist. Das festzulegen, ist sehr wichtig, denn gerät die Gruppe in Not, hängt das Überleben aller oft von richtigen Entscheidungen ab, so ganz nach dem Motto: Wer macht was, wann und mit welchen Mitteln? Oft fällt die Wahl auf jemanden, der durch sein Auftreten Autorität ausstrahlt. Möglicherweise ist es ein Ex-Militär oder der Trainer einer Fußballmannschaft. Zumindest aber auf jemanden, der das Vorhaben betreffend schon etwas Erfahrung mitbringt. Du bist der auserkorene Anführer? Glückwunsch! Mein erster Tipp an dich: Besser eine falsche als gar keine Entscheidung!

- **Kritik und Akzeptanz.**

Dir als Chef obliegt die Verantwortung. Du musst dir aber sehr wohl im Klaren darüber sein, dass deine getroffenen Entscheidungen nicht immer wohlwollend von allen Mitgliedern der Gruppe abgesegnet werden. Mit Sicherheit hagelt es auch Kritik. Demzufolge solltest du Vorschläge anderer akzeptieren oder sie dir zumindest anhören, ansonsten aber über jegliche Kritik erhaben sein (nachdem du für dich geprüft hast, ob deine Entscheidung richtig und wichtig für alle ist). Das Erste, was auf dich zukommt, ist eine sorgfältige Gruppenanalyse.

- **Wie ist die körperliche und psychische Leistungsfähigkeit (Belastung) der Kameraden? Welche Erfahrung hat jeder Einzelne?**

Hier ist die körperliche Fitness ebenso gemeint wie die allgemeinen Erfahrungen im Outdoor- oder beruflichen Bereich. Das ist wichtig für die Festlegung der Strecke, der einzelnen Zwischenziele (Etappen) und der Laufgeschwindigkeit. Mit anderen Worten: Was kann ich der Gruppe zutrauen? Wie viel Rücksicht muss ich nehmen? Auf wen muss ich ganz besonders achten? Stelle dir anschließend die Frage: Wer beherrscht welche Techniken?

- **Wer kennt sich am besten mit Erster Hilfe aus?**

Dieses Gruppenmitglied (idealerweise eine Frau) könnte sich darum kümmern, einen Erste-Hilfe-Kasten zusammenzustellen. Binde sie jetzt schon voll ins Abenteuer ein und lass dir von ihr eine Liste machen, was sie mitzuführen gedenkt. Überfliege und korrigiere diese (falls nötig) und kümmere dich schon mal um die Kostenfrage.

- **Wer kann gut Karten lesen, orientieren?**

Dieses Gruppenmitglied kümmert sich um das Kartenmaterial, prüft Kompass, GPS und andere technische Hilfsmittel.

- **Wen würde ich losschicken, um im Notfall Hilfe zu holen?**

Na ja. Du wählst den, der sich im Gelände gut auskennt. Idealerweise stammt er aus der Region. Er ist verlässlich, körperlich fit und voller Optimismus.

Alles festzuhalten und gewisse Dinge zu regeln, macht Sinn. Schon im Vorfeld der *Expedition* hast du als Anführer mit Rotstift einen Eintrag im Kalender gemacht. Dieser Eintrag könnte so aussehen: Wettervorhersage ab dem Tag X (Datum des Beginns unseres Trips) für die betreffende Region (10 Tage Trend). Leg jetzt die Dauer der geplanten Aktivität und danach die genaue Route fest. Letzteres ist zwar ein gemeinsamer Prozess, doch deine Meinung als Anführer zählt. Wähle die jeweiligen Tagesetappenziele und prüfe den Schwierigkeitsgrad der Strecke. Besprecht, wie sich jeder verhalten soll, sollte die Gruppe überfallen werden oder was getan werden muss, wenn plötzlich einer fehlt oder wenn es einen Verletzten oder einen Kranken gibt. Checkt die Route auf nahe liegende Ortschaften, Krankenhäuser, Ärzte, Polizei etc. und erstellt eine Liste der Blutgruppen. Die Details mit den verschiedenen Blutgruppen gehen per Liste an dich und eine Kopie an die Erste-Hilfe-Spezialistin. Lass bei der Gelegenheit auch eine Liste der Telefonnummern der jeweiligen Notfallkontakte eines jeden Einzelnen anfertigen. Es könnte sich als nützlich herausstellen, jetzt noch einmal darauf hinzuweisen, dass der Rucksack nicht 50, sondern eher 20 Kilo wiegen sollte. Prüfe das am Tag X persönlich. Als Chef hast du immer ein leichtes Seil (25 Meter) sowie zwei oder drei

Karabinerhaken im Rucksack. Tausche dich mit dem Team drei oder vier Tage vor dem Trip noch einmal kurz aus. Kläre bei dieser Gelegenheit die Feinheiten wie Treffpunkt, Eckzeiten, Beförderungsmittel bis zum Startpunkt, Problembehandlung allgemein (mitzuführende Papiere, Pässe eventuell etc.). Bei der richtigen Tourenplanung und für unterwegs sind folgende Punkte wichtig:

- **Rechtzeitiger Start.**
  Früh raus aus den Federn. Die Zeit zwischen Sonnenaufgang und Mittag ist unwahrscheinlich effektiv, was die körperliche Leistung angeht. Bis dahin sollte man auch den größten Teil des vorgenommenen täglichen Pensums hinter sich gelassen haben.
- **Realistische Zeitplanung.**
  Es ist immer klüger, eine längere Marschdauer einzuplanen. Nichts ist nerviger als von vorne ständig zu hören: noch eine halbe Stunde. Dabei genügt ein Blick auf die Karte, um zu erkennen, dass es wohl eher noch drei Stunden sind.
- **Regelmäßige Checks.**
  Das ist auf individueller Basis genauso wichtig wie im Gruppenrahmen. Diese Checks umfassen die eigene Moral, das Equipment (ist es noch vollständig und gut verzurrt oder im Rucksack untergebracht), den Körper (Blasen an den Füßen, Wolf, Schmerzsignale). Natürlich sollte der eigene Standort immer wieder überprüft werden.
- **Organisieren, informieren und briefen.**
  Ständig: ob in einem Notfall oder bei der geplanten Tour. Jedes Mitglied der Gruppe muss wissen, was es wann mit welchen Mitteln zu tun hat. Falls notwendig, erklärt man, warum Dinge so und nicht anders geschehen müssen. Der Sinn muss ersichtlich sein.
- **Das Festlegen von knallharten Entscheidungspunkten.**

Niemand ist perfekt, du nicht, ich nicht. Ich kenne keinen, der sich nicht schon mal verlaufen oder verkalkuliert hätte. Diese Einsicht muss gegebenenfalls aber auch in unser Bewusstsein dringen. Hat man sich zum Beispiel verlaufen und erkennt seinen Fehler, sollte eine Zeit oder ein Geländeabschnitt gewählt werden (rote Linie), ab dem dann gesagt oder entschieden wird: Wir kehren um oder – im Extremfall – wir brechen das Unternehmen ganz ab. Das hört sich jetzt alles sehr militärisch an, aber es ist in erster Linie einfach nur hilfreich und auch logisch. Sich im Unternehmen gut zu organisieren, spart Geld. Sich aber in einer Survival- oder Outdoor-Situation gut zu strukturieren, spart Zeit, Nerven und manchmal auch Blut.

Feuer

Bevor wir loslegen: drei Überlegungen am Rande.

1. Feuer ist wichtig. In bestimmten Situationen ohne Feuer? = Tod!
2. Wenn ich draußen im Gelände bin, stopfe ich mir ständig trockenes Zeug in ein kleines Säckchen. Es handelt sich dabei um Federn, Heu, Birkenrinde, Papierstückchen, winzige Zweige etc. Alles, was ich eben am Wegesrand so finde. Ich bewahre das Säckchen in der rechten vorderen Hosentasche auf. Der Zunder bleibt trocken sowie warm und ist somit in der Lage, bereits den kleinsten Feuerfunken aufzunehmen und zu halten.
3. Bin ich in kalten Regionen unterwegs, habe ich immer ein Holzscheit im Rucksack dabei. Das nehme ich von zu Hause mit. Es ist trocken und wiegt höchstens 350 Gramm.

Ersteres, das mit dem Zunder im Säckchen, lernte ich auf dem Einzelkämpferlehrgang an der Luftlande-/Lufttransportschule in Altenstadt. Dieser fand damals noch im Sauwald, besser gesagt in der Region des Sauwaldhofs statt. Zweiteres brachte man mir in der Fremdenlegion bei. Die primäre Leitidee dahinter? *Überleben!* Die sekundäre Leitidee? *Wer sich dämlich anstellt und keine Vorsorge trifft, muss leiden.* Muss ich Feuer machen, *funzt* der Zunder sofort, egal ob ich den Feuerstarter oder ein Streichholz nehme. Regnet es und gibt es auf hundert Kilometer in der Runde kein Stück trockenes Holz, dann hole ich gechillt mein Holzscheit aus dem Rucksack und mein Initialfeuer, jetzt im Zusammenspiel mit dem Zunder, ist garantiert. Es geht dann nur noch darum nachzulegen. Das dann gerne auch mit einem Holz, das nicht trocken ist. Es sind immer diese ersten Momente, die entscheiden, ob du ein Feuer hinkriegst oder ob du weiterhin frierst wie ein Hund und womöglich den Löffel abgibst. Feuer garantiert = Überleben garantiert!

Ich hatte diesbezüglich sehr viel Kritik geerntet, als ich genau das in einem meiner YouTube-Clips versuchte rüberzubringen. Die Techniken wurden ins Lächerliche gezogen. Die Kritik kam überwiegend aus dem Camp des bereits angesprochenen prominenten YouTubers (der mit der Survival-Serie in Schweden). Survival wird von solchen Serien verzerrt, doch ich warne: Wenn viele neugierige Unwissende einigen ‚*Amateuren*' Glauben schenken, die weder:

- Einen richtigen Einzelkämpferlehrgang hinter sich gebracht haben (und der dauert Wochen)
- Selbst jemals in einer Situation waren, in der es eben ums knallharte Überleben ging (Real-Survival-Situation)

... dann ist ein neues Niveau von Survival geschaffen. Ein Niveau des Truges, das in einer Real-Survival-Situation Leben kosten kann.

Um ein Feuer zu entfachen, brauchst du Zunder, Anzündmaterial und Brenn- oder Feuerholz. Gehen wir alles einmal durch.

Zunder: Er ist das Allerwichtigste. Dafür eignet sich die äußere weiße, fast transparente Haut der Birkenrinde sehr gut. Du kannst auch Fasern von deinen Baumwollsocken zupfen, Vogelfedern verwenden oder jetzt einfach dein Säckchen aus der vorderen rechten Hosentasche holen. Beachte: Dieser Zunder muss furztrocken sein. Ich habe ein oder zweimal verlauten lassen, dass ich im Survival-Kit einen Bleistiftanspitzer mitführe. Das ist wichtig. Warum? Klar! Im Inneren sind fast alle Hölzer trocken. Hast du jetzt einen Anspitzer parat, such einen Ast, der den Durchmesser eines Bleistiftes hat und fang an zu spitzen. Wie in der Schule. Du hast bald schon einen hauchdünnen, vor allem aber richtig trockenen Zunder: Hurra!

Anzündmaterial: Schneide oder besser noch schabe Späne (vom trockenen Holzscheit) von einem Stück Holz und lege es neben den Zunder. Du kannst Birkenrinde verwenden, kleine harzige Holzstücke oder Baumharz, Reisig und Tannenzapfen. Alles eben, was trocken ist und schnell brennt. Dieses Anzündmaterial muss in ausreichender Menge vorhanden sein.

Für Soldaten: Ihr könnt zum Feuer machen ruhig etwas Munition opfern. Zieht das Geschoss (Projektil) aus der Hülse und verwendet die Treibladung (Schießpulver) als Zunder und gleichzeitig als Anzündmaterial. Der kleinste Funken vom Feuerstahl genügt, das Schießpulver übernimmt den Rest. Oder ihr schlagt den Messerrücken gegen einen Stein. Stahl auf Stein geht immer. Alternativ eignet sich eine Lupe, eine Batterie oder die Glut, erzeugt vom Feuerbohrer.

Brenn- oder Feuerholz: Eiche, Esche, Ahorn und Birke liefern generell gutes Brennholz. Diese Hölzer brennen langsam mit heißer Glut. Abgestorbenes Holz, das nicht in Kontakt mit dem Boden ist, eignet sich ganz besonders gut. Trag dazu die äußere Schicht ab. Hohle, abgestorbene Bäume erkennst du, indem du mit der Machete oder dem Messerrücken dagegen schlägst. Der Ton macht die Musik. Meist ist an abgestorbenen Bäumen die Rinde schon weg, die Äste sind kahl und der Specht hat seine Spuren hinterlassen. In eisigen Wintern nimmst du Holz, das mit einer Eisschicht umgarnt ist. Das Innere ist fast immer sehr trocken. **Tipp:** Wenn du denkst, du hast genug Brenn- oder Feuerholz gesammelt, denkst du falsch: Hol dir doppelt so viel!

Bereite dein Feuer immer so vor, dass du links von dir den Zunder, in der Mitte das Anzündmaterial und rechts das Feuerholz hast. Zünde dein Feuer erst an, wenn das alles akribisch passt. Zum Anzünden verwendest du idealerweise künstliche Hilfsmittel wie Streichhölzer, Feuerzeug, Feuerstarter, Lupe, Brennglas oder noch Batterien in Verbindung mit etwas Stahlwolle. Auf natürliche Hilfsmittel greifen wir nur zurück, wenn es anders nicht möglich ist. Hier bietet sich das gute alte Feuerbohren an.

Feuerbohren: Ganz extrem gilt hier ‚*Übung macht den Meister*'! Erhoffe dir nicht, auf diese Art und Weise ein Feuer hinzukriegen, wenn du das nicht hundert Mal geübt hast. Zum Feuerbohren benötigst du vier Dinge: Messer, Schnur, Holz und Hartnäckigkeit. Die robuste **Schnur** (zum Beispiel Fallschirmleine) hat idealerweise einen Durchmesser von etwa 3 mm. Sie sollte insgesamt etwa 1,5 Meter lang sein. Der **Bogen** (sehr biegsam) ist 60 cm lang bei einem Durchmesser von 2,5 Zentimeter. Der **Drill** (Spindel) ist etwa 20 Zentimeter lang und etwa 1,5 Zentimeter dick. Das **Handstück** darf so groß sein wie ein sehr kleiner Teller. Der Drill muss gut in der Aushöhlung des Handstücks rotieren. Schneide in das eigentliche **Feuerbrett** eine rundliche Vertiefung, in die das untere Ende der Spindel gut passt. Schneide auch einen v-förmigen Ausgang, von dem das Brennmaterial (Glut) in den Zunder purzeln kann. Lege dein Feuerbrett (1) so auf den Boden, dass der v-förmige Ausgang in Kontakt mit dem Brennmaterial liegt. Setze das Ende des Drills (2) in die Vertiefung des Feuerbretts. Drücke mit dem Handstück (3) kontrolliert auf das obere Ende des Drills, während du mit der anderen Hand den Bogen (4) hältst. Durch kontinuierliche Bewegungen des Bogens dreht sich der Drill und bohrt sich quasi in das Brett. Die Reibung, die dadurch entsteht, erzeugt Hitze. Fang langsam an. Erst wenn es anfängt zu rauchen und zu qualmen, bohre schneller. Hast du Glück, fallen jetzt kleine glühende Partikel in den v-förmigen Ausgang und auf den Zunder. Blase vorsichtig hinein und entfache dein Feuer. Möchtest du das Feuer mitnehmen, was klug ist, wenn du dein Biwak verlegst (Streichhölzer sind ein sehr wertvolles Gut, jedes einzelne zählt), dann nimm eine Blechdose, mach Löcher rein, lege einige Brocken Glut in die Dose, verschließe sie und trage sie am Ende eines langen Stabes über deiner Schulter. Etwas Sand, Asche oder Erde über die Glut bewirkt, dass sie sich nicht zu schnell konsumiert. Glimmt die Glut deines Erachtens immer noch zu schnell oder sind die Wände der Dose zu dünn und drohen durchzubrennen, kannst du alles wieder rausholen und die Innenwände der Dose mit

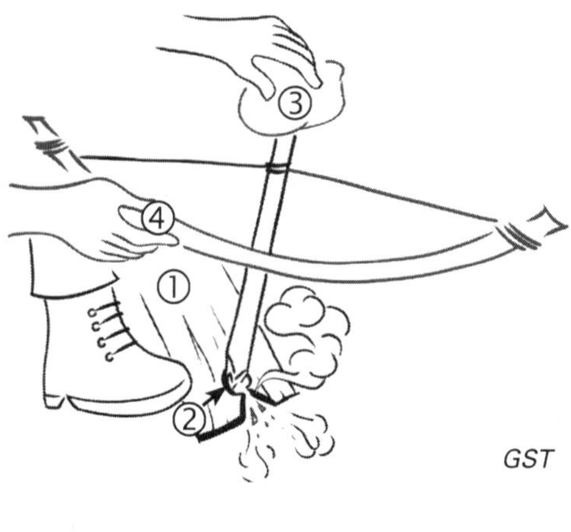

GST

Lehm ausschlagen. Dann die Glut wieder rein, etwas Asche obendrauf und gut ist es. Du musst dann aber die Löcher nochmal rein machen. Eine andere, sehr gute Technik besteht darin, vom letzten Feuer einfach ein großes Stück Kohle mitzunehmen. Feuerstarter und Kohle = schnelles Feuer. Wenn wir schon bei der Dose sind, verweilen wir eine Weile. Du kannst eine Dose nehmen, diese mittig (erst längs), dann unten und oben quer aufschneiden, aufklappen, Kerze rein und schon hast du Licht in deinem kleinen Zelt oder im Tarp. Die Kerze reflektiert sich wunderbar in den aufgeklappten Teilen. Willst du anstelle von Licht einen Kocher Typ *Hobo-Ofen*, dann mach kleine Hölzer rein, unten anzünden, oben rauf mit dem Topf. Ich habe das mit den *Rekruten* Christoph, Sebastian und Stefan probiert. Was soll ich sagen: Es funktioniert bestens!

FEUERSTELLEN.

Das Dakotafeuer (ideal für Soldaten, die im feindlichen Hinterland operieren)

Grabe ein Loch mit folgenden Dimensionen. Tiefe, Länge und Breite jeweils 40 cm. Grabe ein zweites Loch etwa 20 cm daneben. Die Dimensionen sind identisch. Verbinde beide Löcher am tiefsten Punkt mit einem faustdicken Tunnel. Er dient als Luftkanal. Zünde in Loch eins dein Feuer an, fertig! Über die Vorteile eines Dakotafeuers müssen wir nicht diskutieren, sie liegen auf der Hand. **Diskretion:** Das Feuer ist selbst auf kurze Distanz kaum sichtbar. Tagsüber sowieso nicht, außer jemand stolpert darüber. Tatsächliche Rauchentwicklung: fast gar keine! Außerdem brennt das Feuer mit heller Flamme und sehr heiß.

Das Balkenfeuer. Schneide dir drei Balken mit folgenden Ausmaßen zurecht: Länge 80 cm, Durchmesser 25 cm. Bearbeite (schabe) jeden der drei Balken mit dem Messer oder deinem Beil so, dass rundum grobe Späne abstehen. Treibe jetzt an einer windgeschützten Stelle deines Biwaks vier dicke Stangen oder Pfosten in den Boden und lege die Balken über- bzw. aufeinander dazwischen. Die Späne sorgen idealerweise für etwa fünf bis sechs Zentimeter hohe Zwischenräume, die du zusätzlich mit Ästen, Reisig oder dicken Zweigen füllst. Entfache das

Feuer zu Fuße der Balkenreihe. Vorteile: Kleine Flamme, wenig Rauch, brennt lange und wärmt richtig gut. Nachteile: Macht etwas Arbeit.

Das Grabenfeuer. Hier geht es darum, ein Feuer zu machen, das optimal und von allen Seiten mit Luft versorgt wird und deshalb schnell und mit guter Flamme brennt. Grabe dazu ein Kreuz (zwei flache Gräben, die sich kreuzen) in den Boden. Tiefe: 8 cm. Länge der zwei Gräben: 35 cm. An der Stelle, an der die Gräben sich kreuzen, schichtest du deine Holzpyramide auf und machst dein Feuer.

Das Schwedenfeuer. Es darf nicht fehlen, zumal ich in Schweden lebe. Nimm einen Stamm oder Holzklotz, Durchmesser etwa 20 Zentimeter und Länge 40 Zentimeter. Umwickle das untere Ende mit Schnur, Streifen von deinem T-Shirt oder Fallschirmleine und spalte dann den Klotz von der anderen Seite zweimal längs bis zur Abbindung. Bearbeite die vier entstandenen Scheite von innen mit dem Messer, indem du abstehende grobe Späne rein schneidest und stopfe dann Zunder und Brennmaterial in den Block. Zum Anzünden eignet sich Baumharz am besten. Der Block brennt sehr lang und gibt gute Wärme ab.

Allgemeine Tipps. Solltest du dein Feuer mit Steinen umranden, achte darauf, dass die Steine nicht nass sind. Sie können regelrecht explodieren, wenn sie aufgeheizt werden. Und das ist gefährlich. Denk daran, dass feuchtes Holz qualmt (Diskretion), dafür aber weitestgehend Insekten fernhält. Meine Erfahrung ausgewertet, lege ich dir nahe, als Zunder bzw. Anzündmaterial Baumharz und Birkenrinde zu nehmen. Beides brennt selbst dann, wenn es Hunde und Katzen regnet. Hast du Kienspan dabei, umso besser!

Für Soldaten: Suchst du die Diskretion, dann entfache dein Feuer direkt unter einem Baum. Der Rauch steigt nach oben und wird durch die Äste und kleinen Zweige verteilt, sodass der Qualm nicht auf viele Kilometer in die Runde sichtbar ist. Deck dein Feuer nach oben hin ab. Betreibe Camouflage. Ein Dreibein mit einem Blättergitter darüber genügt dafür. Mach am besten immer ein Grubenfeuer oder Dakotafeuer. Besteht Grund zur Annahme, dass ‚*Enemy*‘ in der Nähe ist:

Verzichte auf ein Feuer, vor allem nachts. Rauch und Feuerschein könnten deine Position verraten. Denke an Wärmebildkameras, die sogar die kleinsten Glutnester entdecken. Natürlich werden sie auch dich ausfindig machen, aber es könnte sein, dass du dein Feuer kurz verlässt, um das Gelände zu erkunden. Du hast möglicherweise die Absicht, zum Lager zurückzukehren und lässt deshalb dein Feuer mit kleiner Flamme brennen. Man stößt ggf. auf dein Feuer, aber noch nicht auf dich. Also: Denke immer weiter als deine Nase lang ist.

Wasser finden, Wasser aufbereiten

Du brauchst am Tag 2,5 Liter Wasser! Basta! In einer Real-Survival-Situation Wasser in ausreichender Menge und guter Qualität zu finden, ist sogar mitten in Europa nicht immer ein Selbstläufer. Von Wüsten, Savannen und vom australischen Busch rede ich noch nicht einmal.

Vorab: Das solltest du nur im absoluten Notfall trinken!

- Urin
- Flüssigkeit vom Fisch
- Blut
- Meerwasser

Ich habe bereits Flüssigkeit von einem rohen Fisch getrunken. Das war auf dem Kommandolehrgang am CNEC. Die Ausbilder gaben uns lebende, munter zappelnde Sardinen, die alle etwa 20 cm lang waren und forderten uns auf, sie durch einen Kopfbiss zu töten und dann roh zu essen. Wer das nicht konnte, ging heim. Insofern war es für uns ein Notfall, denn vom Lehrgang zurückzukommen und den Eintrag ‚*Nicht Bestanden*' im Lehrgangszeugnis zu haben: auweia! Im Spinalkanal der Wirbelsäule des Fisches ist Flüssigkeit, die kannst du bedenkenlos trinken. Ansonsten: Finger weg! Unbehandeltes Wasser aus Seen, Bächen und Flüssen sowie Regenwasser kannst du ohne Bedenken trinken. Es ist vielleicht nicht zu hundert Prozent sauber, aber in der Not frisst der Teufel Fliegen und in einer Real-Survival-Situation sogar zwei. Gibt es in der Nähe deines Biwaks Wiesen oder Felder, dann wickle dein T-Shirt um Knöchel und Waden. Binde es fest und laufe kurz nach Sonnenaufgang durch dieses grüne Meer. Reif und Tau

 (bzw. das Kondenswasser der Pflanzen) wird vom T-Shirt aufgesaugt, du musst es nur noch auswringen. Ein Viertelliter Wasser ist dir auf jeden Fall sicher. Du findest selbst im tiefsten Wald, auf hoher See sowie in Bächen und Flüssen Plastikflaschen, die wie durch ein Wunder dorthin gekommen sind. Nimm eine davon und steck sie in deinen Rucksack. Stößt du auf einen Plastiksack oder eine Plastiktüte, dito: Du könntest beide noch gut brauchen. Für was, das erkläre ich dir am besten sofort. Bäume verdunsten Wasser. Große Birken zum Beispiel geben täglich bis zu 100 Liter über den Dunst ab. Das ist für dich in jeder Hinsicht ein interessanter Prozess, doch wie kommst du an dieses Wasser heran? Die effizienteste Methode ist folgende. Stülpe an mehreren Stellen gleichzeitig durchsichtige Plastiksäcke über Äste und Blätter der Birke. Achte darauf, dass so wenig Blätter wie möglich die Innenseiten der Säcke berühren. Zubinden nicht vergessen! Der von den Blättern abgegebene Dunst beschlägt die Innenseiten der Plastiksäcke und tropft in den Sack zurück, wo sich das Wasser dann am tiefsten Punkt sammelt.

Eine sichere Methode, Wasser aufzubereiten, ist die SODIS-Methode.

- Nimm eine der von dir gefundenen Plastikflaschen.
- Füll sie mit dem aufzubereitenden Wasser und schließe sie wieder.
- Lege die Flasche fünf bis sechs Stunden in die pralle Sonne und fertig! Du kannst das Wasser bedenkenlos trinken.

Mit Hilfe der Sonnenstrahlen wurde das Wasser entkeimt und so trinkbar gemacht. Einige Punkte gibt es zu beachten. Die SODIS-Methode kann nur tagsüber angewandt werden. Ist der Himmel zu mehr als 3/4 mit Wolken bedeckt: stopp! Das funktioniert nicht. Die Flasche muss durchsichtig (transparent) sein. Achte darauf, kein Schlammwasser zu nehmen. Nimm klares Wasser. Flaschen, deren Volumen 1,5 Liter übersteigt, sind ungünstig. Schüttle die Flaschen jede volle Stunde einmal kräftig durch.

Wasserfilter selbst bauen. Oft findest du nur schlammiges oder trübes Wasser. Das kannst du so nicht trinken. Doch. Kannst du. Aber manchmal eben nur einmal. Von Durchfall bis Cholera kannst du dir alles, was dazwischen liegt, einfangen. Du musst das Wasser bereits vor dem eigentlichen Behandeln filtern. Dazu benötigst du:

- **Einen Behälter: Bambusrohr, Wasserflasche, etc.**
- **Kohle: möglicherweise vom eigenen Feuer**
- **Ein Stück Stoff: von deinem T-Shirt**
- **Sand, Kies oder Kokosfasern**

Schneide den Behälter (eine Wasserflasche aus Plastik ist ideal) auf der unteren Seite auf und fülle ihn schichtweise und der Reihe nach mit Stoff, Kohle und Sand. Häng das Ganze an eine Astgabel oder binde es an einen Baum. Fülle das Schmutzwasser in die Flasche. Mach unten ein Loch, damit das gefilterte Wasser in den darunter gestellten Behälter tröpfelt. Filtere das Wasser zwei Mal und koche es dann ab. Fertig!

Die Transfer-Methode: Nimm einen Behälter und fülle ihn mit verschmutztem Wasser. Daneben, nur etwa zwanzig Zentimeter tiefer, stellst du einen zweiten leeren Behälter.

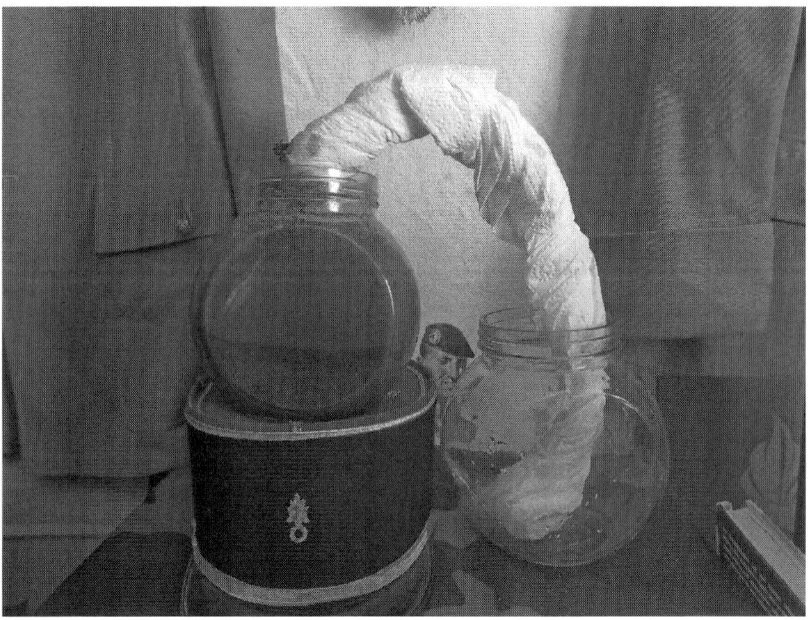

Jetzt baust du den Transfer, das heißt du verbindest beide Behälter miteinander. Diese Verbindung stellst du her, indem du Papier, Küchenrolle oder ein T-Shirt zu einem Schlauch drehst und damit sozusagen eine Brücke zwischen den Behältern baust. Was passiert? Der Papier- bzw. Stoffschlauch saugt das Wasser aus Behälter A zu Behälter B. Auf dem Weg dorthin werden alle Schlamm- und Dreckpartikel herausgefiltert. Bereits innerhalb von 12 Stunden wechselt das Wasser so von einem Gefäß ins nächste über. Das Wasser sieht hell und klar aus, aber Achtung: Klares Wasser ist nicht gleich trinkbares Wasser! Du solltest das auf diese Art und Weise gewonnene Wasser immer erst abkochen, bevor du es trinkst. Weder du noch ich sollten uns dümmer anstellen, als wir sind. Nehmen wir doch einfach Micropur mit ins Gelände und haben idealerweise auch im Notfall-Kit ein paar dieser Tabletten dabei: Hurra die Gams! Wir sind immer auf der sicheren Seite. Cholera, Durchfall & Co. können uns mal!

Erste Hilfe in einer Real-Survival-Situation / oder warum dein Bauchgefühl wichtig ist

Auf jeden möglichen Aspekt oder Einzelfall einzugehen, würde den von mir vorgegebenen Rahmen dieses Buches bei Weitem sprengen. Worauf es mir ankommt, ist, dass du verstehst, dass in Sachen Erste Hilfe absolute Prioritäten gesetzt werden müssen. Insbesondere bei einer Real-Survival-Situation! Mein Tipp: Bevor du dich zu diversen Outdoor-Aktivitäten begibst, besuche einen Ersthelfer-Lehrgang. Der besteht in der Regel aus dem herkömmlichen Erste-Hilfe-Lehrgang und einigen Fort- oder Weiterbildungseinheiten. Ich hatte damals einen speziellen Lehrgang absolviert: *Hostile First Person on Scene* (FPOS). Der war richtig teuer, aber auch richtig gut. Es war eine exzellente Investition. Wenn ihr da zu zweit hingeht (du und dein Buddy), macht das auch mächtig Freude. Geh weg vom bloßen Konzept: Absichern. Sterilen Verband anlegen. Notarzt rufen. Hey! Wir sind im Krieg. Und der hat einen Namen: Real Survival! Es wird ebenso wenig einen Notarzt geben, wie du über einen wirklich sterilen Wundverband verfügst. Um hier weiterzumachen, benötigen wir ein Beispiel und hier ist es.

Ihr seid zu zweit. Zusammen lauft ihr auf dem Jakobsweg Richtung Seelenheil. Einer von euch beiden hat die brillante Idee, abseits vom Weg einen alten Parallelpfad zu nehmen. Doch da ist kein Pfad. Ihr verlauft euch, findet auch den Rückweg nicht mehr. Ein Felsengebirge rückt näher. Rechterhand seht ihr eine Felswand, vor euch liegt eine abschüssige Geröllwüste. Um weiterzukommen, müsst ihr da durch. Von Weitem erkennt euer geübtes Auge einen schmalen Strich an einem Berghang: Der Jakobsweg! Endlich! Ihr ackert euch über Felsen und Geröll, als urplötzlich die Erde zu beben beginnt. Überall schießen Granitblöcke gefährlich nahe an euch vorbei. Dein Kamerad wird getroffen. Bewegungslos liegt er auf dem Rücken. Scheinbar atmet er nicht mehr. Sein weißer Pullover ist rot von seinem Blut. Was machst du? Nein, du holst nicht dein Warndreieck aus dem Kofferraum und rufst den Doktor! Instinktiv tust du genau das Richtige, alles ist in deinem Kopf, du musst es nur abrufen, und zwar der Reihe nach.

1. Schnell weg von der Gefahrenquelle (den Kameraden nicht vergessen!)
2. Die Atmung des Kameraden wieder in Gang bringen
3. Seine Blutung stillen

1 – Schnell weg von der Gefahrenquelle. In diesem Fall sehe ich nur eine einzige Möglichkeit, den Kameraden schnell und sicher zu bergen: Durch Anwenden des Tragegriffs südamerikanischer Spezialeinheiten! Der geht folgendermaßen: Lege dich auf gleicher Höhe und in derselben Position neben den Kameraden auf den Rücken zu Boden. Nimm seinen linken Arm und ziehe diesen so weit wie möglich über deine rechte Brust. Ergreife jetzt (unter dem linken Arm des Kameraden hindurch) mit deiner rechten Hand seinen Pullover auf Höhe seines linken Schulterblattes. Bündle all deine Kraft. Dreh dich ruckartig (ohne ihn loszulassen), nach rechts rollend auf den Bauch und nimm den Kameraden in deinem Schwung mit. Er liegt jetzt auf deinem Rücken. Platziere ihn durch Zurechtrücken, sodass er im Gleichgewicht ist. Dann begibst du dich zunächst auf Hände und Füße, anschließend richtest du dich langsam zu voller Körpergröße, jedoch leicht nach vorne gebeugt, auf. Lege seine Arme über deine Schulter, sodass sie frei nach vorne pendeln. Ergreife mit beiden Händen seine Kniekehlen und ab geht es (mit leicht vorgebeugtem Oberkörper) aus der Gefahrenzone. Von dem Augenblick, in dem du dich neben ihn legst, bis zu dem, an dem du mit ihm unterwegs bist, vergehen kaum 30 Sekunden. Ich habe das tausend Mal geübt, ich weiß das. Wichtig ist hier, dass du ihm vorher seinen Rucksack vom Rücken nimmst und dass du, noch am Boden liegend, wirklich ganz nahe an ihm dran bist. Ihr müsst zu einer unzertrennlichen Einheit verschmelzen. Und: Dein Wille, ihm das Leben zu retten, sollte um ein Vielfaches größer sein als dein eigener Schmerz und deine Angst, dass du es nicht schaffen könntest, ihn dort wegzuholen. Kleine Analyse gefällig? Warum wählen wir hier einen Transportgriff, den kaum einer kennt und wenden nicht zum Beispiel den allbekannten Gamstragegriff oder den altbewährten Rettungsgriff (Rautek) an? Nun, wenn dein Kamerad 100 Kilo wiegt, hat sich das mit dem Gamstragegriff erledigt. Du wirst es niemals schaffen, ihn auf deine Schultern zu hieven. Beim Rautekgriff sehe ich das Problem, dass es einfach zu anstrengend ist. Selbst wenn du sehr kräftig bist, ist nach zwanzig Metern dein Traum von der Rettung zu Ende geträumt. Ich habe selbst mehrmals Verwundete bergen müssen. Mit dem Tragegriff südamerikanischer Spezialeinheiten lag ich immer goldrichtig.

Soldaten: In einem meiner YouTube-Clips (Rekrutenformat) habe ich ausführlich gezeigt, wie der Griff anzuwenden ist und ihn dann insofern perfektioniert, dass ich ein leichtes Seil hinzunahm. So kann man den Kameraden (ohne die Hände zum Festhalten zu benutzen: Die Hände halten in diesem Fall die fertiggeladene Waffe) auch auf Strecken über mehrere Kilometer tragen.

2 – Die Atmung des Kameraden in Gang bringen. Du hast den Kameraden aus der gefährlichen Situation geholt, ihn in Sicherheit gebracht. Unter Einsatz deines eigenen Lebens. Etwas abseits legst du ihn zu Boden und stellst fest, er blutet immer noch und er atmet nicht. Oberste Priorität hat es nun, seinen Atmungs- und Kreislaufapparat wieder zu animieren. Die altbewährte Mund-zu-Mund-Beatmung hat sich doch nicht so bewährt, das weißt du. Du wendest also zuerst die Herzdruckmassage an.

- **Knie dich neben deinem Kameraden ab.**
- **Lege den Ballen einer Hand auf das untere Drittel seines Brustbeins.**
- **Setze den Ballen der anderen Hand auf die erste Hand.**
- **Strecke deine Arme ganz durch, verlagere dein Gewicht vertikal über den am Boden liegenden Kameraden und drücke stoßweise 30 x und mindestens fünf bis sechs Zentimeter tief mit einer Frequenz von bis zu 120/Minute.**

- **Achte darauf, dass die Druck- und Entlastungsdauer immer gleich ist.**
- **Im Anschluss daran gehst du zur kombinierten Herzmassage über. 30 x drücken, 2 x beatmen!**

3 – Seine Blutung stillen. Natürlich musst du herausfinden, was die Blutung verursacht. Ist es ein gebrochener Arm oder ein zerschundenes Bein (offener Bruch), ein Schnitt oder zum Beispiel eine Verletzung an der Schulter. Es können auch mehrere Verletzungen vorliegen. Wurdest du fündig, liegt es an dir, zu entscheiden, ob ein Druckverband die Blutung besser stillen kann als das Tourniquet. Dein Outdoor-Survival-Kit hast du doch dabei, oder? Aber: Erst die Blutung stillen, dann das Bein oder den Arm schienen.

Ich denke, das Konzept hast du dir jetzt einverleibt. Ab sofort bestimmt die jeweilige Situation das weitere Vorgehen. Du müsstest es schaffen, eure Lage und eure Position durchzugeben. Dein geladenes Handy und die Powerbank sind in deinem Rucksack. Gelingt dir das nicht, dann vorwärts: Schlage dich mit dem Kameraden auf dem Rücken (wenn er transportfähig ist) durch bis zum vorher erspähten Abschnitt des Jakobswegs. Das erfordert maximalen körperlichen sowie psychologischen Einsatz. Es bedeutet Blut, Schweiß und Tränen. Aber es lohnt sich.

Für Soldaten im Einsatz (Kampfauftrag): Im Einsatz hatten wir Legionäre auf individueller Basis stets vier Tampons dabei. Zwei Sets verschiedener Größen. Nein, nein, verstehe mich nicht falsch. Tampons können tatsächlich in einen sauberen Wundkanal, hervorgerufen durch Stich oder Schussverletzungen, eingeführt werden. Sie bringen die Blutung im besten Fall sofort zum Stoppen. Führt sie in beide Wundkanäle (Ein- und Austritt des Projektils). Nimm aber vorher die Plastikhülle ab. Des Weiteren hilft Superglue (ist immerhin besser als den Kameraden verbluten zu sehen) und / oder Bleedstop. Hierbei handelt es sich um ein Wundgranulat, welches der Blutung Einhalt gebietet. Zurück zu den Tampons. Zupft sie auseinander. Das watteähnliche Innere ist ein exzellenter Zunder. In Verbindung mit dem Feuerstarter: Feuer marsch! Ein Funke genügt und das Zeug brennt.

Die Realität kann auch anders aussehen: Es kann sein, dass sich dein Kamerad das Genick oder das Rückgrat gebrochen hat. Ihn unter diesen Umständen zu bewegen oder gar zu tragen, könnte für ihn schwere gesundheitliche Folgen haben. Du musst in dieser Situation eine Entscheidung treffen.

Ich berühre ihn nicht und hoffe und bete, dass wir beide nicht von den Granitblöcken erschlagen werden. Oder: *Ich nehme die schweren Folgen in Kauf, bring ihn aus der Gefahrenzone und rette damit sicher unser Leben.*

Jetzt aber! Streiche: offene Fläche und vorbeischießende Granitblöcke. Ersetze: trockener Wald und eine auf euch zurasende Feuerwand. Denk nach. Denkhilfe: Du kommst an einem brennenden Auto vorbei. Darin sitzt ein Mann. Er kann das brennende KFZ nicht verlassen, weil er mit einem Bein eingeklemmt ist. Die einzige Möglichkeit, ihm das Leben zu retten, wäre die, ihm das Bein unterhalb des Knies abzuschlagen. Dafür könntest du das Beil benutzen, das du im Kofferraum liegen (oder im Rucksack) hast. Es muss aber sofort geschehen. Geh in dich. Was würdest du tun? Wann ist der Nutzen größer als der Schaden? Vor solchen Fragen stand ich oft. Meistens hatte ich gar nicht die Zeit darüber nachzudenken. Ich handelte, tat immer, was mein Bauchgefühl mir sagte. Und ich lag in 99,99 Prozent richtig. Lass in solchen Situationen deine Intuition sprechen.

Grenzsituationen, Krisen, Konflikte, Notfallnahrung & Co. (Kämpfen, um zu überleben.)

NORMALZEIT: Ob daheim, beim Ausflug mit der Familie oder bei Outdooraktivitäten, wir wissen: Der Teufel ist ein Eichhörnchen. Gerade ist die Welt noch mehr oder weniger in Ordnung, zehn Sekunden später schon ergibt sich eine Bedrohung, die du gar nicht auf dem Schirm hast. Bei dieser Bedrohung könnte es sich um einen bösen, aggressiven Menschen handeln. Aber auch um einen Bären, einen wildgewordenen Hund oder gar um einen Wolf. Zwei kurze Beispiele.

Nordschweden, 2022. Wir gingen nachts, bevor wir die Kinder zu Bett brachten, immer noch mit Ruby unserer Grönlandhündin eine Runde Gassi. Das half runterzukommen und verlieh den Kids auch eine gewisse Bettschwere. Und natürlich ist es ein großartiges Erlebnis, bei stockdunkler Nacht noch einmal die Sterne zu bewundern. Besonders Orion oder den großen Bären. Die Runde ging an einer Lichtung bis zu einem Wald an meinem Iglu vorbei und von dort auf Umwegen wieder zurück. Jedes Mal begegnete uns ein seltsames Tier, von dem wir nicht wussten, was es eigentlich war. Meine Frau meinte ein Silberfuchs, ich tippte auf einen großen Hund. Als ich ein paar Tage nach der ersten Begegnung mit diesem mysteriösen Tier den Nachbarn traf und ihn darauf ansprach, wurde er, der sonst so lustige Typ, plötzlich sehr ernst. *„Das ist ein Wolf“*, sagte er mir. *„Lasst nachts euren Hund nicht von der Leine, lasst die Kids daheim, denn dieser Einzelgänger von Wolf schnappt sich, was er kriegen kann, um seinen Hunger zu stillen. Man munkelt, er greife sogar Menschen an, obwohl ich das nicht glaube. Na ja, wenn er es nur mit einer Person oder nur mit einem Kleinkind zu tun hat...“*

Wir waren gewarnt.

Zweites Beispiel: Frankreich, Toulouse. Irgendwann 1985. Ich wollte mitten in der Nacht zu einem Geldautomaten. Da war einer gleich um die Ecke meines Hotels. Um dort hinzukommen, musste ich über eine Treppe ein Stockwerk in die Höhe, dann einen langen Flur entlang, an dessen Ende sich rechts der Geldautomat befand. Links hinter einem hüfthohen Geländer war gähnende Leere. Dort ging es vier bis fünf Meter in die Tiefe, darunter war eine Straße. Das alles wusste ich, bevor ich loslief. An der Treppe angekommen, lungerten dort zwielichtige Gestalten herum. Es waren fünf oder sechs Jugendliche im Alter zwischen fünfzehn und einundzwanzig. Sie grüßten nett, machten mir auch sofort Platz. Oben am Flur angekommen, drehte ich mich um. Einer von den Jungs war mir gefolgt. Ich ging weiter zum Geldautomaten, tat so, als würde ich Geld ziehen. Jetzt hatte ich es plötzlich mit allen zu tun. Sie kamen langsam näher, hatten ihre Hände in den Taschen ihrer Hoodies vergraben. Und was diese Hände hielten, wusste ich: Messer und präparierte Rasierklingen! Ich grüßte, winkte mit meinem Portemonnaie und sprang über das Geländer in die Tiefe. Damit hatten sie nicht gerechnet. Keinem der Bande traute ich den Sprung aus dieser Höhe zu. Zu Beispiel Nummer eins: Stell dir vor, du bist nachts mit deinem Hund und deiner kleinen Tochter unterwegs und stehst plötzlich einem völlig ausgehungerten Wolf gegenüber. Zu Beispiel Nummer zwei: Du bist an meiner Stelle, nur befindet sich der Geldautomat ein Stockwerk höher. Was wäre passiert? Die Antwort ist einfach. In beiden Fällen hättest du kämpfen müssen. Klar, ich persönlich hätte den Wolf als Gegner vorgezogen. Aber das Leben ist kein Wunschkonzert und es kommt immer alles, wie es kommen muss. Was ich damit sagen will, ist Folgendes: antizipiere! Denk immer eine Nasenlänge weiter und schneller als ein möglicher Kontrahent, ob Mensch oder Tier. Habe immer eine Waffe am Mann, so unscheinbar sie auch ist. Bist du allein und noch dazu einer Real-Survival-Situation ausgesetzt, dann bau dir eine Waffe, und zwar so schnell wie möglich. Wir gehen immer noch um dieselbe Uhrzeit mit Hund und Kids spazieren. Nur habe ich inzwischen ein Kampfmesser in der Beintasche und einen Spazierstock in der rechten Hand, der oben dick ist (Hiebwaffe) und unten sehr spitz (Stichwaffe) zuläuft. Der Wolf kann kommen. Was den Geldautomaten anbelangt, so begebe ich mich nicht mehr in solche Situationen. Das ist es mir nicht wert.

In der Krise und bei Konflikten: Als Journalist oder Reporter im Einsatz

Nur ein Sniper kann einen Sniper entdecken!

Die Zahl gewaltsamer Krisen und Kriege nimmt zu. Viele Gebiete, in denen Krieg tobt, sind zur No-go-Area (zum militärischen Sperrgebiet) erklärt worden. Zu einem Gebiet, das nur die untereinander rivalisierenden Faktionen betreten dürfen. Aber: Die Welt außerhalb dieser Gebiete dürstet nach Informationen, nach Bildern und nach Schreckensnachrichten. Wer kämpft gegen wen? Wie viele Menschen, teilweise unschuldig, sind auf Nimmerwiedersehen in dunklen Gefängnissen verschwunden und wie viele Tote oder Explosionen hat es an einem Tag gegeben? Welches himmelschreiende Unrecht ist bereits geschehen oder noch im Gange? Diejenigen, die uns über die Geschehnisse aufklären und die uns mit Bildern, Fakten und Informationen versorgen, leben gefährlich: Unsere Journalisten! Die Risiken, die sie eingehen, sind nicht immer kalkulierbar und so wird ihr Einsatz oft zum Horrortrip. Hier ein paar Tipps für Reporter im Einsatzgebiet.

Bist du Journalist, dann denke im Vorfeld bereits an:

- Eine optimale und gezielte Vorbereitung
- Schutzkleidung
- Ein adäquates Training
- Eine rundum soziale Absicherung
- Breitgefächerte Informationen über den Einsatzort
- Sprachkenntnisse
- Kenntnisse über die anzutreffenden Gefahren
- ... und wie man ihnen begegnet!

Die Schutzkleidung sollte folgende Kriterien erfüllen.

Helm – Schutzklasse: (SK) 3 A. Farbe: Neutral
Schutzweste – Schutzklasse: (SK) 4.

Für Helm und Weste gilt: Farbe = neutral. Und ohne die Aufschrift PRESSE. Warum, dazu komme ich später noch. Die Schutzweste sollte mit Hartballistikplatten (am besten mit Keramikplatten) aufgerüstet werden. Eine vorne, eine hinten und ein Nacken- sowie Kehlkopfschutz sollte auch vorhanden sein. Es gibt Ausführungen mit Tiefschutz. So eine Weste wiegt zwar zwischen 12 und 15 Kilo, aber du bist damit relativ gut vor der Munition geschützt, die Scharfschützen in der Regel einsetzen. Aber: Um sogar diesen geschützten Teil zu knacken, machen sich Sniper bereits Gedanken. Es gibt Munition, die mühelos Keramik- und Metallplatten durchschlägt, doch Gott sei Dank ist diese teuer. Pro Schuss 50 Dollar sind keine Seltenheit. Fazit? Das Leben eines Journalisten ist nur 50 lausige Dollar wert. Trage neben der Schutzkleidung auch eine Schutzbrille. Wenn in deiner Nähe etwas explodiert, werden Staub, Steine, Sand, Geröll und am Boden liegende Metallsplitter durch die Luft geschleudert. Ein winziges (im Millimeterbereich liegendes) Objekt dieser Art könnte dich auf ewig blind machen. Finger weg von synthetischer Kleidung! In Kontakt mit Feuer brennt sich synthetischer Stoff in deine Haut. Eine Ausstattung mit modernster Mobilfunk-Satellitentechnik (Telefone/Inmarsat-Mobilfunkdienst über Satelliten etc.) sollte üblich sein. Vielleicht könnte dein Telefon gar mit einem Trackingsystem ausgerüstet werden, sodass man immer deinen Standort hat und weiß, wo man nach dir suchen muss. Befindest du dich mit Kollegen in einem Hotel oder in einem Appartement mit Fenster (Glas)? Gut! Nimm das Glas entweder ganz heraus oder klebe es mit Gewebeklebeband oder Tape kreuzförmig ab. Das beugt dem Bruch und der Splitterwirkung bei Explosionen vor. Um zu verhindern, dass man von außen in den Raum Einsicht hat, schiebe einen Schrank vor das Fenster. Jeder Einzelne von euch muss wissen, wie er sich verhalten sollte, wenn das Hotel Ziel eines Bombenanschlages wird, wenn plötzlich Mörser- oder Artilleriegranaten fallen oder Schüsse die Wände durchlöchern wie einen Schweizer Käse. Macht euch bereits vorher einen Fluchtplan. Übt die Flucht (Nach draußen? In den Keller? In einen Bunker?) mindestens einmal pro Woche, vor allem auch nachts und ohne Licht. Aber bitte, bitte: Macht das nur nach bombensicherer Absprache mit den Sicherheitsdiensten oder Militärs vor Ort. Deine Vorbereitung (Training) sollte einen Erste-Hilfe-Kurs bzw. eine Erste-Hilfe-Ausbildung beinhalten. Ein FPOS-Kurs (First Person on Scene), vergleichbar mit Ersthelfer, wäre top. Dieser Kurs sollte für dich keine Kür, sondern eine Pflicht sein. Es gibt Sicherheits- und Spezialkurse für Journalisten. Diese Kurse sind keine Überlebensgarantie, aber sie helfen dir mit schwierigen Situationen besser zurechtzukommen. Du lernst, wie du dich am besten schützen kannst und wirst für alle denkbar möglichen Gefahren sensibilisiert. Die Kosten für einen solchen Kurs bewegen sich irgendwo zwischen 2000 bis 3500 EUR. In Polen und der Tschechischen Republik gibt es die billigsten bei optimaler Qualität. Die größten Gefahren in Kriegs- und Krisengebieten sind schnell genannt.

- Sniper- und Scharfschützenfeuer
- Artillerie- und Mörserbeschuss
- Hinterhalte und IEDs
- Minen
- Kidnapping

Anm. des Verf. IED steht für *Improvised Explosive Device*. Das ist eine Sprengfalle. Manche nennen das Ding auch eine *Unkonventionelle Spreng- oder Brandvorrichtung* (USVB). In der Regel handelt es sich um eine zweckentfremdete Panzermine oder um eine Mörser- oder Artilleriegranate. Bad Boys haben sie mit einem Zünder und einem Auslösesystem versehen und am Straßenrand versteckt. Selbstmordattentäter tragen sie versteckt am Körper. IEDs können per Hand oder aus der Ferne (z. B. über Funk, per Handy) betätigt werden. IED-Anschläge werden fast immer mit begleitetem Beschuss aus dem Hinterhalt kombiniert, was deren Wirkung (und die Abschreckung) beträchtlich erhöht.

Sniper- oder Scharfschützenfeuer: IEDs, Bomben oder ferngelenkte Raketen sind gefährlich, Scharfschützen und Sniper sind es nicht minder. Aus meiner Sicht der Dinge wird ihre Performance jedoch überbewertet oder falsch *‚heroisch und verherrlichend‘* dargestellt. Oft liest man Berichte wie: *Der Schütze, der einem IS-Terroristen mit einem Schuss, abgegeben aus 2200 Metern, das Leben aushauchen ließ.* Oder: *Das war bei 2475 Metern der bis dahin weiteste tödliche Präzisionsschuss.* Oder: *Der Sniper, der 183 tödliche Abschüsse für sich verbuchen konnte.* Usw. Bei den meisten Geschichten dieser Art handelt es sich um, Trump würde sagen, Fake News. Okay: Bei einem wirklich guten Sniper sitzt der erste Schuss, dann muss aber alles stimmen. In der Praxis gestaltet sich das immer schwieriger als auf dem Schießplatz: Der Gegner bewegt sich und schießt zurück! Liegt ein Sniper längere Zeit auf der Lauer, tun sich für ihn so einige Probleme auf. Um punktgenau treffen zu können, muss er den Schuss bei fast gleicher Temperatur abgeben, mit der er die Waffe eingeschossen hat. Tut er das nicht, wird das Trefferbild verzerrt, er schießt womöglich vier Zentimeter daneben. Wobei die Distanz zwischen Ziel und Schütze natürlich eine große Rolle spielt. Diese vier Zentimeter könnten dir durchaus das Leben retten. Ein guter Scharfschütze oder Sniper hat den Erstschuss mit kaltem Lauf geübt, doch kann er vor dem Einsatz nicht wissen, auf welche Distanz seine Waffe tatsächlich zum Einsatz kommt, wie die Temperaturen am ersten Einsatzort sind und ob er von unten nach oben oder umgekehrt schießen muss. Auch muss er darauf achten, dass Waffe und Munition perfekt harmonieren: Kalter Lauf, Munition aus der warmen Hosentasche = Schuss daneben! Er kämpft noch mit so einigen anderen Problemen, aber belassen wir es mal dabei. Fakt ist nämlich, dass dir der Bursche ans Leder will und dich auch kriegen wird, wenn du nicht clever bist. Die Liste der Journalisten, die durch Scharfschützen und Sniper getöteten wurden, ist lang. Es ist also an der Zeit, die Sache ernst zu nehmen. Wenn du den Unterschied zwischen einem Sniper und einem Scharfschützen kennst, weißt du, wie solche Schützen arbeiten und über welches Material sie verfügen. Und was dieses Material und die Schützen leisten können. Dann hast du einen winzigen Vorteil den Journalisten gegenüber, die unwissend sind. Einfache Scharfschützen sind in der Regel nichts weiter als gut ausgebildete Schützen, die ihre Ziele aus verdeckten Positionen und aus gut getarnten Stellungen auch über größere Distanzen hinweg bekämpfen. Ein Scharfschütze arbeitet meist allein, ist aber immer Teil einer Einheit (Gruppe von zehn Mann), die einen klar definierten Auftrag auszuführen hat. Er gibt soliden Feuerschutz aus der Entfernung. Der Scharfschütze beherrscht seine Waffe und das Zubehör. Seine Ausbildungsdauer ist in der Regel kurz, überschreitet kaum zwei bis vier Wochen. Ein Sniper hingegen ist ein Scharfschütze, der außer seiner Waffe und dem ganzen Zubehör auch die Taktik (Bewegungen zum

Feind, Annäherung, Infiltration, Schussabgabe, Exfiltration etc.) und den nahezu perfekten Stellungsausbau meistert. Dementsprechend dauert seine Ausbildung etwas länger. Ein guter Sniper ist ein Meister der Manipulation, denn er berührt die Seele seiner Opfer, indem er Angst und Hoffnung gegeneinander ausspielt. Er will mit dir pokern, hat aber stets das bessere Blatt. Und er weiß, dass du (sein nächstes Opfer?) das auch weißt. Weiterhin ist er dahingehend gedrillt, sehr viel Geduld zu haben und seine Emotionen, sollte er denn welche besitzen, in Schach zu halten. Technisches Verständnis und Bauernschläue gepaart mit Kaltblütigkeit, machen ihn aus. Sniper, und auch das sollte man wissen, praktizieren Teamwork. Es sind immer zwei, manchmal drei, und zusammen haben sie mehr Journalisten auf dem Gewissen als jede andere der oben genannten Gefahrenquellen. Ein klassisches Sniperteam besteht aus einem Spotter und dem Schützen, diese operieren jedoch wie ein Mann. Der Spotter leitet den Schützen und füttert ihn mit wichtigen Informationen wie: Ziel, Entfernung, Wind- und atmosphärische Verhältnisse. Er hält Tabellen für die Schusskorrektur vor und verfügt oft auch über einen Mini-PC, der, mit allen Daten gefüttert, die Einstellungen für das Zielfernrohr berechnet. Der Spotter gibt Korrekturen an, wenn der Schütze das Ziel verfehlt. Sniper arbeiten oft auch im Dreierteam. Ein Schütze, ein Spotter – der gleichzeitig der Teamchef ist – und ein zweiter Schütze, der das Team nach allen Seiten absichert, damit dieses in aller Ruhe *arbeiten* kann. Es gibt Scharfschützenwaffen, mit denen ein guter Schütze bei optimalen Bedingungen (kein Wind, gutes Licht, wenig Gefälle, perfekte Außentemperatur, perfekte Temperatur der Munition und des Rohrs, atmosphärischer Luftdruck im grünen Bereich) in der Lage ist, ein unbewegliches Ziel (Mensch) noch auf 1500 Meter zu treffen. Über diese Distanz hinaus ist ein Treffer reine Glückssache. Mit einem solchen Team werden es Journalisten in Krisengebieten aber kaum zu tun bekommen. Der Schütze, der ihnen gefährlich wird, ist einfach gestrickt. Meist ist es eine Art Heckenschütze und der liegt mit einem Sturmgewehr und einer darauf montierten einfachen Optik (Zielfernrohr) bewaffnet auf der Lauer. Ist er *‚reich‘*, besitzt er ein Dragunow-Scharfschützengewehr des Kalibers 7,62 × 54 mm R. Ich habe selbst Sniper ausgebildet und weiß deshalb, wovon ich rede. Hier meine Tipps. Folgendes Szenario: Ganz nahe fallen Schüsse, die Luft ist plötzlich erfüllt von dem charakteristischen Sirren, das immer dann entsteht, wenn ein Geschoss vorbeifegt. Auch wenn du Zweifel hast, ob du es mit einem Sniper zu tun hast oder nicht: GEHE SOFORT IN DECKUNG.

Warne andere Menschen durch Zuruf oder Zeichen. Diese haben die Gefahr vielleicht noch nicht erkannt oder falsch zugeordnet. Woher der einzelne Schuss gekommen ist, ist sogar für alte, erfahrene Militärs nicht immer mit Gewissheit zu sagen. Versuche nie, den Sniper oder Scharfschützen ausfindig zu machen. Du riskierst lediglich eine Kugel in den Kopf. Außerdem ist es pure Zeitverschwendung, denn seine Stellung wirst du kaum entdecken. In dem Augenblick nämlich, in dem die erste Kugel an dir vorbeisirrt, wird keine Bewegung ihn mehr verraten. Und das, obwohl er bereits einige Augenblicke später schon eine sekundäre Stellung bezogen hat. All seine Stellungen liegen in der Tiefe eines Raumes. Zwischen der zweiten und vierten Etage eines abseitsstehenden Gebäudes. Er hat sie so gewählt, dass es um ihn herum zahlreiche andere Möglichkeiten gäbe, sich zu verschanzen. Manchmal befindet sich zwischen dem Schützen und seinem Opfer ein Gebäude, durch dessen geöffnete Fenster er beobachtet und schießt. Nur ein Sniper kann einen Sniper entdecken! Hat er einen deiner Kameraden angeschossen? Vorsicht! Das hat er womöglich absichtlich getan. Sicher hätte er ihn bereits mit dem ersten Schuss töten können, er wartet aber auf den Moment, in dem du deine Deckung verlässt, um zu helfen. Das Motto des Snipers ist: Zwei zum Preis von einem! Schau dich ganz genau um. Es könnte kein Zufall gewesen sein, dass der Schütze dich genau an dieser Stelle in Deckung zwang. Möglicherweise ist ein IED gar nicht weit weg. Warte ab, bis die herbeigerufenen lokalen Sicherheitskräfte oder das Militär die Situation bereinigt haben. Sollte das nicht der Fall bzw. nicht möglich sein, dann nutze die erstbeste Gelegenheit, die den Sniper ablenkt oder in der Zielaufnahme stört (Einbruch der Dunkelheit, Vorbeifahren einer Fahrzeugkolonne, starker Wind oder Regen, Rauch etc.) und renne in Sicherheit, Renn um dein Leben. Distanzen zwischen 300 und 600 Metern (nachts bei besten Verhältnissen bis zu 300 Meter) deckt ein geübter Sniper absolut zielsicher ab. Darüber hinaus wird es für ihn schwierig, wenn sein Opfer sich schnell bewegt. Solltest du dich also bewegen müssen, weil weitere Gefahren im Anzug sind, dann renne im Zickzack und mit unvorhersehbaren Richtungsänderungen in die nächste sichere Deckung.

Artillerie- und Mörserbeschuss: Nach Snipern und Scharfschützen ist der Artilleriebeschuss (bzw. das Mörserfeuer) eine der größten Gefahren für dich. Was also tun, wenn unweit von dir die erste Granate einschlägt und die Splitter gefährlich nahe an dir vorbeisausen? Sofort Deckung suchen! Bei Mörserfeuer ist es oft so, dass die zweite Granate kaum ein bis zwei Sekunden danach und gar nicht weit weg von der ersten einschlägt. Ist die zweite Detonation erfolgt oder ist nach weiteren zehn Sekunden gar nichts weiter geschehen, dann spring los, als hättest du den Teufel auf den Fersen.

Suche dir eine bessere Deckung als die erste. Diese sollte außerhalb der 100-Meter-Grenze liegen. Denke an Schutz nach oben, denn die Granaten könnten mit Bodenabstandszündern versehen sein. Außerdem kann so ein Geschoss so eingestellt werden, dass es mit Wucht zwei oder drei Etagen durchbricht, um erst nach einer gewissen Zeit in der Etage darunter zu explodieren. Ein Keller wäre die beste Lösung für dich. Da du das Gebäude nicht kennst, in dem du Schutz suchst, gilt: Nichts anfassen. Keine Schalter betätigen. Nicht auf einen Stuhl oder das Sofa setzen und auch den Kühlschrank nicht öffnen. Die Legierungen (der in der Munition verwendeten Schwermetalle) der Panzergranaten sind krebserregend und in der Regel radioaktiv, auch die neueren Wolfram-Geschosse. Früher wurden Urangeschosse verwendet. Urangeschosse sind in einigen Armeen noch Usus. Hochgiftig sind auch die Gase, die bei der Explosion herkömmlicher Sprengstoffe entstehen. Das Gelände drumherum ist sicherlich verseucht.

Hinterhalte und IEDs: Es geht los, du musst raus, der Job ruft. Mit dem Fahrzeug zum ersten Einsatz? Bevor ihr losfahrt, stellt euch folgende Fragen. Haben wir ...

- Eine Unbedenklichkeitsbescheinigung?
- Eine Sicherheitsprüfung oder eine Clearance?
- Ein gepanzertes Fahrzeug?
- Hat das Fahrzeug einen Peilsender?

In Krisengebieten kannst du dich niemals so bewegen, wie du es gerne hättest. Fast immer benötigst du grünes Licht von der Einsatzleitung und den lokalen Autoritäten. Erkundige dich genau darüber. Frag auch, ob es angeraten ist, sich von Sicherheitskräften (lokale Kräfte oder Armee) und/oder einem Verbindungsmann bzw. Dolmetscher eskortieren zu lassen. Kommt ein Dolmetscher mit, dann erkundige dich diskret über ihn. Du musst ihm vertrauen können, dir sicher sein, dass er richtig übersetzt. Dein (lokaler) Fahrer sollte das Fahrzeug auf Öl und Wasser checken und nachsehen, ob eine Werkzeugkiste, ein funktionsfähiges Ersatzrad, ein Wagenheber, ein voller Reservekanister und ein Erste-Hilfe-Kasten an Bord sind. Ein Plan ist dazu da, über den Haufen geschmissen zu werden.

Wolltest du, um von A nach B zu kommen, eine ganz bestimmte Route zu einer ganz bestimmten Zeit nehmen? Dann ändere eine der Komponenten (unmittelbar vor dem Start), insofern die Clearance dies zulässt. Lass keine Routine einreißen.

Szenario: Du bist allein oder in einem Konvoi unterwegs, als plötzlich das erste Fahrzeug (oder ein Fahrzeug vor oder hinter dir) auf eine Mine fährt oder von einer IED zerfetzt wird. Was machst du? Genau!

- **Sind Gewehrschüsse zu hören und die Straße ist frei, dann gib Gas, um so schnell wie möglich aus der Gefahrenzone zu kommen. Kümmere dich zuallererst um dein Fahrzeug, um die Menschen in deinem Fahrzeug und um dich selbst.**

Ist die Straße durch das erste Fahrzeug blockiert und zeigt dir der Blick in den Rückspiegel, dass nach hinten ausgewichen werden kann, dann drehe sofort um und verlasse so schnell du kannst die gefährliche Zone, denn du bist möglicherweise in einem andauernden Hinterhalt. Nach Verletzten zu suchen, um zu helfen, ist in dieser Situation alles andere als vernünftig. Du bringst dich nur selbst in Gefahr. Ist die Straße vorne und hinten blockiert, dann flüchte zu Fuß. Bleib nicht unmittelbarer Nähe. Gegnerische Gruppen haben es sich angewöhnt, nach der ersten Schießerei herauszukommen, die Toten zu zählen und die Überlebenden und Verletzten ebenfalls zu töten. Stelle dich tot, wenn die Flucht aussichtslos scheint, aber sei dir gewiss, dass der Gegner diese Taktik auch gut kennt. Geschieht das alles im offenen Gelände und ist ein Ausweichen unmöglich, dann springe aus dem Wagen und suche Schutz hinter dem Motorblock oder den Felgen. Es sind die einzigen Stellen am PKW, die dich eventuell vor Geschossen schützen. Halte Ausschau nach weiteren IEDs. Ein IED sieht leider nie wie ein IED aus. Meist präsentiert es sich so: ein Stück von einem Rohr. Ein am Straßenrand abgestellter Wasserkanister. Ein Moped mit einem Plastiksack am Lenker. Ein Autowrack. Der Tod in Form eines IED hat tausend Gesichter.

Minen (Landminen): Merke dir – Wo eine ist, da sind gleich mehrere! Wenn du Anzeichen dafür erkennst, dass du in ein Minenfeld oder in vermintes Gelände geraten bist (Draht, wo keiner sein dürfte, plötzliche Explosion, Verpackung von Minen am Straßenrand, Schild mit der Abbildung einer Mine etc.), dann halte sofort an. Lege den Rückwärtsgang ein und fahren langsam auf deinen Spuren zurück. Ist das Minenfeld überwacht und tritt man an dich heran, dann verhandle die sichere Durch- oder Weiterfahrt.

Jetzt könnten sich die mitgeführten Dollars bewähren. Merkst du jedoch, dass die Menschen beim Anblick des Geldes empört oder mit Unverständnis reagieren, steck es sofort weg. Du hast eine Karte dabei? Bestens! Trage den genauen Standort der Mine (oder der Minen) ein, um ihn später den Behörden zu melden. Falls nicht, merke dir die Stelle. Es schadet nicht, Informationen über den Vorfall (per Telefon an der richtigen Adresse) zu hinterlassen, um zu verhindern, dass sich andere derselben Gefahr aussetzen.

Du bist auf eine Mine aufgefahren, es gibt Verwundete und dein Fahrzeug ist nicht mehr einsatzbereit? Evakuiere den/die Verwundeten nach hinten durch die Heckklappe (Kofferraum). **Notabene:** Der völkerrechtliche Vertrag, Resultat der Ottawa-Konvention, verbietet Einsatz, Produktion, Lagerung und Weitergabe der A.P. Minen. Weltweit fordern diese Minen jährlich hunderte von Opfern. Unter den Ländern, die die Ottawa-Konvention noch nicht ratifiziert haben, ist unter anderem die USA zu finden!

Weitere Tipps. Du hast einen Spot? Ein Interview? Bleib nicht länger als eine halbe Stunde vor Ort. Genau diese Zeit benötigen deine Feinde, dich als mögliches Target (Ziel) zu identifizieren und zu bekämpfen. Bedenke: Wer die Reflexe eines Soldaten nachahmt, sich ähnlich kleidet, wird auch als Kombattant (Kämpfer) aufs Korn genommen. Trag deshalb keine Militärsachen, habe keine Waffen und keine Munition am Mann. Auch nicht aus Spaß oder um irgendwie *´behilflich`* zu sein. Man muss sich nun die Frage gefallen lassen, ob du als Journalist (zum Eigenschutz) eine Waffe tragen darfst oder gar solltst. Eine korrekte Antwort darauf gibt es augenscheinlich nicht. Sicher ist nur, dass du durch das Tragen einer Waffe deine Neutralität verlierst. Du verstößt damit gegen internationale Regeln, die dir den Status *‚Nichtkombattant‘* sichern. Sich von bewaffneten Bodyguards schützen zu lassen, geht oft nach hinten los. Was geschieht, wenn dein Personenschützer tatsächlich das Feuer eröffnen muss? Klar! Du wirst ebenfalls zum erklärten Feindbild, und zwar definitiv. Innerhalb weniger Tage wissen alle kriegslüsternen Parteien Bescheid. Es gibt dann keine Abgrenzung mehr. Auch Journalisten anderorts geraten dadurch in den Feindbildfokus. Muss auf Personenschützer zurückgegriffen werden, sollten es Profis sein. Die sind teuer. Ihr Auftraggeber sollte sein Augenmerk darauf richten, keine Männer einer PMC (Private Military Company, Militär- und Sicherheitsdienstleister) anzuheuern. Wenn schon Security, dann die eher defensiven Dienste einer PSC (Private Security Company, private Sicherheitsfirma). In deren Reihen gibt es zwar auch immer wieder schwarze Schafe, aber das lässt sich nie ganz ausschließen. Ein echter Profi legt Wert auf absolute Diskretion. Sein moderates Auftreten ist gewollt. Der Ausdruck *Soft-Power-Operation* passt gut zu ihm. Er weiß: Aggressionen und aggressives Verhalten enden IMMER im Chaos und führen meist zum schnellen Ableben seiner ihm anvertrauten Schutzperson. Gute (deutsche) Sicherheitsfirmen, die auch im Ausland operieren, sind jedoch rar. Meine Meinung als Ex-Soldat mit langjähriger Erfahrung in Krisengebieten und in Sachen Security ist klar definiert:

KEINE WAFFEN für dich als Journalist.

KEINE PERSONENSCHÜTZER à la Rambo mit ostentativer Sonnenbrille, Kampfanzug, Militärklamotten (oder Teilen von Militärklamotten) und allzu profilierendem Gehabe. Heißsporne und Möchtegern-Bodyguards sind nicht geeignet.

Mein Tipp: Nimm nie direkt oder indirekt an Kriegshandlungen teil. Lass dich dazu auf keinen Fall überreden. Sollte eine der am Krieg beteiligten Faktionen dich dingfest machen und feststellen, dass du an einer Kriegshandlung teilgenommen, Spionage betrieben oder eine Waffe getragen hast, könnte man dir den Status Freischärler auf die Stirn drücken. Dann wird es eng für dich! Es gibt Gruppen oder Kriegsparteien, denen es egal ist, dass das Töten eines Journalisten als Kriegsverbrechen geahndet wird. Unternimm also nichts, was deinen Status *'Zivilist'* in Frage stellen könnte. Deine Kleidung sollte keine Tarnfarben, Fleck-Tarnung oder Camouflage aufweisen. Von Weitem können ein Mikrofon, eine Kamera oder ein simpler Fotoapparat mit einer Waffe verwechselt werden. Wenn du Fotos schießt, überlege es dir dreimal, ob du dabei den Blitz verwendest. Es könnte ggf. sein, dass dir zwanzig Sekunden später MG-Feuer entgegenschlägt oder um dich herum plötzlich die Erde bebt, weil Mörsergranaten genau die Stelle umpflügen, an der du eben das Foto geschossen hast. Wenn du auf einen von der Armee oder von Sicherheitspersonal besetzten Checkpoint zufährst, dann ist Vorsicht geboten. Fahre langsam. Beschleunige nicht. Lese gründlich was auf Schildern steht (frag Fahrer oder Dolmetscher) und achte genau auf die Zeichen, die man dir gibt. Achte vor allem darauf, dass deine Hände immer sichtbar sind und steige erst aus, wenn man es dir sagt. Lass den Motor am besten laufen. Folge den Anweisungen und zeige nach Aufforderung deine Papiere sofort her. Hände weg vom Handy, auch wenn es klingeln sollte. An Checkpoints wurden schon Menschen erschossen, weil sie unangekündigt und plötzlich ihr Handy zückten. Das Telefon könnte nämlich ein Remote-Auslöser für eine Autobombe sein. Wenn man dich filzt, dann zeige ruhig, dass du damit nicht einverstanden bist. Versuche aber nicht den starken Mann zu markieren, um dich so der Durchsuchung zu entziehen. Man lässt dich nicht passieren? Die Männer am CP sind generell einfache Soldaten oder Milizionäre. Verhandle nicht weiter mit ihnen, sondern frag nach ihrem Chef. Bleibe dabei freundlich (keinesfalls aber unterwürfig). Zeige nie, dass du Angst hast, auch dann nicht, wenn dir der Arsch auf Grundeis geht. Viele Aggressoren wollen nur, dass man ihnen zuhört. Deswegen: Höre dir immer geduldig an, was dein Gegenüber zu sagen hat, ohne jedoch eine allzu positive oder gar eine absolut negative Emotion an den Tag zu legen. Vermeide um Himmelswillen den kontinuierlichen Augenkontakt. Gelegentlicher Blickkontakt genügt, denn wer sich angestarrt fühlt, wird aggressiv. Das ist umso wichtiger, wenn unser Gegenüber psychisch unstabil ist und glaub mir, die meisten Menschen, die mit einer Waffe in der Hand in der Gegend herumspazieren sind, irgendwie verrückt. Beobachte stattdessen Hände, Füße, Bewegungen des Gegenübers. Halte Abstand. Eine Armlänge soll es mindestens sein, nicht mehr, nicht weniger. So signalisierst du weder Angst (Opfer) noch Gleichgültigkeit. Hast du weniger Abstand, so reduziert sich auch deine Reaktionszeit.

Sei nicht aggressiv, rede mit ruhiger Stimme und kontrolliere deine Bewegungen. Du willst die Situation entschärfen? Mit einem aggressiven Verhalten geht der Schuss nach hinten los. Die Stimme heben oder bestimmte Gesten (z. B. mit dem Finger oder mit der Faust auf jemanden zeigen etc.) werden sofort als Aggression aufgefasst. Lass dich nie auf ein Streitgespräch mit Einheimischen ein. Rede niemals über Religion, das kann dich in bestimmten Ländern den Kopf kosten. Solltest du Zeuge eines Gerangels werden, ergreife niemals Partei. Du kennst die Hintergründe nicht, könntest dich somit leicht auf die falsche Seite stellen und dein Fett wegkriegen, ohne genau zu wissen, warum. Das wäre dumm.

Kidnapping: Ukraine, Haiti, Nigeria, Niger, Mali, Jemen, Kamerun, Algerien, Kolumbien, Somalia, Syrien, Irak, Mexiko, Libyen, Pakistan und Afghanistan. Das alles sind Länder, in denen Kidnapping häufig vorkommt. Du bist beruflich in diesen Ländern unterwegs? Hier einige Tipps, damit dein Aufenthalt nicht zum Horrortrip wird.

Zusammenarbeit mit den lokalen Behörden: Melde geplante Touren ins Hinterland immer den Behörden. Die können dir sagen, wo es am gefährlichsten ist und dir eventuell davon abraten oder Schutz anbieten. Hinterlasse immer eine Notiz, wohin du gehst, mit wem, wie du erreichbar bist und wann du voraussichtlich wieder zurück sein wirst.

Verschließe während deiner Abwesenheit die Türen und alle anderen Zugänge deiner Villa oder Wohnung. Wenn möglich, stelle einen Housekeeper ein, der dir empfohlen worden ist.

Mögliche Fluchtwege und Notausgänge sind dir bekannt? Gut! Verzichte darauf, nachts das Haus zu verlassen, und halte eventuelle Sperrstunden strikt ein. Empfange keine unangemeldeten Besuche. Keine Alleintouren! Beherzige Ratschläge, die aus deinem engsten Umfeld kommen. Dazu gehören: einheimischer Hotelstab, Hausangestellte, Verbindungsmänner oder -frauen, abgestellte Führer etc. (ACHTUNG: Taxifahrer gehören eindeutig nicht zum engsten Umfeld.

Die Story am Rande: Als ich Ende Juli 2008 am Flughafen in Port-au-Prince ankam, wusste ich bereits, dass ein Taxi zu nehmen zu 50 % hieß, gekidnappt zu werden. In Haiti werden Kidnappings mit brutaler Gewalt durchgeführt und alle Mittel sind recht. Wird das Lösegeld nicht in genannter Höhe und innerhalb der von den Entführern geforderten Frist bezahlt, wird die Entführung als Misserfolg eingestuft, das Opfer einfach getötet.

Gestalte deinen Tagesablauf so unmethodisch wie nur irgend möglich. Gewohnheiten, Zeiten, Orte, Abläufe, Transportmittel. Bitte keine Routine in all diesen Dingen!

Zeige deine kleinen Reichtümer nicht. Du hast ein megageiles Handy, eine teure Rolex, einen maßgeschneiderten Anzug, Schmuck von Tiffany & Co.? Lass diese Accessoires daheim. Kleide dich einfach. Es gibt Menschen, die dir für ein paar gute Schnürsenkel den Kopf abschneiden würden. Bevor du Banken betrittst und verlässt oder dich am Geldautomaten (auch: ATM/Fast Cash etc.) bedienst, schau dich genau um. Du kommst aus der Bank und dort steht von ungefähr ein Taxi, von dem vorher weit und breit nichts zu sehen war? Eine Gruppe Halbwüchsiger lungert wie zufällig an der nächsten Straßenecke, schaut verstohlen in deine Richtung? Du hast verstanden, um was es mir geht! Dokumente: Mach es dir zur Angewohnheit, von allen wichtigen Dokumenten eine Kopie zu erstellen. Bewahre Originale und Kopien immer getrennt auf. Zu den wichtigen Dokumenten gehören: Reisepass, Personalausweis, Visum, Impfpass, E-Tickets für den Flug, Hotelbuchung, Kreditkarten. Führe keine großen Geldbeträge am Mann.

Tipp: Bist du mit dem Fahrzeug unterwegs, respektiere auf jeden Fall die *Wheels-on-Tarmac-Regel.* Wenn du irgendwo anhältst vor einer Ampel, im Stau oder weil das Fahrzeug vor dir plötzlich stoppt, solltest du noch dessen Hinterreifen sehen können. Siehst du den Hinterreifen und wie er Kontakt zum Boden hat? Gut so, keinen Zentimeter weiter nach vorne fahren. Dieser Abstand würde ausreichen, bei Beschuss auszuscheren und loszufahren. Siehst du die Reifen nicht, bist du blockiert. Du kommst nicht aus der stehenden Kolonne und wirst zum Target!

Notfallnahrung und Equipment bei einem drohenden Konflikt (Krieg)

Ukraine. War da was? Stehen die Zeichen auf einen sich anbahnenden Krieg, dann sei clever. Statte dich schnellstens mit den folgenden (nach Kategorien gegliederten) Dingen aus:

Hygiene/Erste Hilfe: Was du brauchst, ist ein bestmöglich ausgestattetes Erste-Hilfe-Set.

- Breitband-Antibiotika, z. B. Amoxicillin oder Moxifloxacin
- Schmerz- und Fiebermittel (ASS, Ibuprofen, Paracetamol)
- Mittel gegen Durchfall und Verstopfung
- Desinfektionsmittel, Gummihandschuhe, Atemschutzmasken, Chlorbleiche und Jod

Energie: Denke immer an den Ausfall von Strom und Gas. Hast du Folgendes im Haus, umso besser für dich und deine Familie.

- Ein Stromgenerator (Notstromaggregat), benzin- oder solarbetrieben
- Eine oder zwei Autobatterien
- Feuerzeuge und eine ganze Menge Streichhölzer
- Ein Ofen, den man elektrisch mittels des Generators betreiben kann
- Ein Campinggaskocher und ausreichend Gaskartuschen
- Eine Solarzelle, die an einem sicheren Ort auf dem Dach des Hauses angebracht ist
- LED-Lampen mit genügend Akkus, viele Kerzen und Teelichter

Nahrung (Fertiggerichte). Konserven: Hier am besten gefriergetrocknete oder eingeschweißte Gerichte. Achte aber darauf, nicht nur gefriergetrocknete Gerichte zu nehmen. Dafür brauchst du nämlich jede Menge Wasser. Wasser ist kostbar. Wir wissen nicht, ob wir immer welches haben werden und ob es trinkbar sein wird (Fallout, Bakterien, Ausfall der Kläranlagen etc.).

Honig: Bitte sehr viel davon. Honig hält sich lange. Er wirkt antibakteriell, antiseptisch und hemmt das Wachstum von Hefen. Gereinigter Honig kann bei der einfachen Wundbehandlung eingesetzt werden.

Vollmilch- und Volleipulver: Vollmilchpulver ist exzellent. Es hält sich sechs Monate und ist ein absolutes Must-have bezüglich der Inhaltsstoffe und Nährwerte. Genauso verhält es sich mit dem Volleipulver. Das liefert dir die nötigen Kohlehydrate, Fette, Eiweiße und Mineralstoffe wie Kalzium und Eisen.

Getreide (Reis und Nudeln): Das Zeug sollte bei einer relativen Feuchtigkeit von unter 14 Prozent und bei einer Temperatur von nicht über 20 ° Celsius gelagert werden, sonst verdirbt es.

Brot in Dosen: So viel wie möglich. Es ist schwer aufzutreiben, aber die Suche lohnt sich.

Tomatenmark, Salz, Essig, Öl: Salzloses Essen schmeckt furchtbar. **Salz**- Man kann es fast unendlich lang lagern, weil es einfach nicht verdirbt. **Essig** – Man kann es als Würzmittel, aber auch zur Entkalkung und als Konservierungsstoff heranziehen. Essig wirkt antiseptisch und keimtötend. **Öl** -Vom Raps und von der Olive. Es kann zum Braten, Kochen und Backen verwendet werden. Außerdem ist vor allem Olivenöl gut verträglich und gesund. Öl, und das solltest du auch wissen, brennt sehr gut. **Tomatenmark** – Am besten kauft man es in Dosen. Es ist sehr gesund und hält sich sehr lang. Aber: Untersuche das Mark nach der Öffnung der Tube oder Dose sofort nach Schimmel. Im Zweifelsfall nicht lange überlegen und weg damit!

Alkohol, Kaffee und Tabak: In einem Krisenfall musst du dafür sehr weite Wege gehen und glaub mir: Für Fluppen und Schnaps laufen viele Menschen barfuß nach Paris und zurück. Auf Deutsch: Sie sind sehr wertvoll. Du kannst damit handeln. Tu mir aber einen Gefallen und sage niemanden, dass dein Keller bis unter die Decke mit Tabak und Alkohol gefüllt ist. Der Schuss geht garantiert nach hinten los. Gegebenenfalls musst du mit der Waffe in der Hand Wache stehen, um den Keller mit den kostbaren Gütern zu verteidigen. Lagere alle Nahrungsmittel nach Kategorie und beschrifte sie mit dem jeweiligen Haltbarkeitsdatum. Fast alle halten sich am besten trocken, bei niedrigen Temperaturen und in einem leicht abgedunkelten Raum.

Tiere zum eigenen Verzehr: Halte dir Tauben! In Krisenzeiten können Tauben sich gut um sich selbst kümmern, was dir natürlich einen riesigen Vorteil beschert. Herrscht Nahrungsmangel, sind Tauben willkommene Eiweißspender. Denke an Batterien für Radios und Taschenlampen. Schaffe dir einen großen Vorrat an Klopapier, Müllsäcken und Panzertape an. Das Panzertape dient auch dafür, die Glasscheiben aller Türen und Fenster zu tapen. Sollte es in der Nähe zu größeren Explosionen kommen, so limitiert das die Splitterwirkung enorm. Hoffentlich wird es niemals dazu kommen, doch falls eine Person in deinem Unterschlupf einen Angriff nicht überleben sollte, dann können die Müllsäcke auch dazu verwendet werden, einen Toten, den man situationsbedingt nicht aus dem Hause schaffen kann, zu umwickeln. Einige große Müllsacke, Panzertape drumherum und ab in den kühlsten Raum der Wohnung (Gefriertruhe?) oder in den Keller. Gott sei der armen Seele gnädig! Beschaffe dir außerdem ein gutes Beil, ein großes Brecheisen und einen schweren Vorschlaghammer. Warum? Ist die Tür durch irgendwelche Umstände (Bomben, Mauerreste oder bewusste Verriegelung von außen etc.) versperrt, kannst du damit ein Loch (Mauerdurchbruch) in die Wand deiner Wahl schlagen und dir so einen Fluchtweg schaffen.

Trinkwasser: Die Behörden könnten aus mehreren Gründen das Wasser abschalten. Nach drei Tagen ohne Wasser hättest du, wenn du noch lebst, ein massives Problem. Deshalb: Bunkere Wasser so viel du kriegen kannst. Heb Schmutz- oder Kochwasser auf und benutze es ggf., um das Klo damit runterzuspülen. Kein Wasser bedeutet nämlich auch, dass die Toilette *‚voll mit Exkrementen‘* sein wird. Auf dem Land dürfte das kein Problem sein, in einem Appartement im sechsten Stock eines großen Hauses in einer Großstadt aber sehr wohl.

Dein Haus für einen möglichen Konflikt vorbereiten

Die Außenmauern deines Hauses, so dick und massiv sie dir auch erscheinen, bieten keinen Schutz vor Beschuss. Erschaffe dir im Haus eine Art Zitadelle, und zwar in dem Raum, der nach außen am besten geschützt ist. Der Raum sollte so wenig Öffnungen, Fenster und Türen haben wie eben möglich. Im Raum selbst errichte dir einen 3,5 × 3,5 Meter Space, den du mit gefüllten Sandsäcken umgibst. Du ziehst dir Sandsackmauern hoch. Lege Bretter darüber und auf diese Bretter noch eine Schicht Sandsäcke. Kriegst du keine Sandsäcke her, nimm alte Autoreifen, Möbelstücke oder Erde. Die Höhe dieser Zitadelle sollte keine Rolle spielen. Hauptsache, es passen alle Familienmitglieder rein und es ist nicht allzu eng. Ist es ein einzelstehendes Haus, bietet sich der Keller an. Stell sicher, dass du direkten Zugang zum Notfallvorrat hast. Haben wir es mit einem offenen Krieg zu tun, denke sofort und zuallererst an direkten oder indirekten Beschuss (Projektile, aber auch Splitter). Weiter unten mache ich dir eine kleine Tabelle. Schau genau hin. Tape in den anderen Räumen alle Fenster und Glastüren mit Panzertape von innen ab. Zwei Streifen quer, zwei längs über die gesamte Breite der Glasscheibe, ein Tape-Zickzack bietet sich an. Bist du im Besitz von Maschendraht oder kannst du dir einige Meter davon besorgen? Gut! Verschlage deine Fenster von außen mit diesem Maschendraht. Das könnte unter Umständen verhindern, dass Hand- oder Gewehrgranaten bei dir im Wohnzimmer landen. Besorg dir bereits in Friedenszeiten ein paar Stahlhelme aus Armeebeständen. Für deine Kinder, deinen Partner und für dich. Zurück zu Geschossen und Splittern. Du solltest einschätzen können, wie tief ein verirrtes Geschoss in Mauerwerk, Sandsäcke, Erde, Eisen oder Beton einzudringen vermag oder diese einfach durchschlägt. Folgende Schutzmaßnahmen sind ein globaler Anhalt bei Beschuss mit Waffen, die ein kleineres Kaliber haben (MG, Sturmgewehr, Pistole).

- Festgestampfte Erde – 1 Meter
- Robustes Mauerwerk – 30 Zentimeter
- Beton – 15 Zentimeter

Aber auch:

WAFFE	*KALIBER*	*Eindringen bzw. Durchdringen*
Pistole	9 mm	15 cm Holz
Sturmgewehr	5,56 mm	durchschlägt Stahlhelm auf 200 m
Sturmgewehr	7,62 mm	75 cm Erde oder Holz, 10 mm Stahl
Panzerfaust	89 mm / 84 mm	50 cm Stahl oder 1,5 m Beton

Waffen zur Selbstverteidigung bauen

Wir gehen hier zunächst Mal weg von Krisen und Kriegen. Natürlich werden wir uns (wirst du dir) in Krisenzeiten eine Waffe und genügend Munition dafür besorgen. Ohne Schusswaffen geht es im Ernstfall möglicherweise gar nicht. An dieser Stelle möchte ich aber noch einmal betonen, dass wir von einer absoluten Ausnahmesituation ausgehen. Der Besitz und der Einsatz von Waffen jeglicher Art ist zu Recht strikt reglementiert bzw. verboten. Wenn in

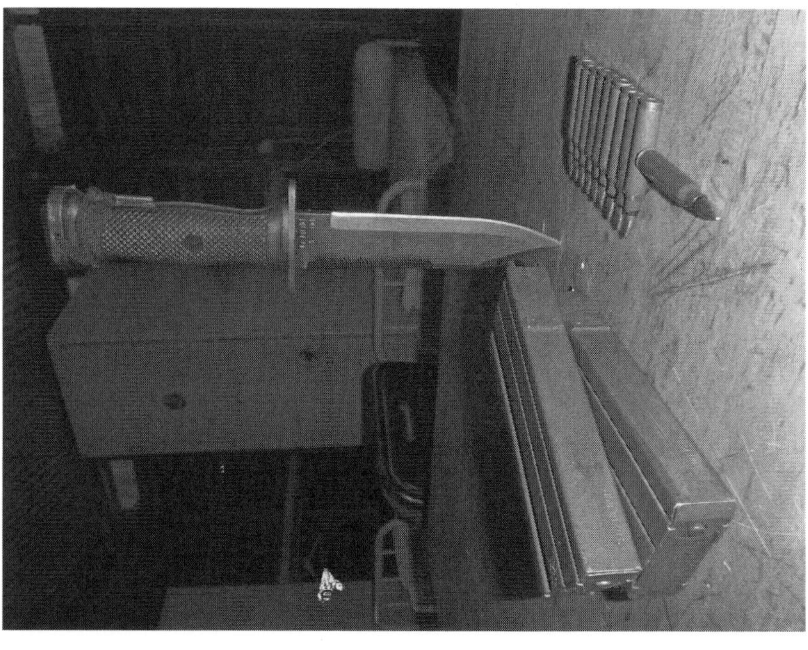

diesem Buch also davon die Rede ist, dass man eine Waffe besorgen oder anfertigen soll, dann geht es ums nackte Überleben. Ein solches Szenario wäre zum Beispiel der Krieg in der Ukraine, denn dort wurde das Kriegsrecht ausgerufen und infolgedessen wurden tatsächlich Waffen an Zivilisten ausgehändigt, die sich entsprechend verteidigen wollten. Aber noch ist es nicht so weit und hoffentlich werden wir auch niemals in eine solch fürchterliche Lage geraten. Ich beginne langsam. Du befindest dich auf der Flucht, bist allein, hast keine Waffe. Kein Messer, keine Pistole, gar nichts. Oder du möchtest vorsorgen, aber nicht mit einem Messer oder einer Pistole durch die Gegend laufen. Prinzipiell ist das Mitführen eines Messers und einer Pistole ja ohnehin verboten. Was aber hast du fast immer dabei? Richtig! Eine Kreditkarte. Hier in Schweden zum Beispiel gibt es kaum mehr Bargeld. Ohne Kreditkarte bist du aufgeschmissen. Was heißt das weiterhin? Wieder richtig! Jeder Schwede läuft (unbewusst) bewaffnet durch die Gegend. Jetzt komme ich auf den Punkt. Nimm eine alte, abgelaufene Kreditkarte, schleife eine Ecke davon mit einem Stein, einer Nagelfeile oder mit feinem Sandpapier so lange, bis diese Ecke scharf wie ein Rasiermesser ist. Steck sie, die Ecke verborgen nach unten, zurück in dein Portemonnaie: fertig. Natürlich sei auch hier gesagt, dass das Mitführen ausdrücklich untersagt ist und die Kreditkarte nach dem Anschleifen zu Hause bleiben sollte. Ich habe diese Methode jedoch schon einige Male ausprobiert und mit der geschliffenen Kante dieser Kreditkarte konnte ich Steaks, Tomaten, Gurken und Papier schneiden. Und zwar ohne größeren Kraftaufwand. Das geht durch wie Butter. Im Idealfall umwickelst du das andere Ende der Kreditkarte mit Gewebeband, damit sie griffiger in der Hand liegt und deine Finger nicht abrutschen. Du weißt schon, Angstschweiß und so. Oder Blut.

Den nächsten Tipp gab ich meiner Frau. „Wenn du joggen gehst, nimm drei oder vier Stück Zuckerwürfel mit. Und zwar von den großen“, sagte ich zu ihr. Ich möchte dir erklären, was es damit auf sich hat. Steck die Zuckerwürfel lose in die Tasche deiner Jogginghose. Überfällt dich jemand, nimm einen davon zwischen Daumen und Zeigefinger und fahre dem Aggressor damit blitzschnell und mit so viel

Kraftaufwand wie möglich durchs Gesicht. Die Wunde, die dabei entsteht, ist brutal. Das ganze Gewebe wird nicht aufgeschnitten, sondern zerfetzt. Es blutet stark und hinterlässt immer ein bleibendes Souvenir in Form einer schrecklichen Narbe. Das alles klingt brutal? Du hast Skrupel, bist entsetzt, kannst kein Blut sehen? Moment! Damit wir uns nicht falsch verstehen, junger Mann (oder junge Frau). Für moralische Debatten ist in gewissen Situationen keine Zeit. Es geht um alles oder nichts. Verletze oder werde verletzt, töte oder werde getötet! Du hast die Wahl. Und wenn die Situation es erfordert, zuerst zuzuschlagen, dann zögere nicht. Nur eine Bitte: Mach es auf die harte Tour!

Ich arbeitete einige Zeit auf Tankern. Ganz in den Anfängen des Counter-Piracy-Abenteuers (es ging darum, somalische Piraten davon abzuhalten, Tanker zu entern) hatte die Firma Shield (eine britische Private Security Company) Schusswaffen an Bord nicht durchsetzen können. Doch was tun, wenn die Piraten Leitern ansetzen, hochklettern, an Bord springen und man hat keine Schusswaffe? Richtig! Die Männer, Ex-Legionäre, fabrizierten sich mit Bordmitteln Macheten, Lanzen, Speere und Armbrüste und hielten sich damit äußerst wirkungsvoll die Piraten vom Leibe. Und das Beste dabei ist: Es stimmt! Es funktionierte!

Der Vier-Spitzen-Speer: Dieser Speer eignet sich zur Selbstverteidigung und zum Jagen kleiner Tiere wie Fische, Hasen, Vögel etc. Wie der Name schon sagt, hat er vier Spitzen. Schneide dir eine lange Holzstange. Länge 2 Meter, Durchmesser etwa 5-7 Zentimeter. Nimm dein Messer und spitze das dickere Ende an. Achte dabei darauf, dass der gesamte Verlauf der Spitze etwa 20 Zentimeter betragen sollte. Danach umwickle den angespitzten Teil (20 Zentimeter vom Ende der Stange weg) mehrmals fest mit Fallschirmleine, Schnur, Draht oder Liane. Ein in Streifen gerissenes T-Shirt tut es auch. Säge oder schneide jetzt mittig der Stange und vertikal von der Spitze ausgehend nach unten den Schaft entlang, bis du bei der Abbindung angelangst. Vorsicht, dass du die Abbindung nicht durchschneidest! Wiederhole die Prozedur über Kreuz. Füge zwei Spreizhölzer in die Schnittkanäle. Eines quer, das andere längs und führe sie nach unten, bis sie Kontakt

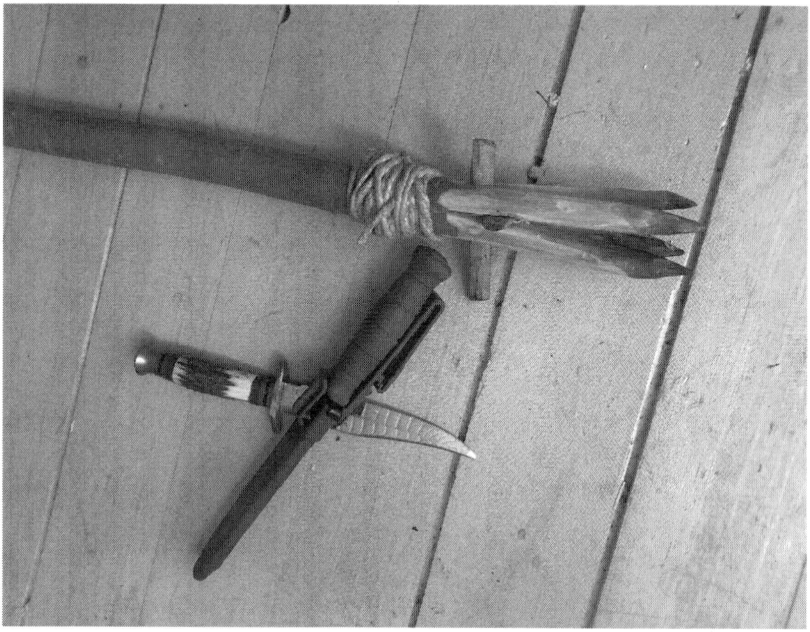

mit der Abbindung haben. Jetzt kannst du die vier Spitzen (eine nach der anderen) von innen und von außen mit dem Messer bearbeiten. Härte die Spitzen im Feuer: fertig! Die meisten Gazellen und Antilopenarten in Afrika sind sehr scheu. Der Bongo zum Beispiel. Ihn vor die Flinte zu kriegen ist ein Glücksfall. Es gibt in den USA aber eine Spezies, die scheu und neugierig zugleich ist. Dabei handelt es sich um den Gabelbock. Auch wenn er noch weit weg ist, bewege dich auffällig, schwenke ein Tuch und binde es an einen Busch. Der Bock will wissen, was es damit auf sich hat. Er wird kommen. Langsam. Neugierig. Und das ist deine Chance. Mit deinem selbst gemachten Speer und etwas Geschick könntest du ihn erlegen.

Tipps: Wenn du auf die Jagd gehst, geh barfuß. Alle Tiere reagieren auf das Geräusch eines brechenden Astes sofort und ergreifen die Flucht. Gehst du barfuß, spürst du genau, was unter deiner Sohle liegt. Du hebst die Sohle wieder hoch, bevor der Ast bricht. Du bist auch vorsichtiger, hast mehr den Hang zum Schleichen, weil du Angst hast, die nackten Füße zu verletzen. Bleib daheim, wenn die großen

Katzen draußen spielen. Jage nicht nachts. Die meisten nachtaktiven Tiere haben ein viel besseres Sehvermögen als du. Bist du länger an einem Ort und hast die Absicht, Fallen zu stellen oder zu jagen, dann gewöhn dir an, immer nur an einer Stelle zu pinkeln. Pinkelst du überall herum, kann es sein, dass du durch oder über deine eigene Urinspur läufst. Du trägst den Geruch dann an deinen Schuhen mit: Hase, Reh und Eichhörnchen bedanken sich, denn du rettest ihnen damit vermutlich das Leben!

Der einfache Speer: Der einfache Speer ist effizient und innerhalb einiger Minuten gemacht. Ich werde immer belächelt, wenn ich sage, dass ich zwei Survival-Hauptmesser mit mir herumschleppe. Einer der Gründe liegt hier. Du kannst das Zweitmesser zu einem Speer aufrüsten. Das geht wie gesagt extrem schnell. Kannst du mit dem Ding auch noch gut umgehen, hast du eine wirkungsvolle Waffe zur Tier- oder Menschabwehr, aber auch zum Jagen. Wie oben beschrieben, schneide dir eine Stange. Länge 2 Meter, Durchmesser etwa 5–7 Zentimeter. Nimm dein Zweitmesser, messe die Länge des Griffes ab.

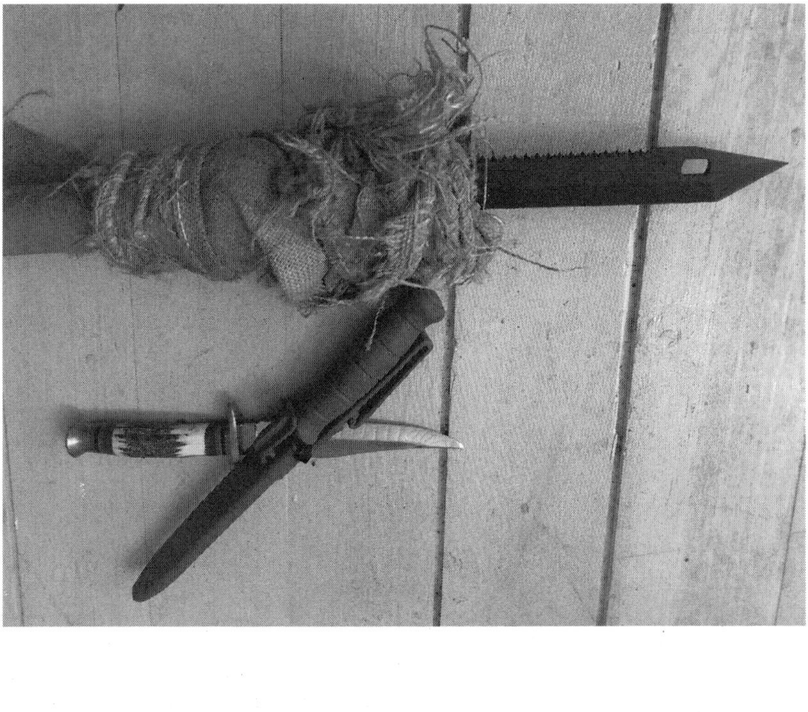

Übertrage das Maß auf das Stangenende bzw. trage auf dieser Länge etwa die Hälfte des Stangendurchmessers (also 3,5 Zentimeter) am Stangenende ab und du hast die Fläche, auf die der Messergriff zum Liegen kommt. Jetzt kommen die Kabelbinder ins Spiel. Die hast du doch hoffentlich dabei, oder? Nimm zwei oder drei davon und mache aus Messergriff und Stange einen festen Block. Möglicherweise musst du noch ein Holzstück hier oder einen flachen Stein dort einschieben, damit die Klinge eine saubere vertikale Verlängerung des Speers präsentiert. Jetzt übe den Umgang mit der Waffe. Versuche zum Beispiel einen Baum auf drei, fünf, zehn und dann zwanzig Metern Entfernung anzuvisieren und kraftvoll zu ‚*bekämpfen*'. **Achtung:** Bei Minusgraden brechen die Kabelbinder. Sie werden unbrauchbar. Hast du keine Kabelbinder, reiße dein T-Shirt in Streifen. Damit kannst du den Messergriff an die Stange binden. **Mein Tipp:** Benutze dieselbe Stange als Multitool. An einem Ende hast du den einfachen Speer, er dient der Selbstverteidigung, am anderen Ende hast du die Vier-Spitzen-Krone. Damit gehst du in flache Bäche und Seen und jagst Fische.

Schnitzel im Wald, Wildpflanzen und andere Eiweißspender

Von der Hand in den Mund. Befindest du dich während einer Real-Survival-Situation in den großen Wäldern Europas, dann mache deine Kenntnisse aus frühester Kindheit zu einer deiner schärfsten Waffen: Das Wissen um unsere heimischen Pflanzen! Bevor ich das Kapitel *Wildpflanzen* eröffne, hier ein kleiner Tipp. Du kennst sie alle: Birke, Buche, Eiche, Linde, Fichte, Tanne, Haselnuss, Pappel & Co.? Gut! Stopf dir im Vorübergehen ihre Blätter in den Mund und kaue sie langsam. Diese Blätter versorgen dich mit wichtigen Gerb- und Bitterstoffen, Vitaminen, Flavonoiden, Antioxidantien und Radikalfängern. Die Inhaltsstoffe wirken stärkend auf deine Psyche. Und wenn es stimmt, dass Überleben zum größten Teil eine Kopfsache, zumindest aber eine Sache deiner Willenskraft ist: Gönn dir und bring alle Vorteile auf deine Seite! Kaum ein Mensch weiß, dass die innere Rinde von Bäumen (Kambium) wie Ahorn, Birke und Kiefer essbar ist. Schneide mit deinem Messer die raue Außenrinde ab und suche die weiche weiße Innenrinde. Du kannst sie kochen oder roh essen. **Beachte:** Mach das nur in einer Real-Survival-Situation. Der Baum kann sterben, wenn du ihm Teile seiner inneren Rinde nimmst! An frostfreien Tagen kannst du auch Birkensaft ernten. Wenn die Temperatur mindestens 15 Grad über null beträgt, ist die Ausbeute am besten. Birkensaft entgiftet und reinigt deinen Körper. Und es ist Wasser. Wasser heißt Leben. Bohre die Birke dazu leicht schräg nach oben und etwa 70 cm über dem Boden an. Steck einen Schlauch oder Strohhalm hinein und leite das kostbare Nass in ein Gefäß.

Wie kann ich giftige und essbare Pflanzen auseinanderhalten?
Grundsätzlich gilt: Iss nur das, was du kennst. Keine Experimente. Fakt ist aber auch, dass das, was du kennst, nicht immer in greifbarer Nähe ist. Mach es dir also einfach und erweitere dein Wissen. Bis dahin wende folgende Methode an, um herauszubekommen, was essbar ist und was dich möglicherweise umbringt. Nimm ein Stück von einer unbekannten Pflanze (Frucht, Pilz) und rieche daran. Riecht es nach Schimmel: sofort weg damit! Wenn nicht, zerreibe es mit Daumen und Zeigefinger, bis es sämig ist (etwas Spucke hilft) und schmiere den Brei auf die samtene Innenseite des Ellbogens. Wenn sich die Haut nach einer Weile nicht rötet, lege ein kleines Stück zwischen Zahnfleisch und Unterlippe. Verspürst du nach ein paar Minuten keinen stark bitteren, brennenden oder seifigen Geschmack, dann kannst du es wagen, ein kleines Stück von der Pflanze zu essen. Wird dir davon nicht übel, ist die Pflanze mit ziemlicher Sicherheit essbar. Hinzufügen möchte ich, dass Wildpflanzen immer etwas bitter schmecken und dass die Brennnessel (um nur ein Beispiel zu nennen) immer brennt oder die Haut rötet. Von daher sind die Begriffe (giftig bzw. essbar) sehr schwammig. Um es auf den Punkt zu bringen: Wildpflanzen, die dich nach Verzehr wirklich töten können, gibt es nur wenige. Und auch hier macht oft die Dosis das Gift!

Welche Wildpflanzen gibt es? Bevor wir das Feuer entdeckten, ernährten wir uns von Nüssen, Beeren, Kräutern und Wurzeln. Das Wissen um all diese kostbaren Pflanzen und Pflanzenteile haben wir leider größtenteils verloren. Wir haben uns bedingungslos und auf Teufel komm raus in die Abhängigkeit der Lebensmittelindustrie begeben.

Einer Lebensmittelindustrie, die uns dick, krank und abhängig macht. Findest du dich heute urplötzlich in einer Real-Survival-Situation wieder, ist es von großem Vorteil für dich, wenn du einige Wildpflanzen kennst. Du findest sie überall: mitten im Wald, an den Waldrändern, auf Wiesen und vor allem an schwer zugänglichen Bachläufen.

Proteine, Vitamine und Mineralstoffe! Die meisten Wildpflanzen bestehen aus hochwertigem Eiweiß, aus einem Baustein also, den unser Körper unbedingt benötigt. Proteine geben uns Kraft. Sie sind wichtig für die Erhaltung unserer Zellen und für den Muskelaufbau, doch das ist nicht alles. Wildpflanzen enthalten massig Vitamine. Zum Beispiel die so wichtigen Vitamine B, C und E, aber auch das Provitamin A (Karotin). Sie strotzen nur so vor Mineralstoffen. Sie enthalten Eisen, Magnesium, Kalzium, Kalium, Phosphor, Natrium, Jod, Fluor, Kupfer und Mangan. Es geht noch weiter. Wo Wildpflanzen wachsen, gibt es logischerweise auch Wasser. Dein Auftrag: Finde diese grünen Kraftpakete und dein Überleben ist (zumindest nahrungstechnisch) gesichert. Einige Wildpflanzen gibt es der Kälte und der ungewöhnlichen Jahreszeit zum Trotz, auch im Winter. Du findest sie aber nur, wenn du dir genau eingeprägt hast, an welcher Stelle sie wachsen, denn generell musst du davon ausgehen, dass Waldböden und Wiesen im Winter mit Schnee bedeckt sind. Markiere diese Stellen im Frühling, Sommer oder im Herbst, grabe im Winter genau dort und stoße womöglich auf ein kleines Wunder: Sattes Grün, umgeben von blendend weißer Schneelandschaft! Alle der folgenden Wildpflanzen (ich zähle nur die auf, die man nicht unbedingt mit giftigen, ähnlich aussehenden Wildpflanzen verwechseln kann) kannte ich bereits in meiner Kindheit. Nur konnte ich ihnen damals nicht immer einen Namen geben. Es wird Zeit, dies nachzuholen.

Breit- und Spitzwegerich: Die schmalen, langen und oben spitz zulaufenden Blätter des Spitzwegerichs sind unverkennbar. Sollten dennoch Zweifel bestehen, sind da noch die 5 Rillen in jedem einzelnen Blatt. Die Pflanze enthält Vitamin C, B-Vitamine, Mineralstoffe wie Zink, Kalium und Kieselsäure. Beim Breitwegerich handelt es sich um eine Variante des Spitzwegerichs. Die Blätter sind hier nicht lang, sondern gehen in die Breite.

Giersch (örtlich auch Geißfuß oder Gichtkraut): Der Giersch enthält viel Eisen, Vitamine (besonders Vitamin C), Vitamin A, Beta-Karotin und eine kräftige Dosis Kalium.

Schafgarbe (örtlich auch Bauchwehkraut, Jungfrauenkraut oder Blutstillkraut genannt): Sie blüht weiß oder rosa. Blüten und Blätter kann man essen. Zu ihren wertvollsten Inhaltsstoffen zählen Flavonoide, Eucalyptol, verschiedene Gerb- und Bitterstoffe sowie auch massig Salicylsäure.

Vogelmiere: Die kleinen, hellgrünen Blätter sind ein wahrer Tresor. Sie enthalten nicht nur wahnsinnig viel Kalzium, Magnesium und Kalium, sondern auch massenhaft Vitamin C und Vitamin A.

Löwenzahn: Vitamine A, C und E. Kalium, Magnesium und Phosphor sind ihre Geheimwaffen. In meiner Kindheit wurde mir gesagt, dass der milchige Pflanzensaft giftig sei. Das war Nonsens. Ob Blüte, Stängel oder Blätter, man kann alles essen.

Klee: In einer Real-Survival-Situation zu sein ist schlimm. Schlimmer noch ist es, in einer Real-Survival-Situation zu sein und Durchfall zu haben. Bestimmte Gerbstoffe des Klees sind genau aus diesem Grund für uns hochinteressant. Sie helfen bei Durchfall, Husten und Erkältungskrankheiten.

Sauerampfer: Er schmeckt säuerlich, er schmeckt köstlich. Auch deswegen lagen wir früher die Augen zum Himmel gerichtet auf großen Wiesen, sinnierten vor uns hin und mampften dabei kiloweise Sauerampfer. In meiner Erinnerung aßen wir nicht nur die Blätter, sondern alles: die harten, holzig schmeckenden Stängel, die Blätter und den roten Samen. Er enthält Kaliumoxalat, Oxalsäure, Bitterstoffe, Flavonoide, Vitamin A und C sowie Gerbstoffe. Wer Nierenprobleme hat, sollte wegen der Oxalsäure auf Sauerampfer verzichten oder ihn eben nicht kiloweise verschlingen.

Brennnessel: Sie wirkt blutreinigend und entgiftend. In meiner Kindheit hasste ich sie, heute esse ich ihre Blätter roh und direkt vom Stiel. Die Brennnessel hat viel Magnesium, Eisen, Kieselsäure und Silizium und sie ist reich an pflanzlichen Eiweißen und Vitaminen A, C und E.

In fast allen Urwaldregionen dieser Erde gibt es Palmen. Palmen und Bambus, wobei wir bereits beim nächsten Schnitzel aus der wunderbaren Natur wären.

Palmenherzen: Man schält sie aus dem Herzen der Wassai-Palme. Diese ist weitverbreitet, wächst überall. Schneide am besten das obere Drittel des jungen Stammes mit der Machete ab und schäle es. Darunter erscheint das Herz der Palme. Es ist weiß und geht ins gelb über. Das Herz ist weich und sehr schmackhaft. Und du kannst es roh essen. Palmenherzen sind reich an Proteinen, Zink, Kalzium, Kupfer und Eisen.

Bambussprossen: Hier sind die jungen Schösslinge des Bambusrohrs gemeint. Bambussprossen wachsen nahe am Stamm aus dem Boden. Meist musst du nach ihnen graben. Sie werden grundsätzlich gekocht, da sie blausäurehaltig sind. Wichtig ist, sie an dem Tag zu verzehren, an dem sie geerntet werden. Findest du Bambussprossen und Palmenherzen, kannst du auf Fleisch oder Fisch zunächst verzichten.

Brotfrucht: Du findest sie in den Tropengebieten Südostasiens, aber auch in Afrika, in der Karibik und in Südamerika. Sie wird angebaut, wächst aber auch wild. Die unreifen Früchte sind grün, reife Früchte goldgelb. Sie werden bis zu 2 Kilo schwer. Ich hatte aber schon Exemplare in der Hand, die gut und gerne das Doppelte wogen. Die Brotfrucht enthält Stärke, Zucker, Eiweiß und Fett. Mein Tipp: Lege sie direkt in die Glut und lass sie 15 Minuten braten. Die darin enthaltenen Kerne kannst du rösten und dann zu Mehl reiben. Aus dem Mehl wiederum lässt sich Brot backen. Der Geschmack der gekochten Frucht erinnert an den der Kartoffel.

Jackfrucht: Die Jackfrucht sieht der Brotfrucht sehr ähnlich, nur dass sie viel größer wird. Die Heimat der Jackfrucht ist Indien. Von dort aber hat sie sich explosionsartig ausgebreitet, sodass sie heute in fast allen tropischen Gebieten zu finden ist. Die grüne Frucht ist sehr groß und erreicht ein Gewicht von bis zu 15 Kilo. Die Samenkerne sowie das Fruchtfleisch kann man roh oder gegart essen.

Insekten: Der Proteingehalt der meisten Insekten ist höher als der von Fleisch, Eiern oder Geflügel. Wir essen aber keine Insekten. Das liegt daran, dass wir es nicht gewohnt sind. Hätte man uns schon als Kleinkind ans Insektenessen gewöhnt, so wie man uns ans Obstessen gewöhnte, so wäre das kein Problem. Dieser Normalität bin ich in Afrika oft begegnet. Sehr oft, um ehrlich zu sein. Hier zwei Beispiele. Im Jahr 1988, ich befand mich in der Zentralafrikanischen Republik, wurde ich Zeuge eines ungewöhnlichen Phänomens. Aus dem Nichts heraus war die Luft plötzlich voll mit fliegenden fingerdicken Termiten. Das für mich Ungewöhnliche war, dass sie fast gleichzeitig ihre Flügel verloren und zu Boden stürzten. Es waren Tausende. Sofort kamen die Kinder des Dorfes. Sie sammelten die noch zappelnden Leiber mit Blecheimern ein und verschwanden wieder. Ich folgte ihnen. Im Dorf stampften die Frauen die Termitenleiber bereits zu einem dicken Brei, der sofort roh verspeist wurde. Als ich nachfragte, kam prompt folgende Antwort: Das schmeckt. So machten es schon unsere Urgroßväter! Das zweite Beispiel war geografisch wieder im Herzen der Zentralafrikanischen Republik angesiedelt. Wir waren zur Ausbildung auf einer Insel am Banguifluss. Auf der Nachbarinsel war ein Dorf. Aus Höflichkeit und purer Neugier stattete ich den Bewohnern schon am ersten Tag einen Besuch ab. Ich kam gerade richtig zum Lunch. In der Dorfmitte brannte ein Feuer. Um das Feuer herum saß eine ganze Familie. Auf dem Feuer war eine große eiserne Platte und darin unzählige braune Würmer. Die Kinder hatten sich schon satt gegessen, nun war ich dran. Und was soll ich sagen: Mahlzeit!

Heuschrecken: Sie sind die Proteinbomben schlechthin! Sie bestehen zu sechzig Prozent aus Proteinen, der Rest ist wertvolles Fett. Eine Handvoll über der Glut gegrillter Heuschrecken sind ein Steak. Vom Nährwert her. Ehrlich. Grillen und Grashüpfer stehen der Heuschrecke um nichts nach. Beine und Flügel werden entfernt, die Leiber etwa zehn Minuten in einer Pfanne, auf einem Blech oder heißen Stein gegart. Sie können auch gekocht werden, doch das schmeckt anders. Eklig, um genau zu sein.

Regenwürmer und Maden: Sie werden getrocknet und als Fleischeinlage in den Topf geworfen. Siehst du irgendwo Früchte halb verfault am Boden liegen, heb sie auf und schau nach. Meist sind dort bereits Maden. Viel Maden, viel Eiweiß. In einigen Ländern Südamerikas werden geröstete Maden gegessen wie bei uns bayerische Rostbratwürste.

Palmwurm: Beim Palmwurm handelt es sich um eine Larve. Sie lebt im Inneren der Palme ganz oben. Die Larve ernährt sich von Palmherzen. Sie wird bis zu fünf Zentimeter lang, ist weiß bis hellbraun, hat einen schwarzen Kopf und wird, einmal ausgewachsen, daumendick. Sie sind sehr nahrhaft. Man sollte sie roh essen. Beiße dazu den Kopf ab, spucke ihn aus und sauge den Inhalt des Leibes aus der Hülle: Guten Appetit!

Fallenbau

Tierfallen

Befindest du dich in einer Real-Survival-Situation, kann es notwendig sein, Tierfallen anzufertigen. Diese sind mit etwas Geschick schnell gemacht. Weniger schnell kommt jedoch die Meldung: erwischt! Erfolg ist nämlich nicht die Tagesordnung, zumindest ist es kein Selbstläufer, tatsächlich ein Tier damit zu fangen. Geduld und eine Portion Glück gehören schon auch dazu. Die einfachsten Fallen haben sich bewährt. Im Vorfeld sollte man sich schon die Frage stellen, will ich Fallen bauen, die das Tier selbst auslöst oder möchte ich die Fallen auslösen? Oder will ich Fallen aufstellen, die mir beide Optionen bieten? Stellen wir Fallen auf, die vom Tier selbst ausgelöst werden, liegt der Vorteil klar auf der Hand. Wir können mehrere Fallen gleichzeitig aufstellen, müssen dann nur noch die Fallen abgehen und schauen, ob wir Erfolg hatten. Der Nachteil ist, dass das Tier in der Falle länger leiden muss, sich selbst befreien kann oder dass wilde, größere Tiere meinen Fangerfolg an meiner Stelle verspeisen. Löse ich die Falle selbst aus, muss ich mich auf diese eine fokussieren und kann nicht zwei oder drei auf einmal bedienen oder überwachen bzw. auslösen. Der Vorteil ist, dass ich das gefangene Tier sofort entnehmen und von seinem Leid befreien kann. Mehr noch als bei Menschenfallen ist eine perfekte Tarnung, hier vor allem die brillante Geruchstarnung, anzustreben. So ist es von Vorteil, keine frisch gewaschenen Klamotten zu tragen und nichts ‚*menschliches*' in der Nähe der Falle liegen zu lassen.

Die Käfigfalle: Bevor du eine Falle aufstellst, solltest du dir überlegen, welche Tiere du damit fangen willst. Wachteln? Rehe? Hasen? Vögel? Diese Überlegung ist wichtig, denn die Falle muss, was Konstruktion,

Form und Größe sowie ihre Widerstandsfähigkeit anbelangt, der Anatomie des zu fangenden Tieres angepasst sein. Insofern die Falle darauf basiert, dass ein Köder eingesetzt werden soll, macht auch dieser oft den Unterschied. Mit einem im Nest gefundenen Ei lockst du keinen Hasen hinter den Busch hervor. Ein Reh mag kein Fleisch, Marder und Iltis fressen am liebsten Insekten, Nüsse und Obst, Eier, Aas und Küchenabfälle. Zu einer Ratte oder einer fetten Maus sagen sie auch nicht nein.

Bei der Käfigfalle – ich nenne sie die Königin der Kleintierfallen – gibt es keine Zweifel. Sie ist gebaut, um Kleintiere wie Eichhörnchen, Ratten, Hasen, Marder und größere Vögel zu fangen. Du – jetzt Jäger und Trapper– kannst die Falle auslösen oder dem zu fangenden Tier diesen Job selbst überlassen. Sie herzustellen, dauert zwei bis drei Stunden, je nach Geschicklichkeit. Doch sie hält durch die Zeiten hindurch. Am besten ist, man fertigt zwei oder drei davon an. Das Grundkonstrukt besteht aus einer quadratförmigen Basis. Für jede Seite benötigst du 10 bis 12 Hölzer und jede Menge Schnur oder Paracord. Im Urwald haben wir ausschließlich zu Schnur verarbeitete Lianen dafür

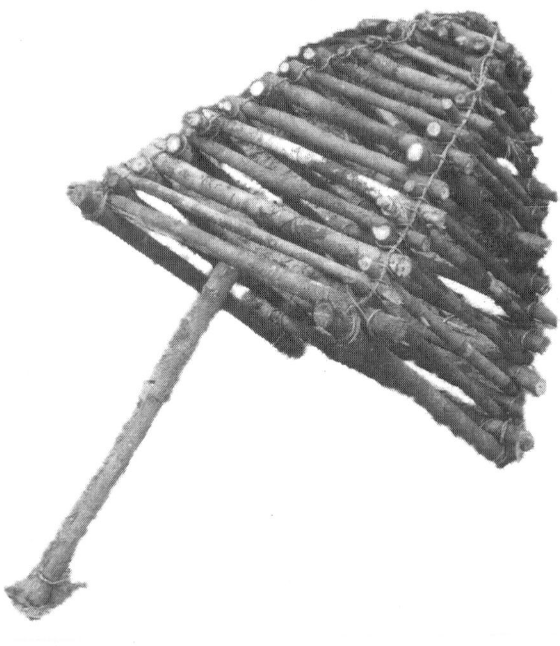

verwendet. Als Auslöser dient der simple Klöppel. Dieser hält die Falle in der Schräge. Das Prinzip ist einfach. Fällt der Klöppel, fällt die Falle. Am unteren Ende des Klöppels ist eine Schnur befestigt. Diese führt von der Falle weg schnurstracks zu deinem Versteck beziehungsweise Beobachtungsposten. Du löst die Falle durch Ziehen an der Schnur aus, wenn sich die Beute über den Köder hermacht. Oder die Schnur führt vom Klöppel weg in die andere Richtung (durch die Gesamtlänge der Falle in etwa drei bis vier Zentimetern Höhe) zu einem Fixpunkt (Baum), wo sie gespannt und befestigt wird. Der Kontaktpunkt zwischen dem Klöppel und dem oberen Rand des Käfigs sollte sehr sensibel verarbeitet sein, sodass die kleinste Berührung genügt, um das Konstrukt zum Fallen zu bringen. Unter den Klöppel kann zu diesem Zweck ein glatter Stein oder ein kleines Holzbrett gelegt werden, was die ganze Sache noch sensibler macht.

Schlingenfalle Alpha: Auch mit Schlingen können sehr einfache und hoch wirkungsvolle Fallen hergestellt werden. Die ideale Stelle dafür ist auf Wildpfaden, die zum Wasser oder vom Wasser zurück zum Bau führen. Den besten Erfolg haben wir an den Stellen, an denen ein

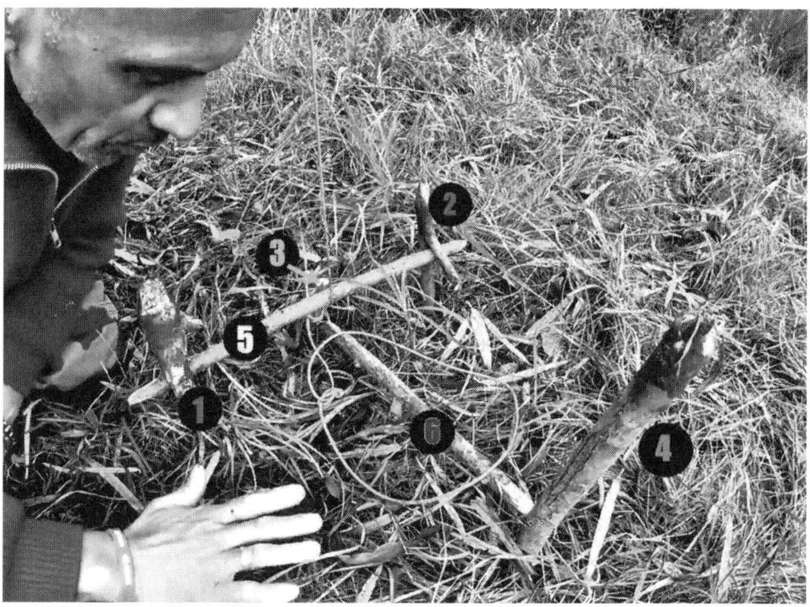

Hindernis das Tier ablenkt. Oder dort, wo der Pfad schmaler wird, weil er vom Fallensteller ganz bewusst kanalisiert (gelenkt) wird. Wichtig ist bei diesen Fallen, dass wir die Vorbereitung nicht direkt an Ort und Stelle durchführen, sondern etwas abseits.

Für die erste Schlingenfalle (nennen wir sie *Alpha)* benötigen wir ein Messer, 6 Holzteile, etwa drei bis vier Meter Paracord (Schnur oder Liane) und etwas Zeit.

- Teil 1 und 2 (rot): Jeweils eine Astgabel, auf den Kopf gestellt und auf der einen Seite verkürzt
- Teil 3 (gelb): Ein kleiner Klöppel
- Teil 4 (grün): Ein etwas längerer Stock als Fixierpunkt
- Teil 5 (weiß): Ein ähnlich langer Stock, etwas dünner und etwas kürzer
- Teil 6 (blau): Ein etwas längerer, dünner Klöppel als Auslöser

Die Astgabeln (1 und 2) werden im Abstand von etwa 45 Zentimetern nebeneinander, der Fixierstock ihnen gegenüber, in den Boden gerammt. Die Schnur befestigen wir auf der einen Seite am kurzen Klöppel und mit dem anderen Ende an einem etwas abseitsstehenden dicken biegsamen Ast, der heruntergedrückt unter Spannung steht. Am unteren Ende des Klöppels wird die Schlinge angebracht. Der Klöppel wird nun von innen unter und hinter den längeren (5) Stock geführt und dort mit dem Auslöser (6) und dem Fixierstock (4) verbunden. Direkt auf den Auslöser legen wir die Schlinge. Sie ist so konzipiert, dass sie sich auf Zug zusammenzieht. Da Klöppel und Auslöser quasi in der Schwebe sind, genügt nun eine minimale Berührung oder etwas Druck von oben, um den Auslöser nach unten zu bugsieren, was zur Folge hat, dass der unter Druck stehende Klöppel frei wird, davon saust und die Schlinge und somit das Opfer auf seinem Weg nach oben mitnimmt.

Schlingenfalle Bravo. Die zweite Falle *Bravo* ist die klassische Schlingenfalle. Sie nicht zu erwähnen, wäre sträflich. Sie ist schneller hergestellt als *Alpha*. Auch hierfür brauchen wir ein Messer, etwas Draht (am besten nicht aus Eisen oder Stahl) und einige Minuten Konzentration. Das Prinzip ist einfach erklärt. An einem Ende des Drahtes

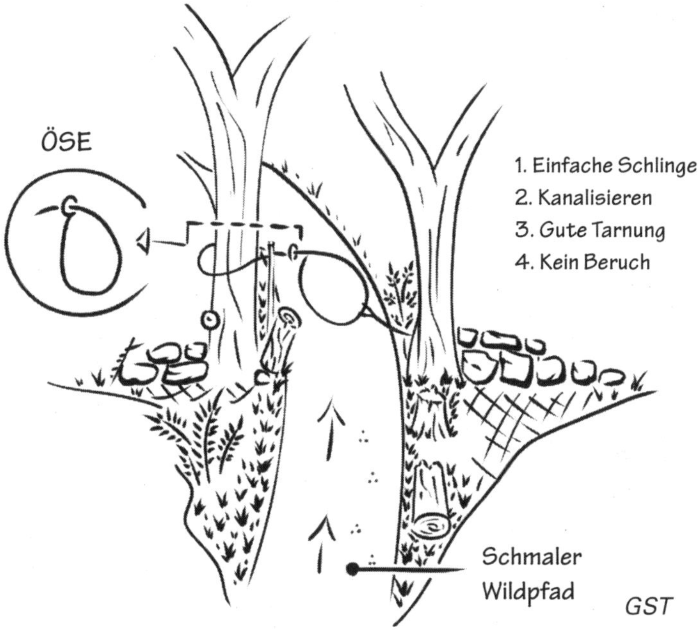

machen wir einen Achterknoten, sodass wir eine Öse haben. Das andere Ende des Drahtes wird durch diese Öse geführt. Die so entstandene Schlinge wird etwa 20 Zentimeter im Durchmesser aufgezogen und vertikal auf dem Pfad fixiert. Das andere Ende des Drahtes befestigen wir an einem Baum oder an einem fest in den Boden getriebenen Stock. Verfängt sich ein Nagerkopf voraus in der Schlinge, zieht sie sich zusammen. Je vehementer sich das Tier gegen die tödliche Gefahr sträubt, desto gnadenloser kommt der Tod. Ein etwas größeres Tier verfängt sich mit einer Pfote darin. Der Effekt ist derselbe. Die Schlinge zieht sich zusammen und lässt ihr Opfer nicht mehr los. Kleinere Raubtiere, einmal so gefangen, beißen sich oft die Pfote durch, um zu entkommen.

Die Schlinge sollte etwa eine Handbreit über dem Boden angebracht werden. Getarnt werden diese Schlingfallen mit Matsch, altem Laub.

Schlingenfalle Charlie. Jetzt wird es besonders einfach, aber auch äußerst effizient. Schlingenfalle *Charlie* ist für größere Vögel wie Tauben, Wachteln, Truthähne und Rebhühner ebenso geeignet wie auch

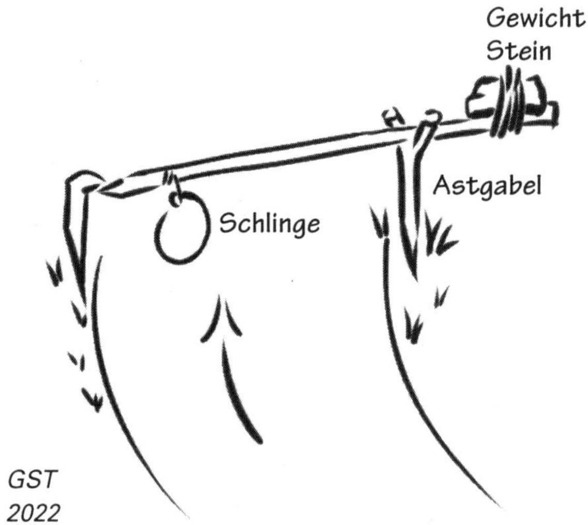

für kleinere Nager. Ist die Falle richtig angefertigt, hängt das gefangene Tier in der Luft und ist somit für andere Räuber nicht zugänglich. Zur Herstellung benötigt man ein Messer, Draht oder Paracord, einen langen Stecken, eine Astgabel sowie eine kleinere Gabel, die zugeschnitten und mit dem geschlossenen Ende nach unten in den Boden gerammt wird. Die beigefügte Skizze ist selbsterklärend.

Tiere schlachten

Wenn du in eine Situation gerätst, in der das Töten eines Tieres dein Überleben sichert, dann beachte die folgenden Gesichtspunkte. Töte gefangene Tiere immer sofort. Lass sie immer ausbluten. Wenn es möglich ist, lass das Fleisch etwas ruhen (abhängen). Ein Tag ist okay. Egal welches Tier du in die Pfanne oder in die Glut kriegst, brate oder koche es immer richtig durch. Iss auf keinen Fall rohes oder halbrohes Fleisch. Vermeide die Innereien wie die Pest (nimm sie als Köder) und trinke kein Blut, wenn es sich vermeiden lässt. Kurz bevor ich nach Französisch-Guyana kam, starben drei Legionäre. Sie hatten während einer Durchschlageübung halbrohes Fleisch gegessen.

Finger weg von Affen! Ich musste in einer Notsituation bereits Fleisch vom Affen essen. Das schmeckte nicht mal so übel. Aber darum geht es nicht. Affen sind uns Menschen sehr nahe und in vielen Verhaltensweisen auch sehr ähnlich. Schau mal einem Affen in die Augen und du hast alles begriffen. Es ist ein psychologischer Aspekt, in etwa so, als würdest du einen Bruder verspeisen. War da was? Richtig!

Im Jahr 1972 zerschellte ein Flugzeug mit 40 Passagieren an Bord in den Anden. Siebzehn Passagiere starben während des Absturzes oder an den unmittelbar generierten Verletzungen. Die Überlebenden kämpften bei Temperaturen von minus 30° Grad Celsius ums pure Überleben. Sie überlebten nur, weil sie das Fleisch ihrer toten Kameraden verspeisten.

Hast du ein Kleintier (einen Hasen zum Beispiel) gefangen, betäube bzw. töte ihn auf der Stelle. Nimm ihn dazu an den Hinterläufen und lass seinen Kopf nach unten hängen. Greif dir einen Stock oder einen Stein und schlage ihm damit kräftig von oben nach unten ins Genick. Danach befestige ihn mit den Hinterläufen weit gespreizt an einem

Baum. Durchschneide seine Hauptschlagadern beidseitig des Halses, lass ihn zwei Minuten lang ausbluten. Schneide dann mit dem Messer x-förmig sein Fell ein. Wie tief der Schnitt sein muss, siehst du sofort. Dort, wo das Fell endet, erscheint ein weißes Vlies. Wenn du etwas rot schimmern siehst, bist du zu tief. Bringe an den oberen Läufen einen Rundschnitt im Fell an und zieh ihm jetzt das Fell ab. Du wirst sehen, es geht sehr leicht. Hast du das gemacht, schneide die Bauchdecke von oben nach unten auf. Begleite den Schnitt mit deiner freien Hand (Ring und Zeigefinger gespreizt) von innen. Das verhindert, dass du Magen, Speiseröhre und Galle verletzt. Schnapp dir das ganze Innereien-Paket, ziehe es nach unten (manchmal musst du mit dem Messer am Rückgrat nachhelfen) und durchtrenne es mit einem Schnitt dort, wo der Kopf beginnt. Anschließend holst du es heraus. Teile den Körper in vier Viertel: fertig! **Tipp:** Tu mir einen Gefallen und mache auch hier keine Philosophie draus. Mach es einfach. Mach es schnell. Denk nicht zu viel nach.

Mein Kommando-Fisch: Nimm den durch einen Kiemenstich getöteten Fisch (ausgenommen oder ganz; Gewicht etwa 1 Kilo) und umwickle ihn mit Toilettenpapier. Mache mindesten sieben Lagen. Tränke das Fischpaket mit Wasser. Lege es triefend nass in den Gluthaufen deines Feuers und lasse es dort für etwa 15 Minuten. Hol es danach wieder raus. Du wirst sehen, es ist verkohlt und pechschwarz. Schneide es auf. Überraschung! Das Fleisch des Fisches ist schön weiß, durchgegart und schmeckt angenehm nach Feuer und Rauch.

Verschollen, was tun?

Du bist verschollen. Du allein hast den Flugzeugabsturz überlebt oder bist im Laufe einer Expedition im Urwald von der Gruppe getrennt worden. Du bist unverletzt, dein Standort ist dir völlig unbekannt, du hast ein minimalistisches Equipment am Mann. Folgende Regeln sind nun in derselben Reihenfolge zu beachten.

Bleib zunächst vor Ort: Du wirst vermisst. Such- Rescue- oder Rettungsteams werden die Suche immer dort beginnen, wo sie dich zuletzt gesehen haben. Du willst überleben? Dann beweg dich nicht allzu weit von dieser Stelle weg. Denk darüber nach, wie du auf dich aufmerksam machen kannst: Feuer, Rauch, Lampen oder andere optische Signale. Frage dich ständig, wie du andere auf der Suche nach dir unterstützen kannst. Ihr seid zu zweit oder in einer größeren Gruppe? Dann teilt Lauschposten beziehungsweise Beobachter ein. Löst euch ab. Die einzigen guten Gründe, warum du dich schnell von dieser Stelle entfernen solltest, derer gibt es drei, wären die Wassersuche (wenn offensichtlich kein Wasser in unmittelbarer Nähe ist), Sicherheit vor Gewalteinfluss sowie Schutz vor Regen, Wind, Sonne oder Schnee und Eis. Wenn es in der Nähe dieser Stelle Wasser und Holz gibt, gut. Will dir niemand ans Leder, noch besser. Ist die Wetterlage nicht dramatisch, hurra!

Es gibt keine Anzeichen einer externen Bedrohung? Bau dir einen Shelter:

Überlege dir, ob du an einem sicheren Ort bist. Ein Talgrund, ein Wadi (Überschwemmungsgefahr, Hochwasser etc.) oder ein Steilhang (Lawinen- und Steinlawinengefahr) sind keine sicheren Orte. Nachdem du ein Inventar der dir zur Verfügung stehenden Mittel gemacht hast, beginne unverzüglich damit, auf einer ebenen und trockenen

Fläche dein Schlupfloch zu bauen. Die Rede ist von einem Shelter, (siehe Kapitel *Shelterbau*). Mehr als drei oder vier Stunden Arbeit solltest du an diesem ersten Tag nicht dafür investieren. Es geht darum, dich vor Wind, Regen, Eis, Schnee und Sonne in Sicherheit zu bringen. Bist du in kalten Gefilden, ist Wärme essenziell. Bist du der heißen Sonne ausgesetzt, benötigst du Schatten. Ein Refugium hat auch immer etwas mit unserer Moral zu tun. Im Shelter darf ein Aufwurf gegen die Bodenkälte nicht fehlen. Nimm Reisig, verwelkte Blätter, Äste und Zweige und bau dir ein Bett daraus. Gewinne mindestens 20 Zentimeter Abstand vom Boden. Haushalte in dieser Phase mit deiner Energie und verausgabe dich nicht total. Bau dir danach einen Reflektor. Das ist nichts anderes als eine Wand aus Ästen und Zweigen im Abstand von höchstens eineinhalb Metern zu deinem Shelter. Höhe: etwa 90 Zentimeter. Länge: zwei große Schritte. Der Reflektor dient dazu, die Wärme nahe am Shelter zu halten, zu reflektieren, denn zwischen ihm und dem Shelter wirst du sofort danach die Feuerstelle errichten (siehe Kapitel *Feuer machen*). Idealerweise fertigst du dir ein Gruben- oder Dakotafeuer an. Der Shelterbau wird in den Folgetagen weiter vorangetrieben. Überhaupt ist es wichtig, immer aktiv zu bleiben, ohne dich jedoch zu verausgaben.

Es gibt Anzeichen einer imminenten externen Bedrohung? Dich und Mitstreiter vor menschengemachter Gewalt in Sicherheit zu bringen, hat oberste Priorität. Bau dir einen taktischen Shelter: Survival heißt Überleben. Gibt es Grund zur Annahme – oder handfeste Anzeichen –, dass dein Leben in Gefahr ist, weil nicht nur Helfer, sondern auch Banditen nach dir suchen, dann weiche mit dem Shelterbau in ein Gelände aus, das von außen nicht einsehbar und nur schwer zugänglich ist. Zwänge dich durch das dichteste Dickicht abseits aller Wege und niste dich an einem Höllenort ein. Inmitten von undurchdringlichen Pflanzen wie Dornengestrüpp, Ranken, Brennnesseln und Hecken solltest du sicher sein. Hierher kommen auch keine Wölfe oder wilde Hunde. Sogar ein Bär überlegt es sich zweimal, dir durch die Dornenhölle zu folgen. Denke an den Sichtschutz nach oben. Stell dir die Drohne vor, die das Terrain, in dem du dich verkrochen hast, in einer Höhe von 50 Metern überfliegt. Könnte sie dich sehen? Nein?

Gut! Sollte ein Tier (Suchhund) oder ein feindseliger Mensch dort nach dir suchen, werden sie laute Geräusche verursachen. Du kannst der Situation Tribut zollen und entsprechend handeln. Richte den taktischen Shelter (Biwak) so ein, dass du in der Lage bist, ihn auch nachts innerhalb kürzester Zeit (höchstens 1-2 Minuten) abzubrechen und mit all deinen Habseligkeiten zu flüchten. Deshalb: Versehe alles, was Schnüre hat – Ponchos, Hamacs, Planen – mit Schnelllöseknoten. Hol nur das aus dem Rucksack, was du wirklich brauchst. Seid ihr zu zweit oder in der Gruppe, dann sichert euer Biwak nach außen per vorgezogenem Alarmposten. Wechselt all zwei Stunden durch. Der Alarmposten hat den Auftrag in die Nacht zu lauschen, zu hören, zu alarmieren. Er ist etwas abseits der Gruppe. Den Weg vom Biwak zur Alarmpostenstellung sollte jeder blind finden und befolgen können. Bedenkt, dass nachts alles anders aussieht und man sich leicht verschätzt. Es frisst kein Brot, ein Erkennungszeichen (Losungswort) zu vereinbaren. Vorschlag. Eine Zahl ergänzen! Beispiel: Die vorher abgesprochene Zahl ist *zwanzig*. Ruft dich der Alarmposten scharf an und sagt *zwölf*, antwortest du *acht*. Kommt eine *sieben*: peng! Aus die Maus.

Schlägt die Wache Alarm: schnell weg! Man sucht nach euch! Kein Licht. Keine Worte. Schlagt euch jeder für sich und in verschiedene Richtungen laufend zum vorher abgemachten Sammelpunkt durch. Dort stellt der Gruppenführer oder der auserkorene Chef sicher, dass alle da sind. Klopft ihm beim Vorbeihasten auf die Schulter und flüstert leise euren Namen. Oder gebt ihm einen Kieselstein. Er steckt ihn sich in die Tasche und zählt wie viele er hat. Ist die Gruppe vollzählig, geht die Flucht so diskret wie nur irgend möglich weiter.

Mein Tipp an euch, Männer: Schaut euch mal die Krisen dieser Erde an. Die Ukrainekrise zum Beispiel. Damals hatte man in Erwägung gezogen, Reservisten einzuziehen. Reservist bist du, wenn du zwei Tage in der Bundeswehr gedient hast. Ob als Wehrpflichtiger oder als Zeitsoldat spielt dabei keine Rolle. Der Reservistenstatus gilt bis zu deinem 65. Lebensjahr. Was heißt das auf Deutsch? Richtig! Heute Rechtsanwalt oder Firmenchef: alles sauber, cool, überschaubar und angenehm. Übermorgen Soldat: im Schützengraben, im Matsch, im Schweiß und Blut. Dass das Leben eines Soldaten oftmals alles andere als cool, überschaubar und angenehm ist, das wissen wir. Die kleinen Übungen, sich im Gelände orientieren, Flucht, Biwak aufbauen, Alarmposten aufstellen etc. Übt dies einmal im Monat. Macht euch ein schönes Wochenende unter Freunden, spielt zwei Nächte lang Soldat, habt mächtig Spaß dabei. Danach eine kurze Lagebesprechung beim Bier und schön war es. Das schweißt euch zusammen und eure Frauen können durchaus eine oder zwei Nächte auf euch verzichten. Bei solchen Gelegenheiten werdet ihr auch feststellen, wo eure Grenzen sind. Es gibt Männer, die können nachts im Wald keine drei Schritte gehen, ohne sich zu verlaufen oder hinzufallen. Es gibt andere, die haben Angst. Der eine vor Spinnen und Zecken, der andere davor, bei völliger Stille und Dunkelheit mit seinen Gedanken und sich selbst konfrontiert zu sein. Wieder ein anderer mag erschrecken, welche ungeahnten Fähigkeiten er im Gelände plötzlich entwickelt. Für ihn ist es eine Neugeburt. Ein Zurück zur Natur. Zurück dorthin, wo wir Männer uns vor tausend Jahren definitiv verloren haben.

Soldaten: Wenn ihr auf eurer Flucht ein Versteck (Shelter) beziehen wollt, seid clever. Ihr habt sicher schon eine Idee, wo dieses Versteck sein könnte. Ein Soldat hat einen Riecher dafür. Lauft nicht direkt zur auserwählten Stelle, sondern liebäugelt von Weitem mit ihr, lauft daran vorbei, als gäbe es sie nicht. Habt ihr dann etwa einen Kilometer zurückgelegt, schlagt einen Bogen und kommt von einer anderen Seite in das Versteck, das zugleich euer Beobachtungsposten ist. So muss der Feind (Verfolger), der euch auf den Spuren ist, direkt unter eurer Nase an euch vorbei. Ihr habt jetzt zwei Möglichkeiten: Ihn vorbeiziehen lassen und dann spurenkreuzend in die entgegengesetzte Richtung verschwinden oder ihm mit einem breiten Grinsen und der Waffe in der Hand einen Hinterhalt legen.

Du hast nun Wasser, Feuer und einen Shelter und du bist in relativer Sicherheit. Mehr benötigst du zu Beginn nicht. Jetzt ruhe dich aus. Schlafe. Vertraue dabei auf Gott. Alles ist gut. Am nächsten Tag erkundest du das Gelände. Entferne dich nun etwas weiter weg vom Shelter. Um jederzeit wieder zurückzufinden, markiere die Bäume mit einem Messer und das, je nachdem wie dicht die Vegetation ist, alle zwei, drei Meter. Markieren, das heißt entferne hinten wie vorne ein Stück Rinde von einem Baum, und zwar in Augenhöhe. Um zum Shelter zurückzukommen, brauchst du nur diesen Markierungen zu folgen. Sie sind auch im Zwielicht oder der Dämmerung deutlich zu sehen. Erkunde auf diese Art und Weise sternförmig die Umgebung, entferne dich aber an diesem ersten Tag nicht weiter als zehn Minuten in jede Kardinalsrichtung (Nord, Ost, Süd, West). Ziel dieser ersten Geländeerkundung soll es sein, die Sicherheitslage zu beurteilen, Wasser (Flüsse, Seen) und eventuelle Nahrungsquellen sowie Straßen, Wege oder Spuren zu finden, die auf die Präsenz von Menschen und somit eventuell auf die Lösung deiner Probleme hinweisen können. Halte Ausschau nach Wildspuren. Wenn du dich auf einem Boden bewegst, auf dem deine Spuren leicht sichtbar sind (Schnee, feuchter Sand, Matsch etc.), dann musst du keine Bäume markieren. Benutze hier als Anhalt deine Doppelschrittzahl. Sag dir, ich will 250 Meter in jede Richtung erkunden. Im Kapitel *Orientieren im Gelände* findest du wie du deine Doppelschrittzahl auf jeweils hundert Meter ermitteln kannst. Sag dir in dieser Phase immer, dass du, solange du Wasser hast, drei, fünf, ja zehn Tage oder länger, auch ohne feste Nahrung aushalten kannst. Erst nachdem du die Geländeerkundung hinter dich gebracht und ausgewertet hast, beginnst du über feste Nahrung nachzudenken. Und über die Herstellung von Waffen. Am zweiten Tag solltest du eine oder zwei Tierfallen anfertigen und aufstellen. Und zwar solche Fallen, die das Tier selbst auslöst. Baue auch ständig deinen Shelter weiter aus. Verbessere hier, kitte ein Loch da und habe immer ein Auge und Ohr geöffnet, um eventuelle Helfer (oder Feinde) auszumachen.

Suche nach Wasser: Wo es Leben gibt, gibt es Wasser. Stechfliegen sind nie weiter als 50 bis 100 Meter von einer Wasserquelle entfernt. Bienen fliegen zum Wasser oder vom Wasser weg. Stößt du durch Glück auf einen Bienenstock, sei dir bewusst, dass dieser nie weiter als 5 bis 7 Kilometer von einer größeren Wasserquelle entfernt ist. Allgemein kann man sagen, dass dort, wo es viele Insekten gibt, auch Wasser sein muss, selbst wenn man das Wasser nicht sofort mit bloßem Auge sehen kann. Früh morgens und spät am Abend begeben sich Tiere (Rotwild) zur nächsten Wasserquelle. Folge ihren Spuren aber achte darauf, dich nicht zu verlaufen. Wende dazu die oben beschriebene

Methode an. Fliegt ein Vogel sehr niedrig und in einer kerzengeraden Linie, ist die Wahrscheinlichkeit sehr hoch, dass er zum Wasser fliegt. Ameisen sind vom Wasser abhängig und ihre Kolonnen dirigieren sich nicht selten zum Wasser hin. Wasser fließt nach unten. Deshalb wirst du auf Bergrücken, auf Plateaus oder Bergkämmen nur wenig oder gar kein Wasser finden. Halte auf deiner Suche Ausschau nach Wasser in den Tälern, in Talgründen. Ein Rinnsal fließt in ein größeres Rinnsal, das wiederum in einem Bach oder einem Creek im Tal mündet.

So entkommst du einem Suchhund

Das Stichwort *Suchhund* ist gefallen. In meiner Fallschirmjägereinheit bei der Fremdenlegion hatten wir eine Hundestaffel. Die Hundeführer waren ausschließlich Fremdenlegionäre, meist Hauptgefreite. Zur Ausbildung wurden sie nach Frankreich geschickt, wo sie während des sechsmonatigen Lehrgangs stets sehr gute Resultate einfuhren. Ihre Hunde waren meist Malinois (auch *Mechelaar*). Sie waren schnelle und sehr wendige, aber auch aggressive Tiere und sie wurden darauf gedrillt, uns in die Einsätze zu begleiten. Sie fürchteten den Gefechtslärm nicht, sprangen mit den Hundeführern mit dem Fallschirm ab und ließen sich aus großen Höhen abseilen. Es kam nicht selten vor, dass die Hundeführer sich unter uns anderen Legionären ein Opfer raussuchten. Dann mussten wir uns einen schweren Vollschutzanzug überstreifen. Wir sollten dem Tier mit einer Stunde Vorsprung entkommen. Um es kurz zu machen: Die Hunde fanden uns immer! Sie stellten uns gnadenlos, griffen sofort an, wenn wir uns nur einen Zentimeter weiter von der Stelle bewegten. Doch der Hundeführer war nie weit weg und brachte das mit Adrenalin vollgepumpte und völlig aus dem Häuschen geratene Tier wieder zu Räson. Dann erklärten uns die Hundeführer, was wir richtig beziehungsweise falsch gemacht hatten. Und so lernten wir peu à peu, dass es mit etwas Glück und viel Wissen im Gepäck durchaus möglich ist, auch dem schärfsten Suchhund (auch einem Mantrailer) zu entkommen oder ihn auf Distanz zu halten. Viel Jahre später, ich war bereits Zivilist und YouTuber, startete ich einen öffentlichen Aufruf. Ich suchte nach einem professionellen Hundeführer und seinem Suchhund. Mein Ziel war es, mich dem Hund zu stellen. Man nenne es einen fairen Wettkampf beziehungsweise eine grandiose Herausforderung für Mensch und Tier. Aus den eingegangenen Antworten pickte ich mir die heraus, von der ich mir sagte: Das wird schwierig bis fast unmöglich, das ist das professionellste Gespann! In der Tat handelte es sich um einen Ex-Polizisten. Ein Experte auf dem Gebiet Such- bzw. Fährtenhundausbilder. Sein Hund war ein von ihm trainierter ‚*Mantrailer*', der bereits einige Wettbewerbe gewonnen hatte. Wir einigten uns, setzten einen Zeitpunkt für die Aktion fest, klärten die Rahmenbedingungen und in der letzten Maiwoche 2021 war es dann so weit. Die Rahmenbedingungen waren:

- **Ich sollte zwanzig Minuten Vorsprung haben.**
- **Ich würde keine Waffen einsetzen.**
- **Die Suche sollte vier Stunden dauern.**
- **Waren die vier Stunden rum und der Hund hat mich nicht aufgespürt bzw. gestellt, war ich der Sieger.**

Um es kurz zu machen. Mir ist es gelungen, dem Hund zu entkommen. Bereits nach weniger als einer Stunde hatte er meine Fährte verloren. Dafür hatte ich mit meinen vielfältigen und ständig wechselnden, teilweise waghalsigen Aktionen gesorgt. Ich wusste, dass er mich nicht erwischen würde. An diesem Tag hätte kein Hund der Welt mir folgen können. Obwohl die Kamera in jedem Moment meiner Flucht dabei war (bei mir und dem Hundesuchteam, wir arbeiteten mit zwei Kameras), war doch alles real. Nichts war abgesprochen, gespielt oder gefälscht. Wir waren Feinde, jeder wollte nur eines: gewinnen! Welche Techniken muss nun man anwenden, um einem Suchhund zu entkommen bzw. welche Techniken habe ich angewandt? Ich sagte mir zu Recht, dass der Hund nur so gut sein kann, wie der Hundeführer körperlich fit ist. Hintergrund: Die wenigsten Hundeführer lassen den Hund von der Leine. Sie würden den Einfluss beziehungsweise ihre Autorität über ihn verlieren. Das wusste ich. Auch mit dem Wissen, dass sich, handelt es sich um eine groß angelegte Suche, mehrere Hunde und Hundeführer während der Suche abwechseln, basierte ein Teil meines Planes darauf, ständig in Bewegung zu bleiben. Ich, selbst körperlich topfit, wollte dem Hundeführer keine Sekunde Pause gönnen. Dann, so sagte ich mir, sind gewisse Geländeabschnitte einfach Gift für den Hund. Und für seinen Führer. Ich durchquerte also Geländeabschnitte, die selbst mir als Ex-Fremdenlegionär wahnsinnig zu schaffen machten. Ackerte mich durch nicht zu umgehendes, dichtes

Buschwerk. Ich wühlte mich bergauf und bergab durch Dickicht und Dornengestrüpp. Gesicht, Arme und Beine wurden bei dieser Aktion zerkratzt, aber ich wusste: Wäre das Tier, der Mantrailer, mir auch gefolgt, der Mensch, der Hundeführer, hätte dem Tier den Dienst versagt. Ich war der Taffere, spielte mit der menschlichen Komponente. Der Hundeführer sollte maximal leiden. Ich wollte ihn an seine körperliche Grenze (und weit darüber hinaus) bringen und ihn zum Aufgeben zwingen. Auf die brutale Art. Ganz zu Beginn meiner Flucht schnappte ich mir ein am Wegesrand abgestelltes Fahrrad. Mit dem brachte ich zunächst sehr schnell sehr viel Distanz zwischen mich und das Hundegespann. Und ich hoffte, dass der Hund Mühe hatte, der Fahrradfährte zu folgen. Mein Duft lag nunmehr nur in der Luft, nicht in einer Spur am Boden. Ich wusste, dass der Hund beides sehr gut konnte. Der Fährte in der Luft folgen, er lief also Schnauze nach oben im Wind. Aber er konnte auch der Fährte, dem Geruch, der am Boden haftete, folgen, also Schnauze am Boden. Beides wollte ich ihm nehmen. Jetzt achtete ich nämlich genau auf den Wind. Kaum vom Rad gestiegen, rannte beziehungsweise lief ich immer nur mit dem Wind im Rücken. Und ich lief schnell. Sehr schnell. Ich wollte den Hund und seinen Führer ermüden. Ein anderes Mal benutzte ich ein zu diesem Zweck mitgeführtes Seil, um mich an einem Steinbruch zehn Meter in die Tiefe hinabzulassen. An dieser Stelle möchte ich betonen, dass nur eine gute Planung eine Flucht vor dem Hund möglich macht. Dazu gehört die mentale sowie auch die materielle Vorbereitung. Bist du ein Gefangener, wirst du dir deine Flucht wieder und wieder durch den Kopf gehen lassen, bevor du dich tatsächlich ins Abenteuer stürzt, denn vom Gelingen oder vom Misslingen der Flucht hängt möglicherweise dein Überleben, dein SURVIVAL, ab. In der Tat war hier der Punkt erreicht, an dem der Hund definitiv aufgab. Er hatte die Spur verloren, denn um die Stelle zu umgehen und nach unten in den Talgrund zu kommen, hätte es in diesem Gelände Stunden gedauert. Das alles wusste ich. Es war Teil meines Plans. Man könnte anführen, dass nun Hubschrauber ausgestattet mit Wärmebildkameras die Suche fortgesetzt hätten. Richtig. Aber das ist eine andere Sache, für die ich auch Lösungen aus meinem Hut gezaubert hätte. Meine Taktik basierte auch darauf, zwar einen Plan zu haben, ihn aber im Laufe der Aktion ständig wieder über den Haufen zu werfen, ihn zu ändern, sodass kein absehbares Schema zu erkennen war. Da ich zu diesem Zeitpunkt nicht wissen konnte, dass der Hund nicht mehr auf meiner Fährte war, ging meine Flucht weiter. Ich kam an einen acht bis zehn Meter breiten, hüfttiefen Bach, durchquerte ihn und lief weiter. Nach hundert Metern kehrte ich auf meiner Spur zurück in die Mitte des Baches und rannte einen Kilometer lang flussaufwärts. Dabei verließ ich alle hundert Meter mal links und mal rechts den Bach und legte so unzählige Scheinfährten. Doch das war noch nicht genug. In einem parallel fließenden Bach stieß ich auf einen Abwassertunnel. Er war spinnenverseucht, dunkel, roch nach Moder und lag sehr tief. Aber noch besser, er hatte einen Ein- sowie hundert Meter weiter einen Ausgang. Es war nun windstill. Um hineinzukommen, musste ich auf allen vieren kriechen. Ich war sofort nass und fror wie ein Hund. Aber ich wusste instinktiv: Hier war ich in Sicherheit.

Ich fasse zusammen. Wenn du einem Suchhund entkommen willst, dann:

- Plane deine Flucht lange Zeit im Vorfeld.
- Flüchte, wenn die Chancen am besten sind.
- Ändere deinen Plan noch während du ihn ausführst.
- Ändere deinen Plan ständig.
- Sei waghalsig und scheue keinen Schmerz.
- Laufe den Wind im Rücken.
- Beweg dich schnell, ohne dich vollends zu verausgaben.
- Spiele mit dem menschlichen Faktor, der da heißt: Der Hundeführer ist auch nur ein Mensch mit zwei Füßen und einer Lunge.

Wie schütze ich mich vor einem bissigen Hund?

Wenn ein Hund einen Menschen angreift, kennen wir die Gründe oft nicht. Vielleicht ist er durchgeknallt. Vielleicht hat der Hund Angst. Vielleicht quälen ihn Schmerzen. Vielleicht diktiert der Wehrtrieb sein Handeln oder er ist aggressiv, weil er schlecht behandelt wurde. Wer glaubt, ganz genau zu wissen, was in einem Hund kurz vor und während des Angriffes wirklich vorgeht, der müsste den Hundenobelpreis bekommen, denn das ist völlig unmöglich. Wir wissen doch nicht einmal, was ein Mensch in ähnlichen Situationen tatsächlich denkt. Aus Erfahrungswerten aber können Hundeexperten über die Aggressivität bei Hunden gut spekulieren und eventuell seine Verhaltensweise vorhersagen. Es versteht sich von selbst, dass ein Kampfhund nicht automatisch ein bissiger Hund und im Gegenzug, dass ein bissiger Hund nicht unbedingt ein Kampfhund sein muss. Kampfhunde sind oft sehr gesellig. Sie haben generell einen recht umgänglichen Charakter, was man von einem nur bissigen Hund nicht behaupten kann. Ich betone dies, damit der Leser weder den Kampfhund noch eine andere Hunderasse von vorneherein verurteilt oder ein schlechtes Licht auf diese fällt. Menschen, die von einem großen Hund angegriffen werden, befinden sich oft in einer echten SURVIVAL-Situation. Dahinter steckt umso mehr Wahrheitsgehalt, insofern es sich bei dem Angreifer tatsächlich um einen Hund handelt, der in die Kategorie Kampfhund fällt. Einen bissigen *normalen* Hund zur Räson zu bringen, das könnte funktionieren, wenn Sie die unten aufgeführten Maßnahmen beherzigen. Mit einem zum Kampf entschlossenen Kampfhund fertigzuwerden (zum Beispiel mit einem Pitbull Terrier, einem Bullmastiff oder einem Rottweiler), das ist wieder eine ganz andere Sache. Man müsste wohl ein Kampfmensch sein, um eine solche Attacke unbeschadet zu überstehen. Was also sollen wir tun, wenn wir angegriffen werden?

Starr den Hund nicht an.
Das steigert seine Aggression.

Bleib ruhig.
Leichter gesagt als getan. Es ist aber wichtig, die Nerven zu behalten.

Bring (wenn möglich) einen Gegenstand zwischen dich und den Hund.
Was sich gerade anbietet. Ein Fahrrad, eine Mülltonne, ein Möbelstück etc.

Stell dich mit dem Rücken gegen ein Objekt oder springe auf etwas, sodass der Hund dich nicht erreichen kann.
Auf den Tisch, auf einen hohen Stuhl, auf einen Zaun oder Baum

Bewege dich nicht ruckartig oder spontan.
Das wirkt auf den Hund wie ein rotes Tuch. Das Schlimmste, was du tun kannst, und da sind alle Spezialisten sich einig, ist davonzulaufen. Der Hund wird sofort die Verfolgung aufnehmen. Du wirst zur Beute.

Du bist Jogger?

Wenn du zum joggst, und es kommt dir ein Hund entgegen (keine Leine, kein Maulkorb), dann bleib sofort stehen. Der Hund könnte dein schnelles Auftreten als Angriff werten. Gähne laut und das mehrmals hintereinander. Drehe dabei deinen Kopf ein wenig zur Seite und bewege dich langsam rückwärts vom Hund weg. Ist ein Stock in deiner Nähe? Ja? Dann sei mutig. Schnapp ihn dir und stecke ihn quer in den Rachen des Hundes, sollte er dich angreifen.

Hinweis für Hundebesitzer.

Wird dein Hund angegriffen, misch dich nicht ein. Selbst dein eigener Vierbeiner könnte dich beißen, da er dich im heißen Kampf nicht schnell genug erkennt. Die empfindlichen Stellen bei einem Hund sind: Schnauze, Augen, Bauch und Weichteile! Wenn es hart auf hart kommt: Bohre deine Finger in seine Augen, kneife ihn so fest wie möglich in die Schnauze oder trete in seine Weichteile.

Orientieren im Gelände

Da das Kapitel *Orientieren im Gelände* allein schon ganze Bücher füllen würde, fasse ich hier nur die wichtigsten Tipps kurz zusammen. Sich im Gelände zurechtzufinden ist enorm wichtig. Dazu gehört, zu wissen, wo ich mich gerade befinde, wie mein Weg zum Ziel verläuft und wie ich die Zwischenziele erreiche. Sei dir bewusst, dass es Situationen gibt, in denen richtiges Orientieren Leben retten kann. Hier ein harmloses Beispiel zum Nachdenken. Zu Beginn des Jahres 2022 begab ich mich mit Helena, meiner Stieftochter, auf die Suche nach dem Chagapilz. Wir waren in Nordschweden bei Temperaturen von minus 21 Grad unterwegs. Bevor wir vom Auto, das ich auf dem Parkplatz einer Straße abgestellt hatte, losliefen, sagte ich mir: Sollten wir innerhalb einer Stunde nicht fündig werden, treten wir sofort den Rückweg an. Es war einfach zu kalt. Ein Blick auf die Uhr und los ging es. Der Schnee ging uns streckenweise bis weit über die Knie. Einen Kompass hatte ich nicht dabei und meinen Gepflogenheiten zum Trotz achtete ich kaum auf meine Umgebung. Wege gab es keine, wir liefen nach Gefühl, also querfeldein. Nach ungefähr einer Dreiviertelstunde begann es zunächst leicht, dann immer stärker zu schneien. Als die Stunde rum war, hatten wir das schönste Schneetreiben, das man sich vorstellen kann. Ich sah hinter mich und erschrak. Unsere Spuren waren kaum mehr sichtbar. Ganz gegen meine sonstige Vorgehensweise hatte ich nicht alle hundert Meter einen markanten Geländepunkt festgelegt und ihn mir eingeprägt. Ich dachte voller Sehnsucht an meinen Kompass, der dummerweise im Büro lag. Wir machten sofort kehrt, hatten als Anhaltspunkt nur unsere im Schnee hinterlassenen Spuren und fanden so zum Glück das Auto ohne große Mühe wieder. Aber: Hätte ich noch eine halbe Stunde gezögert, wären die Spuren vom Schnee ausgelöscht gewesen. Niemals hätten wir zum

Auto zurückgefunden, was ohne Ausrüstung (ich hatte das wichtigste Outdoor-Equipment im Rucksack dabei) möglicherweise schlimme Folgen gehabt hätte: den Tod durch Erfrieren!

Einige Grundsätze:

Wenn du dich im Gelände orientierst, benutze ausschließlich Karte und Kompass. Das GPS sollte nur dann hinzugezogen werden, wenn Zweifel da sind oder um den Standort zu bestätigen.

Abmessungen im Gelände: Deine Doppelschrittzahl für eine Distanz von hundert Metern zu kennen, ist sehr wichtig. Natürlich variiert diese Zahl je nachdem, ob du bergab oder bergauf marschierst, ob du normal läufst oder im Laufschritt. Mach dir eine Tabelle, denn es gibt tatsächlich große Unterschiede. Meine Doppelschrittzahl auf hundert Meter beträgt genau 59 Doppelschritt. Laufe ich schnell (Legionsschritt) ohne Gepäck und bergab sind es nur zwischen 44 und 46 Doppelschritt. Musst du eine Strecke von drei-, vier- oder fünfhundert Metern genau abmessen, empfehle ich dir die Schnurmethode. Mach nach jeweils hundert Metern einen Knoten in eine Schnur. 57, 58, 59: Knoten. Und so weiter. Am Ende musst du nur die Knoten zählen. Ein Knoten entspricht hundert Metern. Alternativ dazu kannst du dir Kieselsteine in die Hosentasche stecken. 57, 58, 59: Ein Kieselstein wechselt die Hosentasche. Er kommt von links nach rechts in die andere. Am Ende eines Abschnittes wird gezählt und die zurückgelegte Distanz/Richtung zum Beispiel auf der Karte eingetragen. Je einfacher das von dir angewandte System, umso besser.

Für Soldaten: Planen wir (zum Beispiel) einen Hinterhalt, legen wir Geländepunkte fest, an denen wir vorderste Elemente des Gegners stoppen. Die auftauchende Truppe wird mit präzisem Feuer belegt. Präzise und effizient geht es aber nur, wenn ich auf den Meter genau die Entfernung von mir zum Target habe. Natürlich gibt es Laserentfernungsmesser, aber nicht jede Truppe verfügt darüber. Messt die Distanzen per Doppelschrittzahl im Gelände ab, markiert die verschiedenen Punkte, an denen die Feuereröffnung stattfinden soll, unauffällig im Gelände oder macht euch eine Skizze. Beispiel: Die einzeln stehende Eiche links am Wegrand ist genau 245 Meter entfernt. Der gelbe Busch, 260 Meter etc.

Weitere Abmessungen sind:

- **Die Hand, gespreizter Daumen und Zeigefinger = 20 cm**
- **Daumen – Kleiner Finger (Hand gespreizt) = 22,5 Zentimeter**
- **Handgelenk – Ellbogen = 30 Zentimeter**
- **Spitze des Zeigefingers – Ellbogen = 50 Zentimeter**
- **Knie – Fußsohle = 45 bis 55 Zentimeter**

Ein Mann ist im Schnitt 1,80 Meter hoch. Seine Augen, den Mund und die Nase erkennen wir auf eine Entfernung von 40 Metern noch sehr deutlich. Das Gesicht als solches auf 210 Meter.

Festlegen markanter Geländepunkte während eines Marsches: Präge dir während der gesamten Marschstrecke alle zweihundert Meter (je nach Dichte des Geländes) einen am Weg liegenden markanten Geländepunkt ein. Das kann ein Baum sein, eine Brücke, das Knie eines Bachs oder eine Ruine. Verläufst du dich, kehre einfach zum letzten sicheren gemerkten Punkt zurück und orientiere dich dort neu. Diese Methode sollte auch von Soldaten angewandt werden, die Spähtrupp laufen, den Kontakt zum Feind suchen oder ganz normal Aufklärung oder Erkundung betreiben. *Männer herhören: Letzter Sammelpunkt, diese große Eiche!* Jeder muss das bestätigen.

Notabene: Das Gelände wird erkundet, der Feind aufgeklärt!

Stößt die Patrouille auf Feind, läuft zum Beispiel in einen Hinterhalt, so wurde der Ort, an dem wieder gesammelt wird (die große Eiche) festgelegt und benannt. Jeder Irrtum ist ausgeschlossen. Unterlässt man eine solche Prozedur, könnte es geschehen, dass am Ende einer oder sogar mehrere Männer fehlen, weil sie nicht wussten, wie sie die eigene Gruppe wiederfinden.

Arbeiten mit Karte und Kompass: Wenn du mit dem Kompass arbeitest, dann bitte nicht in unmittelbarer Nähe von Hochspannungsleitungen, Bahngleisen etc. Selbst dein Messer, dein Beil oder deine Waffe (Gewehr) lenken die Magnetnadel etwas ab. Befindest du dich in einer

Feldunterkunft, dann arbeite nicht mit der Karte auf einem Tisch, der Metallverschläge oder Metallbeine hat. Siehst du im Gehäuse des Kompasses eine Luftblase und ist diese Blase größer als fünf Millimeter: einstellen! Zurück vom Gelände legst du ihn einige Stunden auf eine Heizung. Die Luftblase verschwindet, kommt aber in absehbarer Zeit wieder. Lösungsvorschlag: Beschaffe dir unbedingt einen neuen Kompass. Was deine Karte angeht, so sag dir ständig, dass du nur diese eine hast. Pack sie in eine Schutzhülle aus Plastik.

Folgt mir nicht, auch ich bin verloren: Beim Orientieren mit Karte und Kompass musst du sehr genau arbeiten und immer einen Doppelcheck durchführen. Ich habe mich das ein oder andere Mal tierisch verlaufen und musste viele extra Kilometer abspulen, um das wieder wettzumachen oder um den Ausgangspunkt wieder zu erreichen. Eben weil ich meine Werte nicht zweimal geprüft hatte. Heute bin ich (Ausnahmen bestätigen diese Regel) schlauer. Sich verlaufen, das geht an die Zeit, das geht in die Knochen. Der Auftrag kann gefährdet sein. Oder das sich rasch nähernde Unwetter sitzt einem im Nacken. Peinlich wird es dann, wenn du Männer hinter dir hast, die dir blind folgen.

Die Missweisung (Deklination): Der Winkel zwischen Geografisch-Nord und Magnetisch-Nord wird Missweisung (Deklination) genannt. Sie liegt in Deutschland bei etwa 4 Grad und muss auf kurzen Strecken daher nicht unbedingt berücksichtigt werden. Anders sieht es z. B. in den USA, Kanada oder auch in Neuseeland aus. Dort beträgt sie teilweise bis zu 20 Grad. Auf den meisten Karten wird auf die Deklination hingewiesen. Sie kann östlich oder westlich liegen, muss also je nachdem abgezogen oder dazugezählt werden. Das ist in Europa jedoch nur notwendig, wenn weite Strecken zurückgelegt werden und noch dazu sehr präzise auf den Meter genau gearbeitet werden muss.

Windrose: Sie zeigt vier Kardinal-Himmelsrichtungen. Norden (N), Osten (O), Süden (S) und Westen (W). Doch aufgepasst: Die Franzosen benennen den Westen mit *Ouest*. Das Vorzeichen dafür ist *O*. Unseren Osten hingegen benennen Engländer und Amerikaner *East*. Das Vorzeichen hierfür wäre *E*. Vorsicht ist also geboten.

Sonnenuntergang: Wenn zwischen der Erde (Ebene) und den unteren Rand der Sonne deine waagrecht gelegte Hand (gestreckter Arm – Handbreite) passt, dann bleibt dir genau eine Stunde, bevor die Sonne ganz weg ist. Jetzt wäre der ideale Zeitpunkt gekommen, Karte und Kompass beiseitezulegen und das Lager einzurichten.

Bestimmen der Himmelsrichtung:

Sich nach der Sonne orientieren: Die Sonne-Uhr-Methode ist fast präzise anwendbar. Ich sage fast, denn abhängig von den Jahreszeiten ergeben sich durchaus Unterschiede in der Lage der Sonne zur Himmelsrichtung. Die Sonne müsstest du tagsüber immer sehen, eine Uhr (oder dein Handy) hast du? Also los. Folgende Überlegung ist anwendbar. Auf der nördlichen Halbkugel der Erde steht die Sonne:

- Um 06h00 – im Osten O (Sonnenaufgang) / 90°
- Um 09h00 – im Südosten SO / 135°
- Um 12h00 – im Süden S (Höchster Stand) 180°
- Um 15h00 – im Südwesten SW / 225°
- Um 18h00 – im Westen W (Sonnenuntergang) / 270°
- Um 21h00 – im Nordwesten NW / 315°
- Um 23h59 – im Norden N (... ist sie bei uns nie zu sehen) 360°

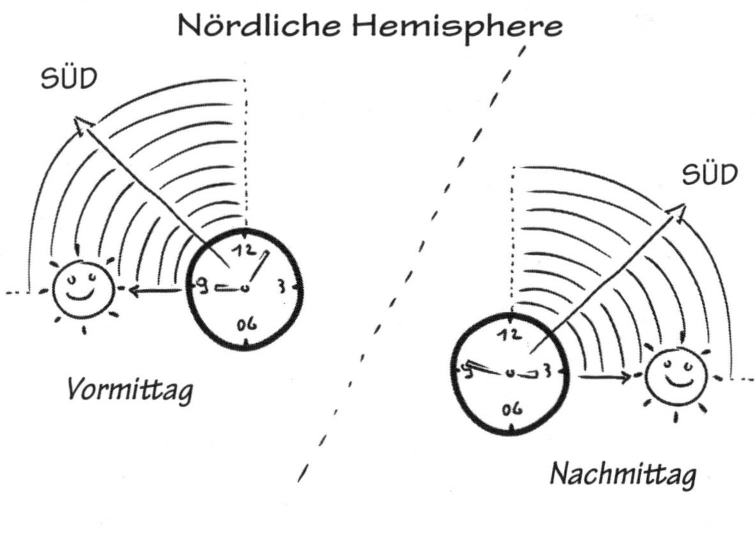

Wir gehen von einer Einteilung (Windrose) von 360 Grad aus. **Aufgepasst!** Auf der südlichen Halbkugel erreicht die Sonne ihren höchsten Stand auch gegen Mittag, sie steht aber im Norden.

Die Schattenspitzmethode (NÖRDLICHE Halbkugel): Nimm einen Stock (Länge etwa 50 cm). Stecke ihn auf ebener Fläche in den Boden. Der Stock wirft einen Schatten. Du siehst ihn? Gut! Markiere das Ende des Schattens (M1) mit einem Stein. Warte 15 Minuten. In dieser Zeit wandert die Sonne, wirft einen weiteren Schatten. Markiere nun das Ende des zweiten Schattens (M2) wieder mit einem Stein. Die Linie zwischen Markierung 1 und Markierung 2 ist die West-Ost-Linie. Die erste Markierung liegt im Westen.

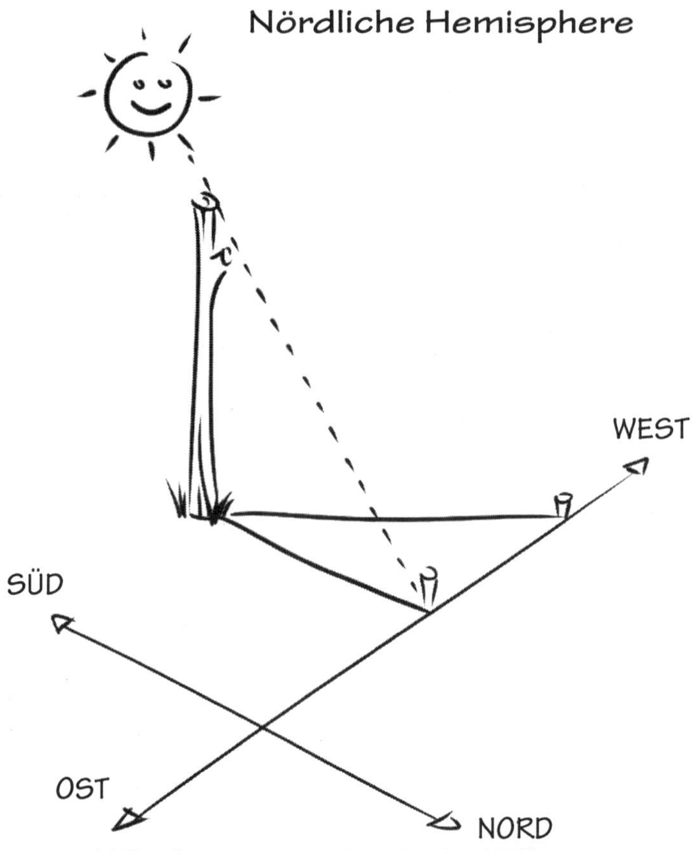

Bestimme die Himmelsrichtung anhand der wichtigsten Sternbilder der nördlichen und südlichen Hemisphäre:

Der Große Wagen oder der Große Bär (Ursa Major): Der Große Wagen ist das bekannteste Sternbild der nördlichen Hemisphäre. Mit seiner Hilfe ist es ein leichtes, Polaris (den Polarstern) zu finden. Polaris = Norden!

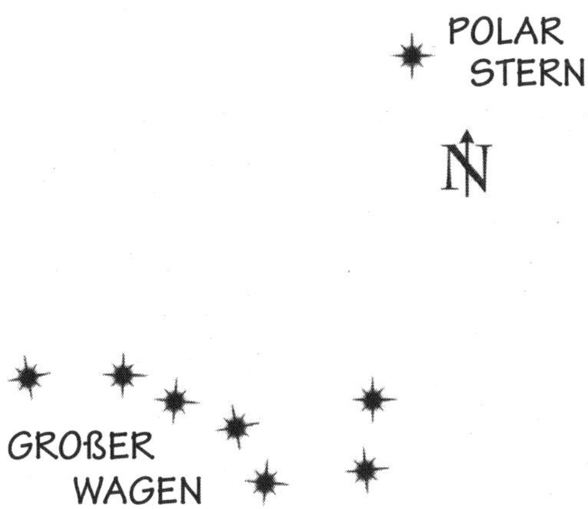

Kassiopeia (Cassiopée): Kassiopeia hat die Form eines offenen W. Das W ist am nächtlichen Sternenhimmel leicht zu finden. Der mittige Stern zeigt dir auf der geöffneten Seite des W den Weg zu Polaris und wieder haben wir die Nordrichtung.

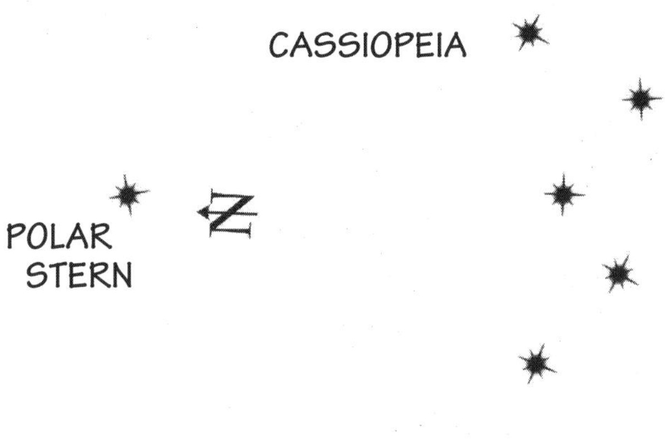

Orion: Das Bild des Orion sieht aus wie ein Rechteck, in dessen Mitte ein Pfeil schräg nach oben rechts zeigt. Der Pfeil zeigt die Nordrichtung an. Sieht man diesen Pfeil eher als Schwert, dann zeigt die Spitze des Schwertes nach Süden. Orion ist besonders in den Wintermonaten sehr gut erkennbar.

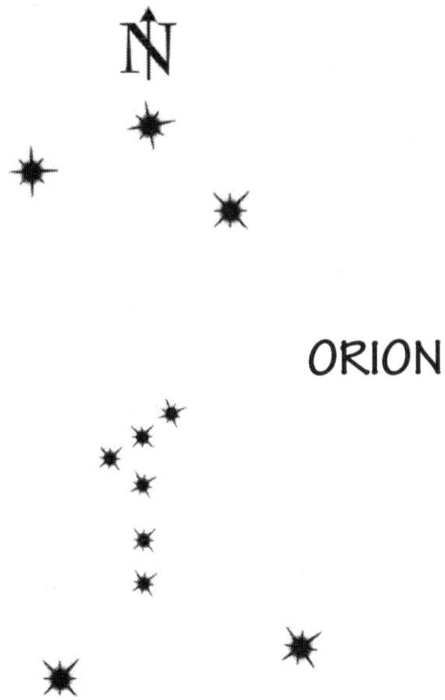

Das Kreuz des Südens (Crux): Der längere Balken zeigt zum Himmelssüdpol. Das Kreuz des Südens ist nicht sehr auffällig. Um es zu finden, verwendeten Seefahrer einst die beiden hellsten Sterne des Sternbilds Centaurus als sogenannte Zeigesterne: Alpha und Beta Centauri weisen uns den Weg zum Kreuz des Südens. Wenn wir der längsten Achse des Kreuzes zum Horizont (nach unten) folgen und wenn diese Linie sich mit der Geraden trifft, die wir perpendikulär durch Centaurus ziehen, haben wir die ungefähre Süd-Richtung. Aufgepasst! Es gibt auch das sogenannte falsche Kreuz des Südens. Bis auf winzige Details sieht es fast genauso aus. Präge dir die Form des echten Kreuzes mit dem kleineren fünften Stern rechts in der Konstellation sehr gut ein, damit du nicht in die Irre geführt wirst.

Orientieren mit Hilfe des Kompasses:

Der Kompass besteht essenziell aus:

- **Einem Gehäuse mit Kompassnadel**
- **Einer Grundplatte**
- **Einer Kompassrose (drehbar) mit Stricheinteilung**
- **Einem Richtungspfeil oder Visier mit Kimme und Korn**
- **Einer Ablesemarke**

Die Kompassrose teilt sich in Grad °. Der volle Kreis hat 360°. Von 0° zu 360° wird im Uhrzeigersinn gemessen. Wie du den Kompass auch drehst und wendest, die rote, oft phosphoreszierende Nadel zeigt immer nach Magnetisch-Nord. Auch hier aufgepasst! Es gibt mehrere ‚*Norden*'. Hier sind sie:

- **Geografisch-Nord:** Der geografische Nordpol
- **Magnetisch-Nord:** Die Nordrichtung, angezeigt von deiner Kompassnadel
- **Gitter-Nord (Karte):** Richtung, in die die Gitterlinien auf der Nordhalbkugel zusammenlaufen

Alle nachfolgenden Techniken solltest du blind beherrschen.

1 – Das Ziel anpeilen und seine Richtung bestimmen: Visiere mittels Kimme und Korn das Ziel an. Lass dich nicht verwirren, denn die Magnetnadel zeigt weiterhin auf den magnetischen Norden. Deine Visierung beibehaltend, drehst du die Kompassrose jetzt so lange, bis die Magnetnadel und die Nordmarkierung N perfekt übereinstimmen. Jetzt brauchst du nur noch die Marschkompasszahl (MKZ) an der Ablesemarke abzulesen.

2 – Der Marschkompasszahl folgen:

- Drehe die Kompassrose so lange, bis die gewünschte Marschkompasszahl genau an der Ablesemarke steht.
- Halte den Kompass waagerecht auf Schulterhöhe vor dir.
- Über Kimme und Korn visierend, dreh dich jetzt mit dem Kompass so lange um die eigene Achse, bis sich die Nadel genau auf N einpendelt.

- Marschiere auf den anvisierten Punkt zu und wiederhole die Prozedur von einem markanten Geländepunkt (Zwischenziel) zum nächsten.

Hier eine kleine Anekdote, wie wir im Urwald der Marschkompasszahl folgten.

Ein Legionär lief mit einer vier Meter langen Stange vorneweg. Vom oberen Ende der Stange war die Rinde entfernt worden, sodass diese Stelle weißlich schimmerte. Der Mann dahinter hielt den Kompass in der Hand, stellte die gewünschte MKZ ein. Er beorderte den Mann mit der Stange so in sein Sichtfeld, dass er die weiße Markierung gerade noch durch das üppige Grün schimmern sehen konnte und gab lautstark oder per Handzeichen seine Anweisungen. *Links, links, links. Stopp! Etwas nach rechts. Stehenbleiben!* Natürlich musste die Visierlinie des Kompasses millimetergenau mit der weiß schimmernden Spitze der Stange übereinstimmen. War das der Fall, rückte die Truppe nach. Sicher, das ist eine sehr penible Vorgehensweise, aber wenn du einen Grenzstein finden willst, der nur mannshoch und vom Urwald fast völlig einverleibt ist (GPS gab es bei damals noch nicht), musst du eben peinlich genau in Richtung und Distanz arbeiten. Jetzt rate mal, wer immer der Erste war, der Kontakt mit Schlangen, Feuerfliegen, den gefährlichen Stacheln der Awara-Palme oder mit anderen unerfreulichen Dingen hatte. Klar: Der Mann mit der Stange! Ich war oft genug dran.

3 – Die Karte einnorden:

Der Norden der Karte muss punktgenau dorthin zeigen, wohin auch die Nadel deines Kompasses zeigt. Dazu:

- Drehe die Kompassrose mit Stricheinteilung, sodass unsere Nordmarkierung N an der Ablesemarke liegt.
- Breite deine Karte auf dem Boden aus.
- Lege deinen Kompass an eine Außenlinie (oder eine andere x-beliebige Senkrechte) der Karte und drehe die Karte mit dem Kompass darauf so lange, bis die Magnetnadel auf die Nordmarkierung N des Kompasses zeigt. Hurra: Deine Karte ist eingenordet!

Eine x-beliebige Marschkompasszahl auf die Karte übertragen:

- Norde deine Karte ein.
- Stelle die Marschkompasszahl an der Ablesemarke des Kompasses ein.
- Lege den Kompass mit der linken unteren Kante an deinen eigenen Standort.
- Drehe den Kompass (nicht die Karte!) jetzt so lange, bis sich die Kompassnadel auf N einpendelt. Du kannst jetzt einen Strich ziehen.

Bestimmen des eigenen Standortes: Suche dir im Gelände drei markante Punkte aus und bestimme mit der oben bereits erklärten Methode ihre Richtungen. Benenne sie. Zum Beispiel: P1 (Kirche auf einem Hügel: liegt bei 350°), P2 (Funkmast: liegt bei 45°) und P3 (Brücke: liegt bei 220°). Jetzt norde deine Karte ein und suche die Punkte P1, P2 und P3 auch auf der Karte. Nun zeichne auf der Karte von P1 ausgehend eine Gerade in die Gegenrichtung für P1 (also 170°). Wiederhole diese Prozedur auch mit P2 (also 225°) und P3 (also 40°). So entsteht im besten Fall ein kleines Dreieck auf der Karte, und genau in diesem Dreieck befinde ich mich.

Richtiger Umgang mit der Karte: Die Landkarte ist ein reduziertes Abbild der Natur mit einem verkleinerten Maßstab. Sieh sie dir genau an. Alles ist da: Informationen und Bilder.

Wenn du es schaffst, diese Bilder in der Realität abzurufen und die Informationen auf der Karte und am Kartenrand richtig zu lesen: Jackpot! Um von A nach B zu gelangen, genügen Landkarten vom Maßstab 1:25.000 bis 1:100.000. Wichtig zu wissen ist, dass Norden auf der Karte immer oben ist und Süden unten. Dreht man die Karte so, dass der obere Kartenrand tatsächlich mit dem Norden in der Natur übereinstimmt, dann ist die Karte auch schon eingenordet. Zur Verfeinerung, das wissen wir bereits, hilft uns der Kompass. Der Maßstab einer Karte gibt das Maß der Verkleinerung an. Hier das Beispiel am Maßstab 1:50.000.

1:50.000 = 1 cm in der Karte = 50.000 cm (also 500 Meter) in der Natur.

Die Legende: Um deine Karte richtig zu lesen beziehungsweise auszuwerten, dient die Legende. Sie besteht aus Zeichen, Symbolen und Farben. Du findest die Legende meist rechts unten am Rand der Karte.

Orientiere dich mit Hilfe des Mondes: Die Mondphasenberechnung.

Es gibt nur wenige Menschen, die diese auf den ersten Blick aufwändig scheinende Methode kennen. Dazu musst du wissen, wie der Stand der Sonne im Verhältnis zu den verschiedenen Uhrzeiten ist. Das hast du bereits gelernt. Des Weiteren muss der Mond gut sichtbar sein. Schätze zunächst, wie viele Zwölftel der sichtbare Mond hat. Hier eine kleine Hilfe:

Zwölf Zwölftel = VOLLMOND

Sechs Zwölftel = HALBMOND

Jetzt solltest du unbedingt wissen, ob du es mit einem zunehmenden oder abnehmenden Mond zu tun hast. So geht's: Stell dir die Sichel nach links gewölbt vor = abnehmend, nach rechts gewölbt = zunehmend. Dann merke dir: Ist der Mond abnehmend, zähle die geschätzten Mondzwölftel zu der Uhrzeit (24-Stunden-Format) dazu. Ist er zunehmend, ziehe die geschätzten Mondzwölftel von der Uhrzeit ab. Du brauchst also auch die genaue Uhrzeit. Ich gebe dir jetzt ein Beispiel, wie du arbeiten musst. Du siehst einen abnehmenden Mond. Du schätzt, dass er 4 Zwölftel hat. Es ist 22h00. Rechne jetzt Uhrzeit plus Mondzwölftel = 22h00 + 4 = 02h00! Sag dir jetzt, dass der Mond genau in der Richtung steht, in der die Sonne um 02h00 stehen würde. Das ergibt genau Nord-Nord-Ost. Diese Berechnung setzt voraus, dass du die Windrose im Kopf hast. Zu deiner Information: Der Vollmond steht der Sonne genau gegenüber.

Noch ein wertvoller Tipp: Bei der Betrachtung des Sonnenstandes zu den jeweiligen Uhrzeiten ist dir sicher aufgefallen, dass die Sonne pro Stunde 15° wandert. Ein besseres Indiz, die Himmelsrichtung zu bestimmen, kannst du dir gar nicht wünschen. Die Sonne morgens um 09h00 steht in der Richtung 9 mal 15° = 135°: Die Sonne steht also im Südosten!

Stößt du während des Marsches auf unwegsames Gelände, Sümpfe, Seen, großflächig umzäunte Niederlassungen etc., musst du diese Hindernisse wohl oder übel umgehen. Besonders wenn du im Urwald unterwegs bist, denke daran, dich niemals in ein Sumpfgebiet vorzuwagen. Es ist die Hölle. Einmal waren wir in den Sümpfen von Caw (Guyana) auf der Suche nach zwei bewaffneten Deserteuren. Das willst du nicht, Bruder. Schlangen, schwarze Kaimane, Stechfliegen, Blutegel, Wasser, Wasser, Wasser! Hast du kein Hamac und musst im Sumpf übernachten? Da desertiert sogar dein innerer Schweinehund!

Umgehe also das Hindernis unter Anwendung folgender Methode. Deine ursprüngliche Marschkompasszahl ist 110°. Du stehst plötzlich vor einem Sumpf (Alpha) und entscheidest dich, diesen rechts zu umgehen.

- Addiere 110 + 90 = 200°.
- Stelle deine neue Marschkompasszahl (200°) auf dem Kompass ein. Marsch! Lauf so lange, bis du denkst (oder im Gelände siehst), dass das zu umgehende Hindernis abgeschritten ist. Zähle dabei deine Doppelschritte.
- Laufe dann mit deiner ursprünglichen Marschkompasszahl (110°) weiter, bis das Hindernis umgangen ist.
- Ziehe 90° ab und laufe dieselbe Anzahl der Doppelschritte in Richtung 20°. Ist die Distanz erreicht, geht es normal mit 110° weiter.

Große Kälte, Schnee und Eis

Meine Erfahrungen in Sachen Überleben im Winter basieren auf Grundlage von mehreren Winter-Überlebenslehrgängen in Mont-Louis (CNEC) und aus der Tatsache heraus, dass ich seit langen Monaten in Nordschweden mein Domizil aufgeschlagen habe. In einer ländlichen Gegend also, in der Temperaturen von minus 30 bis minus 35 Grad im Winter keine Seltenheit sind. Unter diesen Umständen den Wald und die Wildnis zu erforschen, ist immer ein wunderbares Erlebnis. Weit weg von Menschenansammlungen tauchst du ein in die absolute weiße Stille. Manchmal kommt es mir vor wie ein Traum. Einer Sache bin ich mir aber immer bewusst: Dieser Traum kann sehr schnell zum Albtraum werden. Dann nämlich, wenn du keine Erfahrung in diesem Umfeld hast oder wenn du dich (der Erfahrung zum Trotz) schlecht organisierst und dein Equipment nicht den niedrigen Temperaturen angepasst ist. Die größten Gefahren sind schnell genannt:

Unterkühlung (Hypothermie) und Erfrierungen. Bei einer Unterkühlung ist die Temperatur des gesamten Körpers herabgesetzt. Bei Erfrierungen entstehen durch örtliche Kälteeinwirkungen Schäden am Gewebe. Beides kann tödlich enden.

Meine Top 12 Gebote

1 – Never stand alone: Geh niemals allein raus! Der Teufel ist ein Eichhörnchen, das Leben kein Ponyhof. Es kann durchaus passieren, dass du während des Fußmarsches oder bei den Arbeiten am Biwak ohnmächtig wirst (plötzlicher Schlaganfall, Sturz, Herzversagen etc.). Geschieht das bei minus 30 Grad, wirst du wohl nie wieder wach werden und dein Leben friedlich aushauchen. Um es einfach zu sagen, du erfrierst. Wenn ihr zu zweit oder im Gruppenrahmen unterwegs seid, besprecht eventuelle Probleme dieser Art im Vorfeld und habt dementsprechend bereits Lösungsvorschläge im Kopf, bevor es losgeht. Mein Lösungsvorschlag: Verwundetentransport siehe Kapitel *Erste Hilfe / Transport von Verwundeten.*

2 – Kleider machen Survival: Trage deine Kleidung immer in mehreren Schichten (Zwiebelprinzip) und wechsle dabei lange und kurze Ärmel ab. Zwischen den Kleidungsschichten entstehen auf diese Art und Weise Luftpolster, die zur Isolation vor Kälte beitragen. Um weder zu schwitzen noch zu frieren, kannst du die Kleidungstücke je nach Bedarf einzeln an oder ausziehen.

3 – Marschier richtig (oder krepier): Wenn du losmarschierst, ist es am besten, wenn du leicht frierst. Wähle dementsprechend deine Bekleidung. Du darfst während des Marsches oder bei Arbeiten am Shelter nie stark ins Schwitzen kommen. Sollte das während des Marsches der Fall sein, mach langsamer, lege mehr Pausen ein und wechsle gegebenenfalls die verschwitzten Klamotten (Unterhemd, T-Shirt) gegen trockene aus. Bei Pausen zieh dir sofort eine warme Jacke über. Diese hast du ganz oben für den Schnellzugriff im Rucksack untergebracht. Bevor du wieder losläufst, weg mit der Jacke.

4 – Kopf, Hände, Füße: Eine alte Studie besagt, dass über den Kopf die meiste Hitze verloren geht. Dem widerspreche ich vehement, besser gesagt, das will ich so nicht stehen lassen. Natürlich verlierst du über den Kopf viel Hitze, wenn der restliche Körper gut eingepackt ist, nur der Kopf ist es nicht. Die meiste Wärme wird von den Partien abgegeben, die weit vom Rumpf (Herz) entfernt liegen: Kopf, Hände und Füße. Dass du im Winter nicht barfuß draußen herumläufst, davon muss ich ausgehen. Richtig müsste es also heißen: Handschuhe an, Mütze auf!

5 – Die richtige Atmung: Versuche nur durch die Nase einzuatmen, damit sich die Luft erwärmt, bevor sie die Lunge erreicht. Der Nachteil hierbei ist, dass der Körper mit weniger Sauerstoff versorgt wird, wenn wir bloß via Nase einatmen. Das wirst du dann merken, wenn du ins Schnaufen gerätst und der Leistungsabfall sich ostentativ manifestiert. Die Lösung für dieses Problem könnte sein, dass du dir, wenn es wirklich sehr kalt ist, ein Multifunktionstuch (Dreieckstuch) vor Mund und Nase bindest. Das ermöglicht es dir, alternativ über Mund und Nase ein und auszuatmen.

6 – Dem Kälteschock vorbeugen: In Nordamerika (und im Norden Europas) treten im Winter ab und zu Blizzards auf. Bist du in solchen Regionen unterwegs, besorg dir eine oder zwei Rettungsdecken (Notfalldecke, Gold/Silber, 210 x 160 cm) oder noch besser einen Blizzard-Überlebens-Schlafsack. Vergiss Kerzen nicht. Gerätst du in einen starken Schneesturm, der mit einem starken Temperaturabfall einhergeht, kannst du dich auf der windgeschützten Seite eines etwas größeren Baumes auf deinen Rucksack setzen, dir die Rettungsdecke überwerfen und die Kerzen darunter anzünden. Wichtig ist, dass du die vorderen Enden der Decke mit den Stiefeln am Boden hältst, während die hinter Seite von deinem Rücken festgehalten wird. Ist das Ganze dicht, wird es bald warm. Du wirst nicht erfrieren. Zum Erhalt der Wärme sollte die silberne Seite zum Körper gewandt sein. Vorsicht. Die Rettungsdecke (Folie) isoliert nicht, sie reflektiert nur die Körperwärme. In diesem Fall ist es die Körperwärme und die Wärme ausgehend von der brennenden Kerze. Wenn der Rucksack als Sitzgelegenheit ausfällt, sorge dafür, dass du etwas unter dir hast, was gegen Kälte isoliert. Die Folie kann auch als Notsignal herhalten. Ganz allgemein gilt, dass ein Notfall vorliegt, wenn auf freiem Feld eine solche Decke mit der goldenen Seite nach oben liegt. Hast du ein Feuer, so kannst du die Folie vertikal in deinem Rücken spannen. Die Wärme des Feuers wird verstärkt wiedergegeben. Alternativ dazu krabbelst du einfach in den Blizzard-Überlebens-Schlafsack.

7 – Wärme finden und erhalten: Halte im Schlafsack die Luftpolster so klein wie möglich. Bei großer Kälte kannst du diese Polster verkleinern, indem du Kleidungsstücke wie Pullover, T-Shirts und dicke Socken in den Schlafsack stopfst. Das zu erwärmende Luftvolumen wird verringert, Kältebrücken verhindert oder überwunden.

8 – Den richtigen Ort finden: Errichte dein Biwak nie oben auf einem Hügel, auf einer Bergkuppe, im Tal oder auf einer großen Lichtung. In allen Fällen bist du zu exponiert, den Winden und Schneetreiben zur sehr ausgesetzt. Baue dort, wo du auf natürliche Art und Weise schon etwas geschützt bist: mitten im Wald! An den Hängen. Unterhalb von Pässen auf der windgeschützten Seite.

9 – Den Körper vorbereiten: Den Umgang mit niedrigen Temperaturen kannst du lernen. Die Hardcore-Übung dafür sieht folgendermaßen aus. Wenn du früh aus dem Schlafsack (oder Bett) steigst, begib dich sofort nackt oder mit freiem Oberkörper ins Freie und reibe dich am gesamten Körper mit Schnee ab. Mach das eine Minute lang. Rubble dich mit einem groben Handtuch trocken und zieh dich warm an. Wiederhole das Ganze, bevor du dich schlafen legst. Du wirst sehen, wie genial dein Körper nach bereits einer Woche auf diese Behandlung reagiert. Ich hatte diese Technik bereits auf meinem EK-Lehrgang im Jahr 1983 gemacht und übe mich heute noch sehr oft in dieser Disziplin. Gehe ich bei Temperaturen um die 10 Grad minus mit dem Hund spazieren, trage ich oft nur ein T-Shirt und eine leichte Übergangsjacke. Körper und Geist haben sich an die Temperaturen gewöhnt. Wende diese Technik aber nur in der Vorbereitung an. Bist du Outdoor unterwegs, dann nimm davon Abstand, denn sich mit Schnee abreiben, fordert Energie. Und mit der solltest du gut haushalten.

10 – Ständiges Brainstorming: Bei großer Kälte wirst du feststellen, wie dein Gehirn regelrecht schrumpft. Nein, es wird nicht kleiner, aber dein Denkvermögen reduziert sich merklich. Geschieht das, neigst du dazu, Dinge zu tun, die ziemlich unlogisch, sogar dumm und deswegen potenziell gefährlich sind. Du musst also vordenken, solange du noch in der Lage dazu bist, wirklich klare Gedanken zu ‚*produzieren*'. Je nachdem, wie du körperlich beieinander bist, welche Kleidung du trägst, wie die Temperaturen sind, wie müde oder ausgelaugt vom Marsch du bist, wie dein interner Kalorienhaushalt aussieht. Es kann sein, dass dir nur eine Stunde bleibt, um die richtigen Entscheidungen für dein Überleben zu treffen. Auf den Punkt gebracht: Habe stets dein fertiges... *Was würde ich tun, wenn ...*-Szenario im Kopf. Beispiel: Du läufst durch den Wald, kommst an einem umgestürzten Baum vorbei. Dein erster Gedanke ist richtig. Sollte ein Unwetter kommen, kann ich zurückeilen und hier einen natürlichen Shelter finden. Du überquerst einen kleinen Bach. Hier könnte Wasser zu finden sein. An einem Steilhang siehst du eine alte, verfallene Holzhütte. Hier finde ich Holz zum Feuer machen und Unterschlupf. Mach das ständig. Frag dich immer und überall, was könnte mir von Nutzen sein, wenn das oder jenes passiert.

11 – Wasser ist Leben: Wenn kein fließendes Wasser vorhanden ist, greife auf Eis und Schnee zurück. Beachte, dass Eis mehr Wasser in kürzerer Zeit hergibt, als Schnee es könnte. Liegt kein akuter Notfall vor, dann vermeide es Schnee zu essen. Lutsch kein Eis, um den Durst zu stillen. Beides kühlt dich aus.

12 – Kälte ist Tod: Ist es sehr kalt, jedoch trocken (Herbst), dann stopfe dir trockene, welke Blätter oder trockenes Gras unter und in die Jacke/Hose. Hier erkennst du auch sofort den Vorteil, weite Kleidung zu tragen. Trockenes Gras und Blätter isolieren hervorragend gegen Kälte. Zeitungen wären noch besser, aber geh mal suchen.

Seid ihr im Gruppenrahmen unterwegs, solltest du diese Ratschläge nicht nur selbst strikt befolgen, sondern sie auch von deinen Mitstreitern einfordern und ständig prüfen. Du stehst in der Verantwortung für alle, so wie alle in der Verantwortung nicht nur für sich selbst, sondern für alle anderen stehen. Checkt euch gegenseitig und sagt, wenn was nicht passt.

Tipp: Sind deine Stiefel nass, mach ein Feuer. Rolle Steine in die Glut (Größe einer Zitrone). Sind die Steine warm (nicht jedoch glühend heiß), steck zwei oder drei in jeden Schuh. Die Schuhe trocknen schnell und von innen heraus! Bist du im Urwald, sind nasse Schuhe gar kein Problem. Diese Methode empfehle ich für kalte Gebiete im Herbst und im Winter.

Fortbewegung

Sich im Schnee fortzubewegen, kostet vor allem eines: Kraft! Ab einer gewissen Schneetiefe geht ohne Ski oder Schneeschuhe gar nichts mehr. Schneeschuhe lassen sich ohne großen Aufwand schnell improvisieren. Wir benötigen dazu nur die geeigneten Hölzer, etwas Paracord, unser Survivalmesser und in Ermangelung einer Bindung einen schmalen Gurt (Gürtel). Du kannst die Dinger aber auch kaufen.

Schutz gegen die Kälte und Kälteeffekte

Im Winter ist ein Grubenfeuer (oder Dakotafeuer, siehe Kapitel *Feuer machen*) anderen Varianten vorzuziehen. Das geht aber nur, wenn der Boden nicht gefroren ist. Der Vorteil von Grubenfeuern liegt auf der Hand. Du kannst das Feuer sehr nahe an der Liegestelle machen, ohne dich zu verbrennen. Du kannst es liegend ständig mit Brennholz versorgen und kommt der Zeitpunkt, an dem du müde wirst, lässt du das Feuer einfach herunterbrennen. Die Glut wird sich langsam konsumieren, da nur wenig Sauerstoff ans Feuer gelangt. Beim Dakotafeuer kannst du das aber sauber regulieren. Wenn du dich früh aus dem Schlafsack schälst, ist dein Aktivitätslevel zunächst sehr bescheiden bis niedrig. Genauso niedrig sind die Temperaturen. Du darfst jetzt keine unnütze Energie verlieren. Ziehe dich sehr schnell und sehr warm an und bleibe in diesem Energiesparmodus bis nach dem Frühstück. Sobald du dann aktiv wirst: Abbau des Biwaks, Rucksack packen, Feuerlöschen etc. Du kannst auch damit beginnen, deine Kleidung progressiv zu verringern. Wenn du leicht fröstelst: Gut so! Natürlich kannst du dir auch sagen (habe ich leider oft gesehen), dass du es lieber warm haben möchtest und bis nach oben vermummt loslaufen. Das wäre dumm, denn es hätte zur Folge, dass du schon ein oder zwei Kilometer weiter wieder anhalten musst, um deine Schalen abzulegen, weil du ins Schwitzen gerätst.

Wieder unterwegs kann es passieren, dass du mit Schnee bedeckt wirst. Du fällst, es beginnt zu schneien oder du stößt gegen einen Baum und der Schnee rieselt auf deine Kleidung. Sind die Temperaturen um den Nullpunkt oder ist es gar wärmer, dann schüttele den Schnee sofort ab. Tust du es nicht, riskierst du, dass er schmilzt und du nass wirst. Liegen die Temperaturen aber weit unter dem Gefrierpunkt, so habe ich es mir angewöhnt, den Schnee an Hose und Jacke zu lassen. Der Schnee friert zu einer Eisschicht, die Kleider werden starr und steif und schützen so effizient gegen Wind und Kälte.

Schütze deine Augen. Gletscher, Eis, Schneewüsten: Eine nicht zu unterschätzende Gefahr im Winter ist das Erblinden. Von Schneeblindheit spricht man, wenn die Oberfläche der Hornhaut aufgrund von zu starker UV-Bestrahlung geschädigt wird. Die negative Wirkung der UV-Strahlen wird durch die Reflexion des Lichtes auf Schnee und Eis verstärkt. Die Zellen der Hornhaut sterben ab, es kommt zu einer Entzündung im Auge. Das kann sehr schmerzhaft sein. Du merkst es meist daran, dass du die Augen nicht mehr öffnen kannst oder nur zu winzigen Schlitzen. Die Augen tränen, du siehst die Bilder verzerrt. Am besten ist, du trägst eine Gletscher- oder Sonnenbrille. In Ermangelung einer solchen kannst du durch eine einfache Methode mit wenig Zeitaufwand Abhilfe schaffen. Fehlt beides, suche Erde, mach Schlamm draus und beschmiere Gesicht, Hals und Hände dick mit Matsch.

Wenn du Elemente (Essgeschirr – Trinkflasche oder Tasse) aus Metall benutzt, umwickle den Bereich, der mit deinen Lippen in Berührung kommt mit Gewebeband. Sonst kann es passieren, dass deine Lippen am Metall kleben bleiben. Das ist nicht lustig.

Unterkunft / Unterschlupf

Unterkunft und Unterschlupf in strengen Wintern sollen uns vor den Gezeiten schützen. Demzufolge müssen sie stabil und gut gelüftet sein. Sie müssen Wärme spenden und diese Wärme auch halten und sie sollen nicht zur Falle werden. Genau nach diesen Kriterien suche ich zunächst nach natürlichen Unterkünften wie Höhlen, kleineren Erdlöchern, Felsüberhängen oder hohlen Baumstämmen, die es durchaus in notwendiger Größe auch bei uns in Europa gibt. Doch

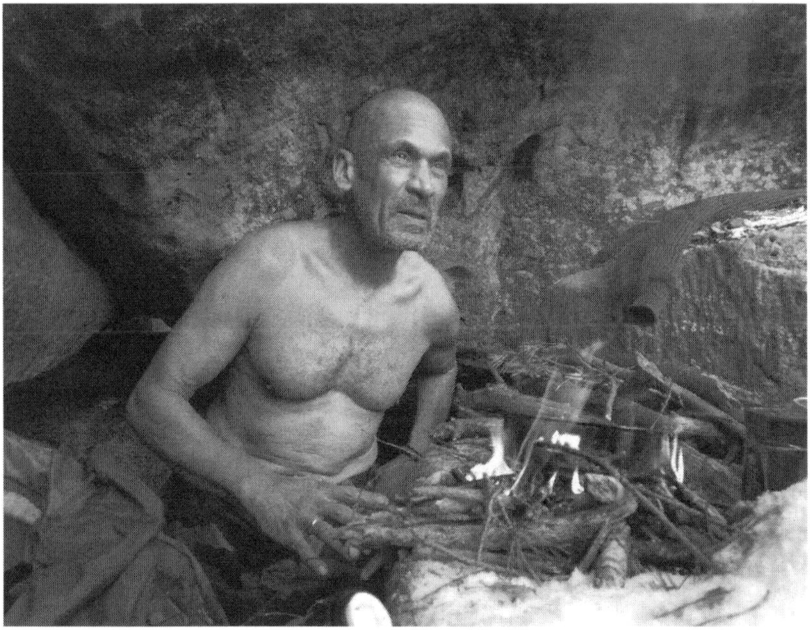

Vorsicht: Diese natürlichen Shelter könnten bereits bewohnt sein (oder bewohnt gewesen sein). Bär, Fuchs, Ratten, Schlangen und Co. lassen grüßen. Vielleicht sind diese Tiere nicht sehr erfreut, wenn man sie stört. Sicher aber geht von ihren zurückgelassenen Fäkalien, von Haut und verwesten Tieren eine Gefahr für uns aus. Des Weiteren ist es oft so, dass besonders Höhlen nicht immer gelüftet sind, es könnten sogar Gase entstanden sein, die uns, wenn wir sie einatmen, zur Gefahr werden. Ein Sauerstoffmangel in Blut, Organen oder Gehirn entsteht durch eine hohe Konzentration von Kohlenmonoxid. Beginnst du plötzlich am ganzen Körper zu schwitzen, dann ist das ein Alarmsignal.

Tipp: Bevor du in eine Höhle eindringst, zünde eine Kerze an und halte sie mit weit ausgestrecktem Arm vor dir. Beginnt sie zu flackern oder geht gar aus, stopp! Keinen Meter weiter! Mache, wenn es geht, in der Höhle nur ein kleines Feuer. Du weißt nicht, wie das Felsgestein auf Hitze reagiert. Im schlimmsten Fall werden hundert Tonnen Granit dein letztes Ruhebett.

Das Schneeloch, vielleicht deine einzige Rettung! *Bäume um dich herum beginnen sich zu biegen. Es wird brutal kalt. Du spürst plötzlich einen eisigen Wind im Gesicht. Eispartikel tanzen und flimmern vor deiner Nase. Du nimmst wahr, wie es auf einmal merklich dunkler wird, du hebst gleichzeitig den Blick und siehst, wie auf einem weiter entfernten Hügel eine riesige Schneewand durchs Unterholz fegt. Ein feines, undefinierbares Pfeifen dringt an dein Ohr, Stahl liegt in der Luft. Die Farben ändern sich. Grau, blau, weiß lösen sich ab. Angst macht sich in dir breit. Dein Urinstinkt, sollte er nicht schon verkümmert sein, sendet Warnsignale. Und die sprechen eine klare Sprache: Bring dich in Sicherheit so lange noch Zeit ist!*

Ich habe solche Szenen hier in Schwedisch Lappland schon drei oder vier Mal selbst erlebt. Es ist der Wahnsinn. Die heftigen Schneestürme, begleitet von schier unglaublichen Temperaturstürzen, sind wie ein plötzlich vor dir auf der Straße auftauchender, mit Höchstgeschwindigkeit auf dich zurasender Bulldozer. Siehst du einen auf dich zukommen, gilt es sofort zu handeln: Denke nach, schau dich um. Nur das Einfachste kann dich jetzt vor dem Erfrieren retten. Das Schneeloch! Du gräbst es mit bloßen Händen, wenn es sein muss. Du wühlst dich mit deinem Körper in den Schnee (oder du nimmst deinen Klappspaten). Günstig wäre eine Anlehnung an einen Hang auf der windabgewandten Seite, aber verlier keine Zeit auf der Suche danach, denn alles muss schnell gehen. Einer besonderen Technik bedarf es nicht. Grabe schnell. Grabe ein einfaches Loch schräg in den Schnee. Es soll zunächst so groß werden, dass du mitsamt Ausrüstung gerade mal so hineinpasst. Hast du dich vor dem eisigen Wind in Sicherheit gebracht, kann das Loch langsam erweitert werden. Mach es so groß, dass du dich darin gut bewegen kannst. Ziehe, falls nicht schon geschehen, wasserdichte oder wasserabweisende, warme Klamotten an. Deinen Rucksack kannst du von innen gegen die Öffnung stellen. Sind draußen minus 20 Grad, dann hast du drinnen plötzlich Temperaturen um den Nullpunkt. Das momentane Überleben ist gesichert. Vor allem auch dann, wenn du zwei, drei Kerzen anzündest. Ein Feuer solltest du aber auch dann nicht machen, wenn das Schneeloch sehr groß geraten ist. Dein Unterschlupf könnte zur tödlichen Falle werden.

Denk daran: Das Schneeloch ist eine Notunterkunft. Sobald der erste Ansturm des Schneesturms vorüber ist, was durchaus einen halben Tag oder die halbe Nacht dauern kann, geht es für dich weiter.

Das Iglu: Im Zuge der noch anhaltenden Ukrainekrise erfuhr ich über Informanten aus der Tschechei, dass im Winter 2021/2022 nicht wenige Ukrainer ihre Städte verlassen hatten, um im Wald in Iglus zu leben. Ziel dieser Aktion war es, abseits von potenziellen militärischen Zielen eine relative Sicherheit zu finden. Im tiefen Wald, so sagten sie sich zu Recht, gab es nichts, was es wert war, angegriffen zu werden. Das war die eine Wahrheit. Die andere war, dass es sich in einem gut gebauten Iglu sehr gut leben lässt, auch über einen längeren Zeitraum hinweg. Was wir zum Überleben benötigen: Wasser, Wärme und Nahrung. Ich habe bereits mehrere Iglus gebaut. Zu dem Zeitpunkt, an dem ich diese Zeilen schreibe, wir haben Februar 2022, steht eines davon nur etwa 500 Meter von meiner Haustür entfernt. Es ist recht groß. Zwei erwachsene Personen könnten problemlos darin schlafen und darin eine Woche oder länger hausen. Das Bemerkenswerte an diesem Iglu ist:

- Es hat eine Luftzufuhr (Loch oben).
- Ich brauchte nur acht Stunden, es zu bauen (hast du mehr helfende Hände parat, umso besser).
- Es ist so stabil, dass ich bedenkenlos darauf herum klettern kann.
- Die Temperatur innen ist, um es mit zwei Worten zu sagen: kuschelig warm.

Die zum Bau notwendige Technik:

1 – Hebe im tiefen Schnee einen Graben mit folgenden Dimensionen aus.

Länge: 3 Meter.
Breite: 1 Meter.
Höhe: 1,2 Meter.

2 – Häufe den Aushub immer auf dieselbe Stelle außerhalb des Grabens. Mit der Zeit entsteht dort eine Schneekuppel. Steige jetzt mit Skiern oder Schneeschuhen auf die Kuppel und stampfe den Schnee richtig fest.

3 – Ziehe vom Graben ausgehend einen Schacht in den Schneeberg, bis das Zentrum der Kuppel erreicht ist. Der Aushub wird nach draußen evakuiert.

4 – Grabe dann so lange in Höhe und Breite, bis der Innenraum groß genug ist. Sondiere ständig mit einem dünnen Stecken nach allen Seiten die Dicke der Wand. Dünner als 35 Zentimeter sollte sie nicht werden.

5 – Ein Kältegraben und ein gestochener Rauchabzug vervollständigen das Ganze. Der Eingang kann mit Schneequadern oder mit Rucksäcken geschlossen werden. Drei, vier Kerzen oder gar ein kleines Feuer schaffen die nötige Wärme. Im Iglu können die Temperaturen derart ansteigen, dass man sich darin problemlos mit nacktem Oberkörper aufhalten kann. Um es sturmfest zu machen, übergießen wir unser Bauwerk kurz vor Einbruch der Dunkelheit mit kaltem Wasser (falls ein Bach in der Nähe ist und die Nacht sehr kalt wird), damit die Kuppel zu hartem Eis gefriert. Ist das Iglu richtig gebaut, so sieht es von Weitem wie eine Schneewehe, nicht aber wie eine effiziente Behausung aus. Auch taktisch gesehen heißt es daher für dich: Daumen hoch! Beachte: Stelle sicher, dass immer Eingang sowie Rauchabzug an der Decke etwas geöffnet sind. Die Einsturzgefahr? Sind die Temperaturen ständig im Minusbereich, ist die Gefahr hypothetisch, aber verliere diese Eventualität nicht aus den Augen.

Das Grab: Wenn sehr viel Schnee liegt, hier eine Technik, die dein Leben retten kann, solltest du von einem Schneesturm oder einen Blizzard überrascht werden oder einfach eine schnelle Unterkunft benötigen. Hebe ein Loch aus, dass die Form eines Grabes hat. Grabe so lange im Schnee, bis das Loch einen Meter tiefer ist als dein darin liegender Körper. Jetzt legst du eine dreißig Zentimeter dicke Schicht Zweige und Äste im Loch aus. Ist das getan, bedeckst du 3/4 des Loches von oben mit Stangen, dann Ästen und zum Schluss mit Zweigen. Darauf häufst du 50–60 Zentimeter Schnee. In dem Bereich, der nicht abgedeckt ist, machst du ein Feuer im Graben. Solltest du länger als geplant in deinem Grab verbringen müssen, denke daran das Eis, dass sich unweigerlich an den Wänden bildet, abzukratzen. Im Gegensatz zu Schnee isoliert Eis nicht. Damit die Luft im Grab gut zirkuliert, wird dort, wo sich dein Kopf befindet (liegende Position) die Decke mit einer dicken Holzstange durchbohrt, sodass ein Loch entsteht. So kann der Rauch abziehen. Erfahrungen haben gezeigt: Sollten draußen Temperaturen von ca. minus 35 Grad vorherrschen, so hast du im Grab deine Ruhe bei herrlichen 0 Grad. Sollte nicht der Mond vom Himmel direkt auf dein Grab fallen, ist dein Überleben zunächst mal gesichert.

Für Soldaten: Ob Schneeloch, Iglu oder Grab, vergesst nie, dass eure Waffe schwitzt, wenn sie von draußen nach drinnen mitgenommen wird. Von kalt, also zu warm. Es bildet sich unweigerlich Kondenswasser. Wartet eine Stunde, reibt sie trocken und reinigt sie, wenn nötig. Tut ihr das nicht, kann es passieren, dass, sobald ihr die Waffe wieder mit nach draußen zum Einsatz nehmt, wichtige Teile eingefroren sind. Solltet ihr dann abdrücken, fällt eventuell kein Schuss! Das wäre dumm, oder? Was die Munition angeht, so sollte sie denselben Temperaturen ausgesetzt sein wie die Waffe. Dein Körper benötigt 4000 Kalorien. Hat er die nicht, sinkt dein Kampfwert rapide. Deine ständige Sorge sollte sein: Schutz vor Sicht. Schutz vor Waffeneinwirkung des Gegners. Eigene Waffe und Munition funktionstüchtig. Genug Essen und ausreichend zu trinken. Du selbst warm und trocken. Nur so kannst du deinen Auftrag ausführen.

Üben, üben, üben oder – Vorbeugen ist besser als heilen: Dieser Spruch sollte nicht nur im Zusammenhang mit einer gesunden Lebensweise, sondern allgemein für alle Outdoor- und Bushcraft-Unternehmungen gelten. Was ich damit sagen will, ist Folgendes. Du hast Freunde? Klar! Organisiere drei Nächte im Monat mit deinen Freunden, um den Ernstfall (Real Survival) zu üben. Im Garten, wenn es sein muss oder im Waldstück nebenan. Schnappt euch den Rucksack wie beschrieben und los geht's. Setzt euch bei jedem Treffen ein anderes Ziel. In der ersten Nacht baut ihr ein Iglu, in der zweiten jeder sein Schneeloch und in der dritten jeder sein Grab. Zum Abschluss macht ihr ein Feuer. Trinkt Kaffee, seid fröhlich und redet viel miteinander. Gerne auch bei künstlichem Licht und mit Musik. Es soll in aller erster Linie Spaß machen. Nach Fertigstellung betrachtet euer jeweiliges Werk und erörtert, was gut war und was nicht. Wo waren die Schwachpunkte, wo die Stärken? Wie lange habt ihr gebraucht? Welche Mittel kamen zum Einsatz und erfüllten diese Mittel ihren Zweck? Ziel dieser Treffen ist es, sich die Abläufe einzuverleiben, Schwachstellen oder Stärken an Körper, Geist und Ausrüstung herauszufinden und offen darzulegen. Diskutiert darüber. Bei solchen Workouts kommt generell Erstaunliches zu Tage. Und sei es nur die Feststellung, dass dein Equipment ungeeignet, der Spaten des Freundes besser, seine Handschuhe wärmer oder der Feuerstarter des zweiten Kumpels totaler Schrott ist. Dass ich mit der Kälte gut oder eher gar nicht klar komme. Letzteres könnte an einer den niedrigen Temperaturen nicht angepassten Bekleidung liegen, wobei wir schon beim nächsten Punkt wären.

Die Bekleidung

Bevor ich hier Tipps für Anfänger gebe, hier mal meine erste persönliche Überlegung. Ich trage Schuhe von *Viking*. Hauptsächlich aus drei Gründen. Die Dinger sind verdammt warm, wasserfest und sie haben einen *BOA-Verschluss*. Letzterer macht das An- und Ausziehen zum Vergnügen: drei Sekunden und fertig! Ob Fäustlinge, dicke Handschuhe oder gefrorene Finger, es geht immer ratzfatz. Und das soll es auch. In Real-Survival-Situationen ist Zeit ein ausschlaggebender Faktor. In den Schuhen trage ich zwei Paar Socken. Das erste Paar liegt eng am Fuß, das zweite ist konsequenterweise etwas größer. Meine Hose stammt aus französischen Militärbeständen. Sie ist nicht die Wärmste, dafür aber hat sie rechts und links sehr große Beintaschen, in denen ich einen Teil des Survival-Kits unterbringe. Es ist dann sofort am Mann. Wegen der Kälte ist das okay. Ich ziehe dann ab minus 10 auch hier zwei, drei Schichten an, meist lange Unterhosen unterschiedlicher Größe. Der Oberkörper wird (wie bereits erwähnt) sauber *verzwiebelt*. Als äußere Schicht (Jacke) dient ein dicker Kapuzenpulli aus speziellem *Arctic-Stoff*, den meine Frau extra dafür geschnitten hat. Mütze, Handschuhe und Schal machen das Ganze komplett. Fäustlinge sind im Rucksack. Sie gehören zu den wichtigsten Bekleidungsstücken. Sie zu verlieren kann böse enden. Der Regenponcho ist Pflicht und gehört dahin, wo man ihn in drei Sekunden hervorholen kann. Hier in Schwedisch Lappland habe ich immer Gamaschen dabei. Warum? Na ja, es ist halt nun mal scheiße, wenn der Schnee in die Schuhe gelangt und du lange Zwangspausen einlegen musst, um die Dinger wieder trocken zu kriegen, was meist nie so richtig gelingt. Doch nun zu euch.

Die Winterbekleidung soll uns vor Kälte, Wind und Nässe schützen. Davon ausgehend, dass ich mehrere Schichten übereinander trage, kann abgeleitet werden, dass wir auch vor Verletzungen wie Kratzern, Bissen und Stichen gut geschützt sind. Gute Winterklamotten sollen die Beweglichkeit nicht beeinflussen. Die Durchblutung darf nicht behindert werden und (Jäger, Flucht, Militär) sie soll eine möglichst geringe Geräuschentwicklung aufweisen. Wie bereits erwähnt, ist eine Bekleidung in mehreren Schichten am besten geeignet. Zwischen den kurz bis lang variierten dünnen Lagen (5–7) werden gut isolierende Luftschichten geschaffen. Doch nicht nur das. Durch das Weglassen oder Hinzufügen einer Schicht kannst du die Isolierung auch gut regulieren.

Die äußere Schicht (Jacke): Sie soll alles, was darunter liegt, vor Nässe, Kälte und Wind schützen. Ihre wichtigste Eigenschaft? Sie ist atmungsaktiv. Wäre sie das nicht, könnte sich Kondenswasser bilden. Natürlich bietet sich auch hier wieder Gore-Tex an, obwohl es auch sehr effiziente Mischgewebe aus Baumwolle und Polyester gibt. Man spricht hier von *Polycotton.*

Die innere Schicht (sagten wir Zwiebel?): Alles ist abhängig von der Witterung und der Temperatur. Ob man sie gleich anzieht oder erst bei Bedarf: Lange Unterwäsche muss auf jeden Fall mit. Sie leitet den Schweiß von der Haut weg und isoliert. An richtig kalten Tagen trage ich Thermo-Unterwäsche aus Merinowolle oder Angora und komme prächtig damit klar. Um noch einmal auf diese Schichten einzugehen. Lass es gerne sieben Teile sein, wenn es ganz kalt ist. Nimm keine T-Shirts, die sehr eng sind, sondern sehr weite.

Die Schuhe müssen so groß sein, dass du locker zwei Paar Socken darin anziehen kannst und der Zeh noch etwas Platz hat. Leg dir Thermo-Einlegesohlen zu. Doch Vorsicht: Oft ist es tatsächlich so, dass die Schuhe mit Sohlen zu eng werden. Der Zeh verliert seinen Spielraum, der Schuss geht nach hinten los. Also so lange ausprobieren, bis es wirklich passt. Was Handschuhe und Mütze angeht, kommt auch hier ausschließlich das Zwiebelprinzip in Frage.

Handschuhe: Halbfinger. Ganzfinger. Fäustlinge. Die Halbfinger liegen eng an. Die Ganzfinger lassen sich problemlos darüber streifen und die Fäustlinge sind noch etwas größer, wasserdicht und sehr gut gefüttert. Die Fäustlinge sind unwahrscheinlich wertvoll für dich. Mach hier keine halben Sachen und lass sie teuer und von höchster Qualität sein. Und ja, in diesem Fall ist teuer auch meist recht gut. Als ich in der Jokkmokker Gegend (Polarkreisnähe) bei Freunden war, gab man mir Fäustlinge aus Wolfsfell. Was soll ich sagen: Selbst bei herrschenden minus 32 Grad hatte ich im Fahrtwind des Hundeschlittens warme Finger. Und so soll das sein. Fäustlinge müssen, wenn du sie trägst, so gesichert sein, dass du keinen davon verlierst. Dafür geeignet ist ein elastisches Band, das mit den Fäustlingen gut vernäht ist und über die Handgelenke gezogen wird. Ersatzhandschuhe dabei zu haben ist Pflicht!

Mütze: Eine Sturmhaube Typ *Balaclava* bietet guten Schutz im Nacken und Halsbereich sowie im Gesicht. Die Sturmhaube kannst du im Nacken tragen und erst über den Kopf ziehen, wenn du sie brauchst. Sie dient derweil als Schal. Darüber trägt sich eine Fell- oder Pelzmütze mit Schlappohren.

Weitere Tipps

Wenn du winterlichen Bedingungen ausgesetzt bist und dein Biwak einrichtest, kann es von Vorteil sein, ein richtig großes Feuer zu machen. Lass abends das Feuer dann zurückbrennen, bis nur noch die Glut da ist, verteile sie etwas über eine größere Fläche und schaufle eine Schicht Erde darüber. Dreißig Zentimeter haben sich bestens bewährt. Errichte deine Schlafstelle genau auf dieser Erde. Die Glut, obschon bald gelöscht, hat den Boden erwärmt und die Hitze strahlt einen Großteil der Nacht hindurch.

Rentiere sind nicht sehr scheu (siehe auch Gabelbock). Wenn du es schaffst, ein Rentier anzulocken (durch Schwenken deiner Jacke zum Beispiel), könntest du es mit etwas Geschick und etwas Glück mit deinem selbst gemachten Speer oder Pfeil und Bogen zur Strecke bringen.

Wüste

In der Wüste lauern überall Gefahren. Meist sind sie unsichtbar. Wenn du psychisch instabil bist, geh nicht in die Wüste. Du wirst möglicherweise ihr Opfer werden. Die Wüste, egal welche, ist sehr dominant. Bist du psychisch stark, wirst du stärker zurückkommen. Du wirst von ihrer Dominanz in höchstem Maße profitieren.

Geh niemals allein in die Wüste: Besser ist es, ihr bildet eine Gruppe. Geht nie ohne ein adäquates Equipment, nie ohne einheimische Führer, nie ohne Funk oder GPS. Aber Führer oder nicht: Beobachtet euch ständig gegenseitig. Sucht nach Anzeichen von Schwäche, Verwirrtheit und Orientierungslosigkeit. Hat jemand von der Gruppe Probleme, sich klar und deutlich auszudrücken, hat jemand glasige Augen, ein knallrotes oder sehr weißes Gesicht: stopp! Legt sofort eine Pause ein. Wenn ich sage Pause, meine ich auch Schatten. Schlag dein Biwak oder Nachtlager niemals in einem Wadi oder einem trockenen Flussbett auf! Niemals!!! In den Wüsten des Maghreb (Marokko, Algerien und Tunesien), man möge mir glauben oder nicht, kamen bislang mehr Menschen durch Ertrinken ums Leben als durch Hitzeschäden. In sehr vielen Wüstengebieten dieser Erde ist der Mensch die größte Gefahr. Dort nämlich, wo Kriege tobten oder noch immer andauern. Teilweise lauern Antipersonenminen in weiten Regionen einstiger Krisengebiete. Auch gibt es im Norden Afrikas ständig eine Migration nach Norden. Die Rede ist vom Menschenhandel, also von moderner Sklaverei. Denn nichts anderes ist diese Art von Migration. Dort sind Helfer und Begleiter von Schleusern am Werke, die erst schießen und dann fragen, weil sie Angst haben, dass ihr lukratives Geschäft aufgedeckt wird. Andere Wüsten sind menschenfeindlich, nicht etwa in erster Linie wegen den Menschen, sondern weil es kein oder oft nur temporär Wasser gibt. Zum Beispiel in der als hyperarid eingestuften

Rub al-Khali in Saudi-Arabien. In den Jahren zwischen 2004 und 2008 war ich selbst dort. Mein Fazit war ernüchternd: Hier wollte ich nicht begraben sein! Die Temperaturen erreichen teilweise 60 Grad. Die Wüste glänzt durch fast völlige Abwesenheit von Menschen und triffst du welche, ist Vorsicht geboten. Aber auch die nördliche Wüste Saudi-Arabiens hat es in sich. Selbst dann, wenn man im Gruppenrahmen jedoch unbewaffnet unterwegs ist.

Ein Beispiel, das zeigt, wie gefährlich Wüsten tatsächlich sein können:

Wir schreiben die dritte Woche des Februars 2007. Ein Konvoi aus sieben Fahrzeugen verlässt Riad in Richtung Nordwesten. Das Ziel ist die Ausgrabungsstätte Mada'in Salih, 400 Kilometer nördlich von Medina. Es waren sechsundzwanzig Männer und Frauen, mehrere Familien mit Kindern, Franzosen und Belgier. Vier von ihnen sollten Riad nie wiedersehen. Bei Tabuk legten sie eine Pause ein. Das war unweit der Grenze zum Irak, nur einen Katzensprung entfernt von der Ausgrabungsstätte Mada'in Salih, dem Friedhof aus Palästen. Hier befanden sie sich in einer Region, in der nur Muslime sich aufhalten sollten, weil es alte heilige Stätten sind (wie Mekka und Medina). Sie waren unbewaffnet und ohne Polizeieskorte in ein Gebiet eingedrungen, das Unvorsichtigen schnell zur Falle werden konnte und genau das war es auch: Eine tödliche Falle! Ein Killerkommando mit Verbindungen zu al-Qaida überfiel den Konvoi. Die Terroristen fuhren mit ihren Pick-ups vor, stiegen mit Kalaschnikows in den Händen aus, liefen schnurstracks auf die völlig überrumpelten Europäer zu, fragten nach derer Nationalität und feuerten noch im Laufen. Zwei Männer starben im Kugelhagel, ein dritter erlag seinen schweren Verletzungen nur einige Stunden später. In einem Krankenhaus in Medina verstarb einige Tage darauf das vierte Opfer. Es war ein sechzehnjähriger Junge. Er hatte drei hässliche Schusswunden und es war ein Wunder, dass er überhaupt so lange überlebt hatte. Nach der Tat verschwanden die Terroristen ohne ein Wort. Sie stahlen nichts. Sie vergingen sich nicht an den Frauen. Sie beachteten die Kinder kaum. Sie waren nur gekommen, um die Männer zu töten. Eines dieser Ehepaare (zu den Überlebenden zählend) kannte ich sehr gut. Sie haben mir die Geschichte erzählt.

Hier einige Regionen, bei denen Vorsicht geboten ist:

- Die **Wüste Danakil:** Insbesondere die Region um den Lac-Assal (Assalsee) in Dschibuti. Der See liegt circa 157 Meter unter dem Meeresspiegel. Dort herrschen teilweise Temperaturen von bis zu 65 Grad Celsius. Es ist der heißeste Ort, den ich je besucht habe.
- **Death Valley (Tal des Todes) in der Mojave-Wüste:** Im Sommer 1996 kam eine deutsche Familie im Tal des Todes ums Leben. Als Todesursache wurde Dehydration angegeben.
- **Die Sahelzone:** Sie zieht sich vom Osten ausgehend über den Sudan, Tschad, dem Osten und Norden der Zentralafrikanischen Republik. Niger, Nigeria, über Mali bis nach Mauretanien. Alle genannten Länder sind oder waren Krisengebiete. Den Tschad sowie die Zentralafrikanische Republik kenne ich von früheren Aufenthalten sehr gut. Hier treiben unzählige bewaffnete Poacher (Wilderer) ihr Unwesen. Sie auf frischer Tat zu erwischen, erfordert Mut und führt im besten Fall zu einem schnellen Tod. In Nigeria wütet Boko Haram und in Mali der IS. Im Norden Dschibutis hat eine kleine Minderheit der FRUD Rebellen (Afar) bisher alle Friedensabkommen offiziell abgelehnt. Sie greifen nur allzu gerne nach den Waffen, genauso wie einige Tuareg in der westlichen Sahara. Letztere stehen in engem Kontakt mit islamistischen Terrornetzwerken wie ISIS al-Qaïda des Islamischen Maghreb (AQMI). Nimm nur dann Kontakt mit diesen Menschen auf, wenn der Durst übermächtig wird. Du erkennst sie oft an Mopeds und Motorrädern. Sie sind immer zu zweit. Und sie sind immer bewaffnet. Sind keine anderen Zeugen in Sicht, bist du das ideale Opfer. Tote reden nicht!

Aller Gefahren zum Trotz lohnt es sich, einen Trip in die Wüste zu unternehmen. Die Stille, die spektakulären Sonnenauf- und Sonnenuntergänge. Die von keinem künstlichen Licht gestörte stockdunkle Nacht, hell leuchtende Sterne. Die Konfrontation mit der Weite und schließlich mit sich selbst. Es sind Sensationen, die du nie vergessen wirst. Ich war vier Mal in Dschibuti, einmal im Tschad und unzählige Male in der nördlichen Savanne der Zentralafrikanischen Republik.

Das wichtigste Gedankengut, das ich von dort mitnahm, war, dass Wasser nicht mit Gold aufgewogen werden kann. In der Wüste, mehr als anderswo, bewahrheitet sich der Satz: Wasser ist Leben. Wir hatten es zu einem Grundprinzip gemacht pro Person und pro Tag sieben Liter Wasser mitzuführen. Fürs Kochen, zum Rasieren, zum Trinken! Das war eine reiche Variante und kommt bei längeren Aufenthalten natürlich nur in Frage, wenn du motorisiert bist. Zu Fuß ist die Rechnung einfach: Du musst dich nicht rasieren und Kochen entfällt, was den täglichen Wasserbedarf auf 4,5 Liter reduziert. Trage in der Wüste helle und weite Kleidung, aber keine Shorts oder kurzärmlige Hemden. Denke an einen Hut und vergiss Sonnenbrille und Sonnenschutzcreme nicht. Besser noch als einen Hut, besorg dir einen chèche, den Schal der Wüstenbewohner. Gut gebunden schützt er Kopf, Hals, Gesicht und Nacken gleichzeitig gegen Wind, Hitze und Kälte.

Der Yoboki-Marsch: Bevor ich weitere Tipps zum Überleben in der Wüste gebe, hier mal einige Hardcore-Erfahrungen aus der Praxis. Im Frühjahr 1990 nahm ich mit meiner Kompanie an einem Manöver im Südwesten Dschibutis teil. Wir kamen per Fallschirmsprung über der Wüste Gagadé zum Einsatz. Es war heiß. Nein, es war sehr heiß. 45 Grad während des anschließenden Gewaltmarsches in Richtung Yoboki, einem kleinen Dorf in den Bergen. Welsh, der englische MG-Schütze meiner Gruppe, klagte im Laufen über Schwindel und Kopfschmerzen. Er kotzte zwei, drei Mal, lief aber weiter. Hundert Meter weiter bergauf kippte er plötzlich aus den Stiefeln. Ohne ein Wort und ohne irgendwelche Vorzeichen sank er zu Boden und rührte sich nicht mehr. Wir waren sofort bei ihm, spannten einen Poncho (Schatten), machten seinen Oberkörper frei, besprenkelten Gesicht und Brust mit Wasser (Kühle), fächelten ihm Luft zu und ließen ihn Wasser in kleinen Schlucken trinken. Nach fünfzehn Minuten konnte er weitermarschieren. Na ja. Er musste weitermarschieren, die Fremdenlegion ist eben kein Chorknabenverein. Gegen Mitternacht kämpften wir immer noch mit Temperaturen um die dreißig Grad. Die Hälfte unserer individuellen Wasserration war aufgebraucht, Reserven hatten wir nicht. Mittags darauf wurde ein Dutzend Legionäre per Helikopter Puma ausgeflogen. Sie waren körperlich am Ende. Einige hatten einen Sonnenstich, alle litten unter Dehydration. Für uns ging das Manöver weiter. Am Abend zog ich mit einem Trupp los, um in der ariden Steinwüste nach Wasser zu suchen. Zwei Mann auf den Fersen, alle leeren Wasserflaschen der Gruppe in unseren Rucksäcken, machten wir uns auf den Weg. Unser Ziel war ein etwas nördlicher gelegenes Wadi. Je näher wir dem Talweg kamen, desto mehr häuften sich die Anzeichen dafür, dass irgendwo in der Nähe Wasser sein musste. Woher wir das wussten? Nun, scheinbar aus dem Nichts auftauchende Libellen und Fliegen drängten alle in dieselbe Richtung. Ich sah zuerst Kamelspuren und dann etwas weiter eine Wasserlache. Letztere stank bestialisch. Für den menschlichen Genuss war das Wasser unbrauchbar. Kamele hatten ihre Notdurft darin verrichtet. Einer meiner Legionäre stürmte beim Anblick des Wassers nach vorne. Mit Gewalt mussten wir ihn daran hindern, von dieser ekligen Brühe zu trinken. Ich beschloss fünf Meter daneben ein Loch zu graben, denn das Wasser schien direkt unter der Oberfläche zu liegen. Wir hatten Erfolg.

Während des gleichen Manövers schickte mein Gruppenführer Martin (ebenfalls ein Brite), ein GCP-Soldat, einen Scharfschützen zu einem Beobachtungsposten. Genau ein Jahr später, im Februar 1991, nahm Martin an der Stürmung der Wüstenanlage AS-Salman im Irak teil und wurde bei der Gelegenheit durch eine Blastermine verletzt. Aber zurück zum Scharfschützen auf dem Weg zu seinem Posten. Stevenson, der Schütze, hungrig und durstig und vom Marsch noch ziemlich mitgenommen, stand auf, schnappte sich die Waffe und seine Musette (kleines Kampfgepäck). Er lief los. Wir folgten ihm mit unseren Blicken. Bereits nach 50 Metern geriet er ins Straucheln und fiel. Er rappelte sich auf, lief weiter im eleganten Zickzack den Hügel hoch, blieb stehen, sah sich um, lief schließlich in eine völlig falsche Richtung davon und war schon bald nicht mehr zu sehen. Martin gab mir den Auftrag, ihm auf Entfernung zu folgen, um sicherzustellen, dass er den vordefinierten Beobachtungsposten erreichte. Ich folgte ihm, alles war gut. Er brachte sich in Position und führte seinen Auftrag aus. Aber dennoch: Die Hitze hatte ihn ausgelutscht. Die Hitze war sein ärgster Feind. Irgendwann, ich gebe zu, nicht zu früh, kam über Funk die Meldung: Übungsende! Das Manöver war vorbei. Bezüglich der stinkenden Wasserlache kam ich knapp einen Monat später durch dasselbe Wadi. Die Neugier ließ mich kurz dort verweilen. Ich sah nach. Die Pfütze hatte sich in Luft aufgelöst, der Boden war an dieser Stelle furztrocken. Ich nahm meinem Spaten (Pelle-US) und grub. Nach ein paar Spatenstichen stieß ich zuerst auf nassen Sand, und schon bald darauf sickerte Wasser in das etwa sechzig Zentimeter tiefe Loch. Es war gleich so viel Wasser, dass ein Mann damit zwei oder drei Tage überleben könnte. Für mich war es die Bestätigung von dem, was ich eh schon wusste. Selbst in der trockensten Wüste gibt es Wasser. Auch wenn man es mit bloßem Auge zunächst nicht sieht. Real Survival ist also auch hier unter der Bedingung garantiert, dass man zwei Dinge weiß. 1. Wo man nach Wasser suchen muss. 2. Man muss etwas Glück bei der Suche haben. Bevor wir uns nun gemeinsam auf die Suche nach Wasser begeben, stellen wir uns erst die Frage, was bei genannten Beispielen passiert ist. Welsh brachte alle Symptome mit, die auf einen Sonnenstich hinwiesen. Bei Stevenson kamen zusätzlich noch eine gehörige Portion Apathie und die offensichtliche Orientierungslosigkeit hinzu, während der Legionär, der so gerne aus der Wasserlache getrunken hätte, einfach nur die Nerven verloren hatte. Welsh und Stevenson hatten ohne Zweifel einen Hitzeschaden. Ob es nun ein **Sonnenstich**, ein **Hitzeschlag** oder ein **Hitzekollaps** war, möchte ich nicht beurteilen. Die Symptome bei einem Hitzekollaps sind:

- **Kopfschmerzen**
- **Erheblicher Durst**
- **Übelkeit**
- **Muskelkrämpfe**
- **Niedriger Blutdruck**
- **Finaler Kreislaufkollaps**

Beim Hitzschlag treten als weitere Symptome Körpertemperaturen von mehr als 40° C auf sowie Orientierungslosigkeit, Benommenheit und niedriger Blutdruck. Was tun? Schnelles Handeln ist angesagt. Hier einige wichtige (lebensrettende) Lösungsvorschläge:

- **Bring den Betroffenen sofort aus der Sonne.**
- **Lagere ihn flach (stabile Seitenlage).**

- **Kühlen: Kleider öffnen, feuchte Tücher auflegen, wenn möglich kaltes Wasser verwenden.**
- **Trinken: Wenn die Person bei Bewusstsein ist und nicht gerade kotzt, ist das Einflößen leicht salzhaltiger Getränke sehr hilfreich.**
- **Achtung: Kein Alkohol!**

Das wären schon mal die Erste-Hilfe-Maßnahmen vor dem Eintreffen des Notarztes, den du sicher schon gerufen hast.

So fand ich – und so findet ihr – in der Wüste Wasser: Alles was folgt, sind Erfahrungswerte. Ja. Die Wüste flößt den meisten Menschen Angst, zumindest aber Respekt ein. Sie mit dem KFZ oder gar zu Fuß zu durchqueren, dazu braucht es eine gute Organisation. Es braucht Wissen und Glück. Und wir müssen uns der Geheimnisse der Wüste besinnen. Heutzutage sind Wüstengebiete mit einem Straßennetz durchzogen. Haben wir uns verirrt oder sind auf der Suche nach Wasser (oder beides) gilt es, diesen stark frequentierten Wegen zu folgen. Je kleiner diese Wege sind (Pfad), desto größer ist die Chance, dass wir an ihrem Ende oder auf dem Weg auf Wasser stoßen. Über kurz oder lang führt jeder Wüstenpfad zu einem Brunnen, zu einer Oase oder zu einem Wasserloch. Das ist Gesetz! Kein Wüstenbewohner würde diesem Weg sonst folgen. Auch gilt es die Tiere, insbesondere die Vögel, ganz genau zu beobachten. Morgens und abends brauchen die meisten von ihnen ihre tägliche Wasserration. Fliegt ein Vogel sehr tief und kerzengerade wie ein Pfeil vor sich hin, ist sein Ziel zu fast 100 % eine Wasserstelle. Folge ihm. Beim Anblick eines oder mehrerer Insekten: gleiches Spiel. Vor allem Fliegen (Eintagsfliegen, Mücken, Moskitos) sind nie weiter als hundert Meter von einer Wasserquelle entfernt. Wenn es dir gelingt, herauszufinden, wohin sie fliegen, steigen deine Chancen zu überleben ins Unermessliche. Ein Wadi, ich hatte den Begriff bereits mehrmals genannt, ist ein enges Tal oder ein ausgetrockneter Flusslauf, der häufig erst nach langen Regenfällen Wasser führt. Wadis sind also saisonal wasserführende Gewässer. Oft ist es so, dass sich unter der trockenen Oberfläche Grundwasser sammelt oder sich einiger Orts gar eine Grundwasserquelle befindet. Grabe an der Außenseite der Flussbiegungen. Stößt du nach wenigen Stichen bereits auf feuchten Sand: Jackpot! Bald wird Wasser in die Grube sickern. Sollte das nicht der Fall sein, schaufle den feuchten Sand oder Schlamm in ein T-Shirt, drehe es oben zusammen und wringe es aus. Das so gewonnene Wasser ist braun? Es riecht nicht nach Wasser? Es ist eher dicklich? Spiel jetzt bitte nicht Prinzessin auf der Erbse, sondern trink das Zeug trotzdem. Trink, so viel du kannst. Es geht möglicherweise ums nackte Überleben!

Bau dir deine eigene Destillieranlage: Du findest möglicherweise eine bestialisch stinkende Pfütze. Und du weißt, wie du einem Wadi etwas Wasser abgewinnen kannst. Zusätzlich hast du deinen Urin. Was sagt dir das? Richtig! Zum Überleben holst du dir das Kondenswasser von allen dreien. Bau deine eigene Destillationswerkstatt. Grabe ein rundes Loch von genau fünfundvierzig Zentimetern Tiefe mit einem Durchmesser von 40 Zentimetern. Je größer der Durchmesser des Loches ist, desto mehr Verdunstung kann entstehen. Mehr Dunst, mehr Wasser. Uriniere in eine Tasse, einen Becher oder einen Topf (Essgeschirr dabei?). Füge das Schmutzwasser aus der Wasserlache oder das Schlammwasser aus dem Wadi dazu. Stelle das gefüllte Gefäß an einer Seite in das Loch. Füge einen zweiten leeren Behälter mittig dazu. Breite über dem Loch nun ein Plastikteil, eine kleine Plastikplane oder eine aufgeschnittene Plastiktasche aus. Das Loch

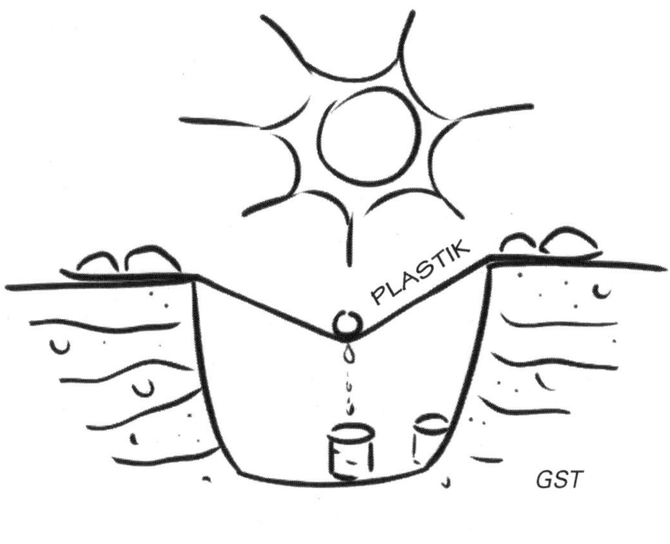

soll ganz abgedeckt sein. Befestige das Plastikteil oben am Rand mit Steinen und lege einen Stein mittig hinein, sodass eine V-Form entsteht. Der aufsteigende Dunst sammelt sich unter der Plane, fließt nach unten, trifft sich an der Stelle, an der der Stein liegt und tropft ab in den Behälter.

Viele Wüstenbewohner sind entweder Nomaden oder sie reisen aus geschäftlichen oder familiären Gründen viel und kehren wieder in ihre Heimat zurück. Ein gutes Beispiel hierfür wären die mit wertvoller Fracht (Salz) beladenen Kamelkarawanen, die von Dschibuti nach Äthiopien geführt werden. Diese Karawanen, die ich oft gesehen habe, sind wochenlang unterwegs. Ihre Führer sind sich des Wertes des Wassers sehr bewusst. Sie wissen, dass auf dem Weg liegende, unterirdische Wasserfelder durch Graben von Wasserlöchern oder von Brunnen zugänglich sind. Diese Brunnen, meist Zentrum von Dörfern und kleinen Siedlungen, ermöglichen das Überleben der Gemeinschaft. Dörfer und Siedlungen markieren den Verlauf uralter Pisten, denen die Karawanen in Afrika und auf der arabischen Halbinsel einst folgten. Sie sind auf keiner Karte eingezeichnet, jeder Einheimische aber kennt sie. Nur eben wir, die Europäer nicht. In Dschibuti, im Tschad und in Teilen der Sahara wird der Verlauf solcher Pisten entweder durch einen unscheinbaren, aber von weitem sichtbarem Steinhaufen oder durch einen im Sand steckenden Pfahl materialisiert. Oder aber auch durch ein Grab, auf dem oben ein großer Stein thront. Die Form des Steines und je nachdem, ob er oben rund und unten spitz (oder umgekehrt) auf dem Grab angebracht ist, gibt Aufschluss darüber, wer hier begraben liegt. Halte also nach solchen Indikatoren Ausschau.

- **Oasen, Dörfer, Karawanen**
- **Gräber mit Stangen, an denen bunte Fähnchen angebracht sind**
- **Weit sichtbare Steinhaufen**

Fernglas dabei? Eine Oase erkennst du schon von Weitem durch ein unwirklich scheinendes grünes Band, das leicht im Sonnenlicht reflektiert und das in der Hitze zu tanzen scheint. Sie ist meist von Palmen,

Gras und Schilf umgeben. Niemand wird dir den Zugang zu Wasser verweigern. Wahrscheinlich sogar lädt man dich zu einem *Eish ou Mileh* (Brot und Salz) einem kargen Essen unter Brüdern der Wüste ein. Ich hatte das ein oder andere Mal die Ehre. Man isst nicht etwa nur Brot und Salz, sondern verzehrt eine Handvoll Datteln, ein Glas Kamelmilch und Fladenbrot direkt vom Feuer. Oft gibt es dazu Chai, den süßen schwarzen Tee der Araber oder Beduinen.

Stein im Mund: Es ist in der Tat kein Märchen. Willst du Wasser sparen oder den Durst verdrängen, nimm einen haselnussgroßen Kiesel in den Mund und lass ihn dort über mehrere Stunden. Der Stein regt deinen Speichelfluss an. Den Speichel sollst du aber nicht ausspucken, sondern schlucken.

Den eigenen Urin trinken: Ich rate davon ab. Urin ist Körperabfall. Schmutz. Und der sollte aus dem Körper raus, nicht umgekehrt.

Sich in der Wüste fortbewegen und Gefahren: In der Wüste wirst du nicht länger als 48 Stunden ohne Wasser überleben, wenn die Temperatur 48 °C erreicht oder überschreitet. Und das ist in vielen Wüstengebieten der Fall. Und du wirst Grenzen gesetzt bekommen. Knallhart. Die maximale Entfernung nämlich, die du bei diesen Temperaturen ohne Wasser (oder ohne andere Flüssigkeitszufuhr) zurücklegen kannst, beträgt 8 km. Höchstens. Die meisten Tiere in der Wüste sind nachtaktiv. Tagsüber schlafen sie und das hat Gründe. Nimm dir ein Beispiel an diesen Bewohnern der Wüste. In der Zeit zwischen etwa 09h00 und 14h30 wird nicht marschiert. Schlafe in der Zeit oder ruhe dich aus. Such dir einen Platz im Schatten. Gibt es keinen Schatten, dann mach ihn dir. Eine große Anleitung dazu braucht es nicht. Stecken plus Stecken, das Tarp horizontal dazwischen gespannt und gut ist es. Gibt es keine Stecken, dann nimm deinen hochkant aufgestellten Rucksack auf der einen und deinen Feldspaten auf der anderen Seite. Die Seiten bleiben offen, damit der sanfte Wind durchbläst. Es ist nie windstill, auch wenn man das so wahrnimmt. Es ist auch die Zeit, um zu verpflegen. Trinke aber nie unmittelbar nach einer Gewaltanstrengung, sondern warte, bis dein Körper etwas abgekühlt ist. Trinke Wasser in sehr kleinen Schlucken. Iss etwas. Iss aber wenig.

Kaue sehr gut und kaue bedächtig. Bring dich in die Bedächtigkeit der Wüste. Werde Teil von ihr. Meditiere, wenn dir danach ist. Willst du etwas in der Wüste lassen? Ich meine, möchtest du etwas hinter dir lassen? Von deinem alten Leben? Dann ist jetzt die Zeit gekommen, sich davon zu verabschieden. Zieh die Wanderstiefel aus und halte nach Blasen an den Füßen Ausschau. Sind Steine in der Nähe, dann bleib von ihnen fern. Es gibt dort mit ziemlicher Sicherheit Skorpione. Sie lauern auf der Unterseite der Steine, kleben förmlich an ihnen. Du siehst sie nur, wenn du ganz genau hinschaust, denn sie haben die Farbe ihrer Umgebung angenommen. Ich hatte selbst schon Begegnungen mit ihnen. Skorpione sind oft winzig klein und wenn du mit beiden Händen einen Stein hochhebst, stechen sie dich sofort. In den nordamerikanischen Wüsten gibt es die Gila-Krustenechse. Ihr Gift hat eine neurotoxische Wirkung und kann einen Menschen töten. Gilas gibt es im Süden der Vereinigten Staaten und in Mexiko, dort also, wo auch die Side-Winder Schlange zu Hause ist. Siehst du irgendwo Ziegen oder Kühe? Dann los. Es sind Hirten dabei. Sie können dich zum Wasser führen. Geh ohne Vorbehalt auf sie zu. Sei freundlich. Hast du eine Waffe dabei, dann versteck sie nicht. Zeig deine Stärke, sonst giltst du als schwach. In der Wüste sterben Schwache in der Tat schneller. Beim Marschieren im Sand lässt du viel Energie. Marschiere wenn möglich auf festem, steinigem Untergrund. Da die Hitze tagsüber teilweise enorm ist, hast du die Option, nachts unter sternklarem Himmel zu marschieren. Ich liebte diese nächtlichen Märsche. Orientiere dich nach dem Kreuz des Südens (siehe Kapitel *Orientieren im Gelände*). Vorsicht ist geboten. In Steinwüsten gibt es Spalten und Risse, es gibt abrupte Klippen. Schluchten und Canyons münden oft in Sackgassen. Sei dir auch bewusst, dass es in der südlichen Sahelzone, im Süden des Tschad und entlang der nördlichen Grenze der Zentralafrikanischen Republik durchaus Löwen gibt. Sie sind teilweise auch nachts unterwegs. Greift dich ein Löwe an und du hast keine Waffe: Ende Gelände. Das war es dann. Auch wenn du eine Waffe hast, erkennst du ihn nachts erst dann, wenn es für dich fast schon zu spät ist. Ein angreifender Löwe überwindet die ersten fünfzig Meter in weniger als drei Sekunden. Du hättest mit etwas Glück noch so viel Zeit, die Waffe hochzureißen und ein oder zweimal den Abzug durchzudrücken. Schießt du daneben, hörst du auf zu existieren, ganz einfach. Wie bereits erwähnt, ist der Sternenhimmel in der Wüste einfach umwerfend. Orientiere dich nach den dir bekannten Sternbildern. Solltest du Lichter am Horizont sehen, dann lauf nicht einfach blind darauf zu, sondern warte ab. Bei dem Licht könnte es sich um ein Fahrzeug handeln. Ich selbst bin schon einmal zwei Stunden lang auf ein Licht zugelaufen, in der Hoffnung, Hilfe zu bekommen. Als ich es fast erreicht habe, fuhr das Auto davon. Das dumme an der Sache war, dass ich in eine Richtung gelaufen bin, die ich ursprünglich nicht auf dem Schirm hatte. Ich habe zwei Stunden wertvolle Zeit verloren.

Trinkwasser, wenn Wüste und Meer sich treffen: Grab in angemessener Entfernung zum Meer ein Loch. Der beste Abstand wäre hier etwa 30 Meter. Die beste Stelle liegt hinter einer meeresnahen Düne. Noch während du gräbst, kannst du mit bloßem Auge zusehen, wie Wasser in dein Loch sickert. Das Gute ist: Das Salz bleibt größtenteils im Sand und in der Erde zurück. Das Sickerwasser kann ohne Probleme getrunken werden.

Ein Sandsturm naht – was tun? Im Jahr 1991 gerieten wir in einen Sandsturm, besser gesagt, der Sturm besuchte uns. Die Vorzeichen waren nicht zu übersehen. Es wurde plötzlich still. Die Farben wechselten von Ocker zu Grün und gingen ins Rot und schließlich ins Stahlgrau über. Es folgte ein leichte Brise, die mit jeder Sekunde heftiger wurde. Als dieses Monstrum schließlich über uns herfiel, war es schlimmer, als ich es erwartet hatte. Der Wind fegte wie ein Orkan durchs Camp. Feiner Sand drohte uns zu ersticken, nach einem Quäntchen Sauerstoff suchten wir vergeblich. Unsichtbare Finger zogen an Kleidern. Sand, Steine und Kiesel wurden erfasst und durch die Lüfte geschleudert. Es glich einem Inferno. Doch: Ebenso schnell, wie es begonnen hatte, war es auch wieder vorbei.

Mein Tipp: Versuch erst gar nicht, einem heraufziehenden Sandsturm auszuweichen, sondern spar deine Kräfte. Du wirst sie noch brauchen. Sollte sich in deiner unmittelbaren Nähe kein Schutz befinden (Höhle, Gebäude, Talweg oder Fahrzeug), dann leg dich mit dem Rücken zum Wind – und den Rucksack im Nacken – einfach zu Boden.

Bedecke deinen Kopf mit einer Decke, mit einem Poncho und binde dir, wenn die Zeit noch reicht, den chèche um Kopf, Nase und Augen. Dann warte, bis der Sturm rum ist. Auf der verzweifelten Suche nach Wasser und Schatten fallen Abenteurer und Wanderer immer wieder darauf rein: auf die Fata Morgana. Diese trügerischen Phänomene entstehen dort, wo kalte und warme Luftschichten aufeinanderprallen. Sie spiegeln Berge, Felsen und Seen wider, die in der Realität ganz woanders liegen. Im Prinzip birgt die Fata Morgana für dich nur Gefahren, wenn du unwissend ihrem Charme unterliegst. Es braucht nämlich Erfahrung, um Realität und Schein auseinanderzuhalten. Das Gute an Fata Morganas ist, dass das, was optisch von ihnen falsch dargestellt wird, oft wirklich existiert. Dieses Wissen kann deine Waffe sein, denn du weißt: Irgendwo im nahen Umkreis des Trugbildes befinden sich auch die realen Gebilde oder Objekte. Das ist die eine Wahrheit. Die andere wäre, dass es leider nicht immer so einfach ist. Tatsächlich, ich habe es selbst erlebt, siehst du plötzlich mal einen See, wo gar keiner ist. Auch nicht in der Nähe. Nur erfahrene Wüstenläufer können gut mit diesen Phänomenen umgehen. Was ich dir mit auf den Weg geben kann, ist, dass du beim Anblick eines Sees mitten in der Wüste nicht einfach losrennst, sondern deine Intuition spielen lässt. Setz dich hin und überlege. Könnte der See ein Trugbild sein? Hast du eine Karte dabei? Ja? Ist auf der Karte an dieser Stelle ein See oder Ähnliches zu sehen? Nein? Denke an eine Fata Morgana.

Wasserflasche im Fahrtwind: Ich kam zum ersten Mal im Jahr 1988 mit dieser Technik in Kontakt. Wir fuhren von Bangui, der Hauptstadt der Zentralafrikanischen Republik, bis nach Bouar an der Grenze zu Kamerun. Es war eine lange Fahrt auf den Sitzbänken der VLRA's und Dodges. Die schon älteren Legionäre steckten mit Wasser gefüllte Plastikflaschen in Socken und banden sie dem Fahrtwind ausgesetzt ans Gestänge der Lkws. Als mir später ein Schluck Wasser angeboten wurde, den ich natürlich nicht ablehnte, war ich angenehm überrascht: Das Wasser war eiskalt. Es war genau das, wonach mir gerade der Sinn stand. Kühles Wasser bei einer Außentemperatur von 45 Grad Celsius. Seither mache ich das, wann immer sich die Gelegenheit bietet, genauso.

Urwald

Generelles

Ich war zwei Jahre im Dschungel französisch Guyanas. Dieses Buch würde keinen Sinn machen, würde ich nicht versuchen, dir einen Teil meiner dort gemachten Erfahrungen zu vermitteln. Zuallererst möchte ich auf Gefahren aufmerksam machen, die im Urwald auf dich lauern. Im Urwald liegt das Überleben im Detail. Ich sage es gleich vorweg: Der größte Feind ist dein innerer Schweinehund. Selbst die abgehärtetesten Abenteurer oder Survival-Freaks lernen in diesem Umfeld die Bedeutung der Werte wie Demut und Geduld. Hier formt sich dein Charakter. Hier, mehr als anderswo, entwickelst du einen nie gekannten unvergleichbaren Leistungswillen. Hier, diskret unter hohen Baumkronen (canopée) verborgen, ist der Urwald dein Lehrmeister in Sachen Hartnäckigkeit und Ausdauer. Hier, in diesem nahezu zeitlosen Umfeld, kaum jemals vom Sonnenlicht durchbrochen, spielen sich deine Aktionen oft weit außerhalb der von Karten erfassten Gebiete ab. Du willst Real Survival lernen? Dann beginne hier. Im Urwald. Beginne dort, wo unser bester Survival-Mann, Rüdiger Nehberg, aufgehört hat.

Hier ein paar Regeln beziehungsweise eiserne Gesetze: Der Urwald ist gerecht, hat aber seine eigenen Gesetze. Gesetze, die so uralt sind wie das Leben selbst. Wenn man diese beachtet und sich ihnen beugt, wird alles gut. Kämpft man unnötigerweise dagegen an, ist der Auftrag zum Scheitern verurteilt. Was war noch dein Auftrag? Überleben, richtig! Der Urwald ist Richter und Henker gleichzeitig, denn die Bestrafung nicht eingehaltener Regeln folgt sofort. Wer früh nicht in seinen Schuhen nachsieht, ob sich dort irgendwelche Tierchen eingenistet haben, wird vom Skorpion, von der Schlange oder vom Hundertfüßer gebissen, was wiederum zum Tod oder zumindest zu größeren Problemen führen kann. Wer anfasst oder isst, was er nicht kennt, Fleisch verzehrt, das nicht lange und gut gegart ist, der kann daran sterben. Wer sich nicht gegen Fliegen wappnet, die entweder Malaria, Leishmaniose oder das Denguefieber übertragen, wird krank. Und wer seinen Körper überfordert, sich schnell bewegt, obwohl alles um ihn herum träge scheint, bringt den Auftrag in Gefahr. Wer seine Schuhe am Feuer trocknet, muss am nächsten Tag barfuß laufen, denn das Leder schrumpft. Aus Schuhgröße 44 wird in minutenschnelle Schuhgröße 41! Einheimische können im Urwald barfuß laufen, du als Europäer solltest davon Abstand nehmen. Wer mit scheinbar niedlichen Tieren wie den Baumsteigerfrosch oder der schön anzusehenden bunten Korallenschlange spielt, verliert sein Match, bevor es richtig begonnen hat. Sei auf der Hut!

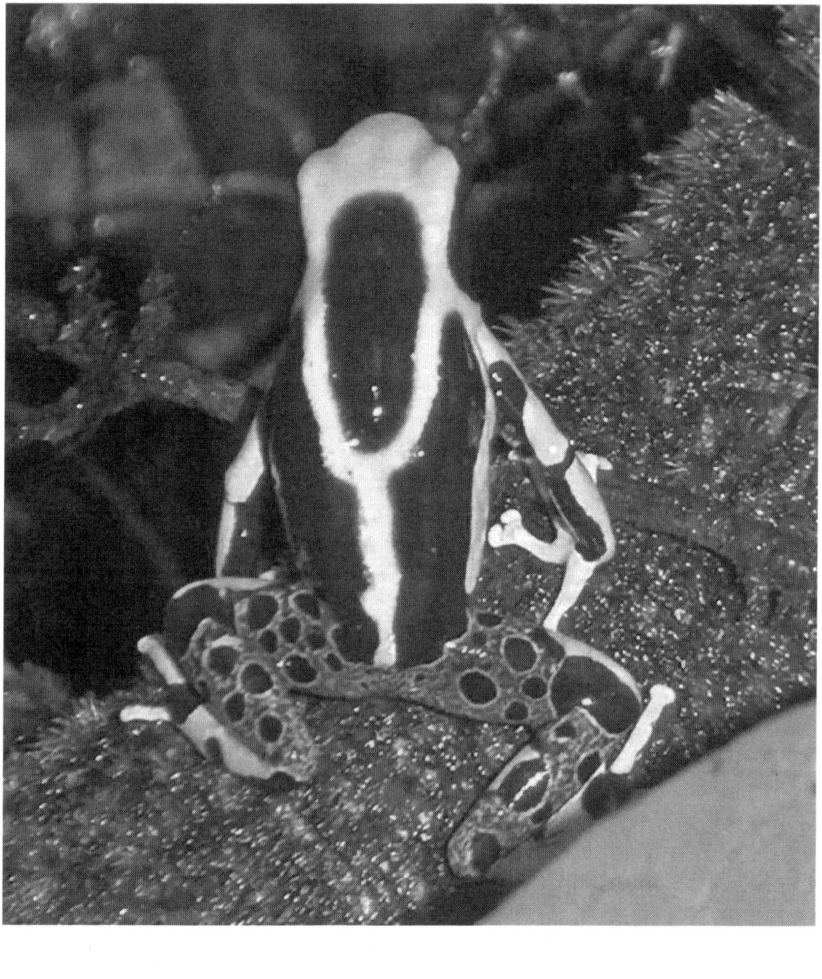

Deine Dschungelausrüstung

Die in den Urwald mitzunehmende Ausrüstung ist eine andere als die, mit der ich am nördlichen Polarkreis unterwegs bin. Die wichtigsten Ausrüstungsgegenstände sind schnell benannt:

- Ein wasserdichter Survival-Rucksack – alternativ dazu kann ein normaler Rucksack mit einer wasserdichten Hülle verwendet werden.
- Die Hängematte mit Moskitonetz und ausreichend Fallschirmschnur. Meine Erfahrungen in Sachen Hängematte haben gezeigt, dass sie an beiden Enden gespreizt werden muss. Dazu benutzt man zwei geschnittene Spreizhölzer, die nach Abbau des Hamacs (auch Hammock) mitgeführt werden.

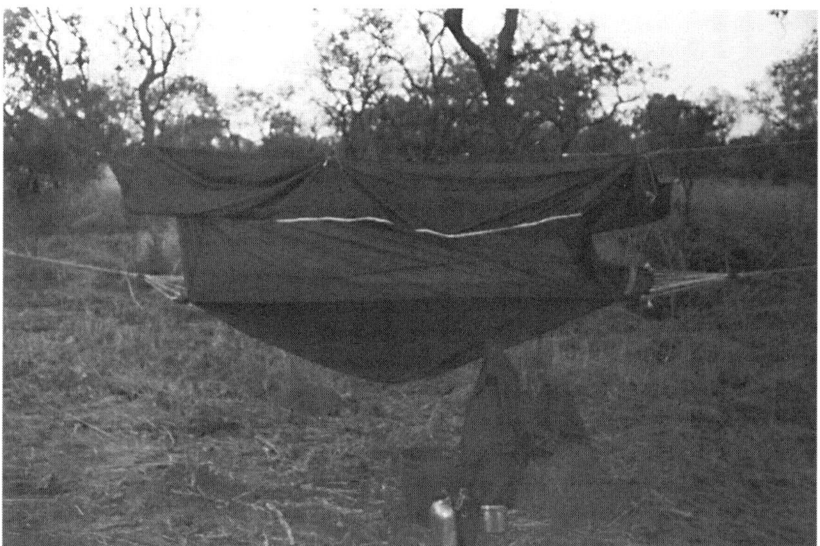

- Ein leichter Schlafsack – dünn, leicht, keine weiteren besonderen Ansprüche.
- Eine Plastikplane – vier auf vier Meter und ausreichend Fallschirmschnur.
- Eine Machete oft Coupe-Coupe genannt – sie sollte biegsam, mindestens 45 Zentimeter lang sein und eine Scheide haben,

die man an der Koppel (Gürtel) befestigen kann. Dazu gehört unbedingt ein kleiner Schleifstein.

- Ein Survival-Messer – Reden wir Tacheles, was das Messer angeht. Ich hatte damals ein Camillus, heute besser bekannt unter dem Namen KA-BAR – USMC Mark 2 Fighting and Utility Knife. Für mich war und ist es das beste Survival-Messer überhaupt. Es lag optimal in der Hand, hatte eine Blutrinne, ließ sich ultraschnell schleifen und war nicht ganz rostfrei. Warum Rost an der Messerklinge nicht immer ein Nachteil ist, muss ich Profisoldaten nicht erklären. Im Rucksack führte ich zu Beginn meiner Zeit als Fremdenlegionär im Urwald immer ein zweites Messer mit. Es handelte sich um ein Jungle-Aitor mit einem aufschraubbaren Hohlgriff aus Metall. Im Inneren des Griffs befanden sich ein Kompass, Sicherheitsnadeln, zwei Angelhaken, eine Pinzette, etwas Angelschnur und einige Streichhölzer mit Reibefläche etc. Das Konzept fand ich gut, obschon das Jungle-Aitor nie meine erste Wahl war, weil die Klingen bei zu hoher Belastung zu schnell abbrachen. Das ist mir zwei Mal passiert. Nach dem zweiten Bruch ging ich dazu über, ein KA BAR als Zweit- oder Beimesser dabeizuhaben. Ob Aitor in Sachen Messerstahl inzwischen nachgebessert hat, entzieht sich meiner Kenntnis. Ich wünsche es ihnen.
- Wasseraufbereitungstabletten, Malaria-Prophylaxe, Mückenschutz-Spray.
- Ein Dschungelhut mit breiter Krempe, die man oben zusammenfügen kann.
- Ein Moskito-Kopfnetz. Sofortzugriff ist hier sehr wichtig.
- Seife, am besten eignet sich eine Originalseife aus Marseille.
- Ein Set Wechselwäsche, Kerzen, Nähzeug, etwas Draht, eine Taschenlampe.
- Rasierschaum. Keine Rasierseife, sondern Rasierschaum! Der Rasierschaum wird an die Schnüre (oder Liane) zwischen Hängematte und Baum sowie Plane und Baum oder Geäst geschmiert. Das verhindert, dass fleischfressende Ameisen, Skorpione oder andere Insekten dir einen Besuch abstatten. Es gibt

im Urwald Insekten, die kleiner sind als die engen Maschen der Moskito Netze.

- Ein Survival-Kit – Typ wie bereits beschrieben (Feuerzeug und Feuerstahl ist ein Muss!). Vergiss Kerzen nicht.
- Wunddesinfektionsmittel. Octenidin, Povidon-Iod und Polihexanid bieten sich an.
- Eine Trillerpfeife. Ein Kompass.

Richtiges Campen im Urwald. Mögliche Flucht

Es gilt, für die Nacht einen geeigneten Platz zu finden. Dazu wirst du deine Hängematte spannen. Idealerweise geschieht das (in Bach- oder Creeknähe) zwischen zwei Bäumen, die fünf Schritte voneinander entfernt stehen. Prüfe, ob die Bäume morsch sind oder ob sich darüber große, abgestorbene Lianen oder dicke Äste befinden. In jedem Urwald, ob in Südamerika, Afrika oder Asien, gibt es sehr viele tote Bäume und nicht selten genügt ein Hieb mit der Machete, sie zum Fallen zu bringen. Baumstürze fordern mehr Opfer als Schlangenbisse, lass dir das gesagt sein. Den Erdboden zwischen den beiden Bäumen solltest du gründlich säubern. Gib so Schlangen, Hundertfüßer oder Skorpionen keine Chance. Dann spannst du erst die wasserdichte Plastikplane auf etwa zweieinhalb Metern Höhe und danach die Hängematte knapp darunter. Nichts darf am Boden liegen. Die Seile und Spanner werden mit Rasierschaum (hat sich am besten bewährt) eingeschmiert. So können die *fourmis manioc* (fleischfressende Ameisen) und Skorpione nicht an die Hängematte herankommen. Es ist nützlich, um jedes Seil, das vom Baum direkt zum Hamac führt, ein Tuch zu schlingen, dessen Ende lose nach unten hängt. Dann kann Wasser, welches am Baumstamm herunter rinnt, nicht bis an die Hängematte herankommen. Dass diese trocken bleibt, ist unfassbar wichtig. Dann werden vier Pflöcke in die Erde getrieben. Einer davon auf Kopfhöhe. Er dient als Kerzenhalter. Lass die Kerze über Nacht brennen, wenn du kein Feuer machst. Du siehst schon, das impliziert, dass du genügend Kerzen mitführst. Auf diese Art kannst du zum Beispiel lesen oder irgendwelche Arbeiten verrichten, ohne die Batterien deiner

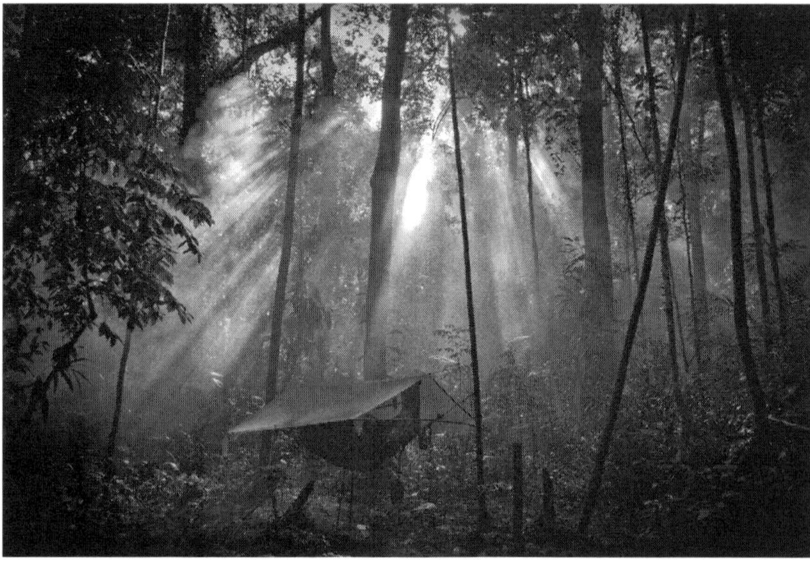

Taschenlampe zu strapazieren. Ein zweiter Pflock kommt unmittelbar daneben. In diesen treibst du die Klinge der Machete. So ist sie immer griffbereit. Die beiden anderen ragen etwa 60 Zentimeter aus der Erde. Darüber stülpst du, Öffnung nach unten, deine Kampfstiefel. Ein kleines Feuer vervollständigt dein persönliches Biwak. In den meisten Urwaldregionen unseres Planeten regnet es täglich. In Guyana regnete es eigentlich fast immer. Trockne deine nassen Kleider über dem Feuer aber denke auch daran, dass die Hitze gewisse Stoffe zum Schrumpfen einlädt.

Du bist Soldat? Ihr seid mit eurer Einheit unterwegs, habt einen geilen (hoffentlich gefährlichen) Auftrag im Gepäck? Gut! Jetzt wird als Nächstes die Waffe gereinigt. Und zwar gründlich. Das ist wegen der hohen Luftfeuchtigkeit ein absolutes Muss. Danach wird sie wieder gut eingeölt. Hast du diese Nacht noch Wache oder ist Feindnähe angesagt, dann zieh den Lauf einmal trocken durch. Achtet auch darauf, dass ihr nie zeitgleich die Waffen reinigt. Sprecht euch diesbezüglich ab. Ist das getan, geht es runter an den Fluss oder an den Bach. Gewehr bei Fuß (Waffe und Munition sind immer am Mann), wäscht man seinen getragenen Kampfanzug und seine Leibwäsche. Benutze dazu eine unbehandelte Savon de Marseille. Betreibe eine gründliche Körperpflege. Im Urwald ist es von Vorteil, sich das Kopfhaar zu rasieren. Und zwar auf täglicher Basis. Du erkennst so sofort, ob sich Parasiten bei dir einnisten wollen. Folgen wir dem logischen Zeitablauf, so müsste es jetzt langsam dunkel werden. Jetzt ist Vorsicht angesagt. Abseits vom Lager ist feindliches Gebiet. Es ist die Zeit der Schlangen und der Jäger. Wer schon mal einem ausgewachsenen Jaguar gegenüberstand, weiß wovon ich rede. Da man ihn erst dann sieht, wenn er sich auch zeigen will (und das tut er nur, wenn er weiß, dass er sein Opfer innerhalb der nächsten zwei Sekunden angreifen und zur Strecke bringen kann), würde einem auch die Waffe nichts nützen. Bevor man sie in Anschlag bringen, halbwegs zielen und abdrücken könnte, wäre alles schon passiert. Hast du wegen der Jaguare Bedenken, ein Tipp: Marschiere aufrecht. Zeige und demonstriere deine volle Körpergröße. Zeige und signalisiere Selbstbewusstsein (auch, wenn dir nicht danach ist oder du momentan keines hast). Der Jaguar greift nur sichtbar schwache Menschen an. Ob Tag oder Nacht, schleiche nicht durch den Urwald. Die Vibration, ausgelöst von deinen normalen Schritten, vertreibt die Schlangen. Hast du Nerven aus Stahl, dann trage nachts eine Frontallampe. Sind deine Nerven nicht so gut, dann marschiere ohne Lampe. Frontallampe = Lichtquelle = Attraktion! Wenn dir ein riesiges 250 Gramm schweres Insekt mitten ins Gesicht klatscht, verstehst du, was ich meine. Verläufst du dich im Dschungel, dann bleib vor Ort. Mit dem Überlebens-Kit (und dem Messer immer am Mann) kannst du Feuer machen, Fallen stellen, Fische fangen und ganz einfach überleben.

Tipp: Fallen sind nicht nur im Urwald zehn Mal effizienter als Jagen!

Schütze dein Feuer. Auch wenn der Himmel klar ist und es gerade nicht regnet, solltest du für jedes Feuer einen Schutz aus Palmenblättern herstellen. Das Feuer ständig am Leben zu halten, wenn du vorhast, länger vor Ort zu bleiben, ist wichtig. Kommt es hart auf hart und du bist definitiv in der Weite der grünen Hölle verloren, dann folge einem Bach oder Creek stromabwärts bis zur nächsten bewohnten Ortschaft. Das kann unter Umständen Tage möglicherweise auch Wochen dauern, denn die Ufer beidseitig der Wasserläufe sind schlecht begehbar – Mangroven und Sümpfe lassen grüßen – und nicht am Ende eines jeden Baches gibt es Ortschaften. Schwimmen wäre noch besser, genauer gesagt, sich im Fluss treiben zu lassen. Das jedoch erfordert Mut. Von gefährlichen Stromschnellen mal abgesehen, gibt es vor allem (und ausschließlich) im Amazonasbecken Piranhas. Anderswo tummeln sich schwarze Kaimane, die mit stolzen sechs Metern Länge aufwarten und sehr gefährlich sein können, oder noch der Aimara (Trairão oder auch Wolfsfisch genannt). Der stürzt sich auf alles, was sich bewegt. Auch einer Anakonda wollen wir im Wasser nicht begegnen. Während meiner Zeit in Guayana musste ich unzählige Male Flüsse schwimmend durchqueren. Ohne Schwimmweste, ohne Sicherung. Dabei hatte ich immer ein beschissenes Gefühl in der Magengegend, man nenne es ganz bescheiden Angst. Die Flüsse haben sehr oft starke Strömungen, die du, bevor du ins Wasser steigst, nicht mal erahnen kannst. Was mir diese Angst aber tatsächlich bescherte, war, dass du im Wasser nichts siehst, denn es ist fast immer trübe und braun. Wie Kakao. Sehr oft in solchen Situationen stieß mein Bein unter Wasser gegen etwas, von dem ich nicht wusste, was es denn war. Ich sage dir: du schwimmst plötzlich schneller als Mark Spitz, der bei den olympischen Sommerspielen 1972 in München sieben Goldmedaillen gewonnen und dabei jedes Mal einen Weltrekord aufgestellt hat. Du schiebst Panik. Panik ist aber in solchen Momenten das Übelste, was dir begegnen kann. Um diese Gefahren (und Ängste) wissend, könntest du dir ein Floß bauen. Bevor du mit dem eigentlichen Bau beginnst, schneide zuerst vom zu verwendenden Holz ein Stück ab, wirf es ins Wasser und schau, ob es schwimmt. Im Urwald Guyanas, wie auch in den meisten anderen Urwäldern, gibt es sehr viele Bäume und Holzarten. Nur wenige davon schwimmen auch. Suchst du dir das falsche Holz raus, würde dein Floß untergehen und du hättest Zeit und Energie verplempert. Ein einfaches Floß ist schnell gebaut. Realistischer Zeitansatz? Zwei Stunden. Seil und Schnur können durch Lianen ersetzt werden. Wenn du Lianen nimmst, sollten sie einen Durchmesser von 5–8 mm haben. Sie hängen überall von den Bäumen herunter. Wenn du daran ziehst, lösen sie sich schnell. Klopf sie mit einem Klöppel aus Holz fasrig. Schneide mit deiner Machete vier 2 Meter lange Stämme (Durchmesser 25 Zentimeter). Reihe dann die Stämme einfach am Boden in Flussnähe nebeneinander auf. Lass etwa zwanzig Zentimeter Spielraum von einem zum Nächsten. Lege darauf drei dünne Stangen quer, links, rechts, mittig und verbinde die Stämme und Stangen, indem du sie mit Schnüren und Seilen oder Lianen miteinander verknotest. Eine lange Stange oder das selbstgefertigte Paddel dient dir zum Steuern bzw. als Antrieb. Alternativ zum Floß kannst du auch ein Ponchopaket anfertigen. **Aber:** Habe immer im Hinterkopf, dass du möglicherweise schnell verschwinden musst. Ob Floß oder Ponchopaket, halte es daher einfach. Such nicht die Perfektion. Arbeite schnell.

Ein Ponchopaket dient eher zum schnellen Übersetzen als zum längeren Schwimmen auf dem Flussverlauf. Mache es folgendermaßen:

- Breite deine wasserdichte Plane oder den Poncho vor dir am Boden aus. Die Dimension stimmt, wenn du nach vorne (Länge) drei und zur Seite (Breite) etwa zwei Schritt hast.
- Lege deinen geschlossenen Rucksack mittig drauf, Rückenteil nach unten.
- Zieh dich nackt aus, behalte aber dein Messer am Mann. Vielleicht klemmst du es dir zwischen die Zähne, vielleicht ziehst du den Gürtel von der Hose vorher ab und machst das Messer an den Gürtel. Ich ziehe die erste Variante vor, weil man Zeit spart. Packe all deine Klamotten eng um den Rucksack herum.
- Schlage nun zuerst die langen Seiten und schließlich die kurzen Seiten nach innen, verknote sie gut: fertig.
- Im Idealfall hilft dir etwas Panzertape, aber ich gehe nicht davon aus, dass du welches dabeihast.

Es gibt tatsächlich Spezialeinheiten, die spinnen eine ganze Philosophie darum. Da kommt Heu oder Stroh ins Spiel, ein Knötchen hier, ein Knötchen dort und was weiß ich noch alles. Das ist meines Erachtens pure Zeitverschwendung. Ich habe mich sehr häufig eines Ponchopakets bedient. Länger als drei bis vier Minuten brauchte ich zur Herstellung nie und abgesoffen ist mir noch keines. Das Ding muss mich nur sicher von A nach B bringen. Punkt.

Soldaten: Kurz zurück zum Floß und in Verbindung mit einer eventuellen Flucht. Im Gegensatz zu einem Fußmarsch sollte eine Fahrt auf einem Floß nur nachts oder tagsüber bei schlechter Sicht (Nebel) in Erwägung gezogen werden. Bevor es losgeht, denke daran im Lager eine Nachricht zu hinterlassen. In mehreren Sprachen, wenn möglich. Vermerke aus wie vielen Personen sich die Gruppe zusammensetzt (vielleicht bist du auch allein) und in welche Richtung du marschierst oder fährst. Vergiss das Datum und die Uhrzeit deines Abmarsches nicht. Vorsicht: Befindest du dich in *'feindlichem Gebiet'*, wo es angebrachter ist, sich eher zu verstecken als auf sich aufmerksam zu machen, dann erübrigt sich die Prozedur (oder du machst es bewusst, um jemanden in die Irre zu führen). Zurück zum Floß: Bist du auf der Flucht, ist die Gefahr, auf den Feind zu stoßen, sehr groß. Da Straßen im Urwald Seltenheitswert haben, werden Hinterhalte und Beobachtungsposten entlang der Wasserwege (Flüsse) angelegt. Auf dem Fluss und bei guter Sicht bist du das ideale Target. Was wiederum gegen nächtliche Floßfahrten spricht, ist die Tatsache, dass sich hinter jeder Flussbiegung Stromschnellen befinden können. Sie sind gefährlich und oft weder mit dem Boot und noch weniger mit einem Floß passierbar. Wenn du ein undefinierbares Rauschen hörst, das näher und näher kommt und nie aufhört: raus, weg vom Fluss! Wenn du auf deiner Flucht auf eine Lichtung stößt und du sicher bist, dass dein Entdecken keine negativen Folgen nach sich zieht, dann bereite je nach weiterem Vorhaben, einen der folgenden internationalen Signalcodes vor. Piloten kapieren sofort, was sie bedeuten:

Signal	***Bedeutung***
↑	*Wir bewegen uns in diese Richtung*
X	*Wir benötigen dringend ärztliche Unterstützung*
V	*Wir benötigen Unterstützung (allgemein)*

Kleidungsstücke, Steine oder herumliegende morsche Baumstämme eignen sich gut dafür. Da die Signale aus der Luft sichtbar sein sollen, muss die Größe dementsprechend angepasst werden. Seitenlänge des V (zum Beispiel) = mindestens 4-6 Meter.

Im Urwald richtig marschieren

Marschiere langsam. Marschiere stetig. Trink viel und iss oft, aber iss jedes Mal wenig. Gehe Hindernissen aus dem Weg (siehe *Orientieren im Gelände*), indem du sie weit umgehst. Was das Laufpensum im Urwald angeht, so hängt das natürlich in allererster Linie davon ab, in welchem Urwald du dich herumtreibst, ob gerade Regenzeit herrscht, wie gut du körperlich drauf bist und wie schwer dein Rucksack ist. Üblich sind vier bis sechs Kilometer Strecke pro Tag, idealerweise aber 500 Meter pro Stunde (Fußmarsch wohlgemerkt). Steck dein Ziel (Tagespensum) nicht höher, du könntest enttäuscht werden. Ich erinnere mich an einen Tag in Französisch-Guyana, den keiner von unserem Zug wohl je vergisst. Wir sind morgens beim ersten Tageslicht losmarschiert, hatten, als wir abends unser Biwak errichteten, gerade mal eben 800 Meter (Luftlinie) Distanz überwunden und waren der Erschöpfung nahe. Das frustriert. Mit Rückblick muss aber gesagt werden, dass es dieser Streckenabschnitt in sich hatte: Er war schlangenverseucht. Überall stießen wir auf Sumpf, zu Bergen aufgetürmte morsche Baumstämme, es gab Nester der *mouche à feu* (Feuerfliegen, deren Stich dich in den Wahnsinn treibt) und es regnete, als ob der Herrgott die Pforten da oben definitiv und nur mit dem Ziel geöffnet hatte, uns den Tag so richtig zu vermiesen. Früher oder später werden deine Stiefel nass. Akzeptiere es. Je mehr du versuchst, sie trocken zu halten, desto schwieriger gestaltet sich dein Vorhaben. Konzentriere dich auf die einzuschlagende Richtung, nicht auf trockene oder nasse Füße. Du musst immer wissen, wo du dich gerade befindest und wo dein Ziel ist. Seid ihr zu zweit oder im Gruppenrahmen unterwegs, dann haltet ständig Augenkontakt. Es gibt Abschnitte, in denen du deinen Partner schon nach drei Schritten aus den Augen verloren hast. Zwei Schritte weiter und es ist so, als hätte es ihn nie gegeben. Er hat sich regelrecht in Luft aufgelöst. Wenn nach hinten keiner mehr zu sehen ist: stopp! Sofort anhalten. Trillerpfeife in die Hand. Dreißig Sekunden warten: Kommt nichts? Pfeifen. Drei Mal oder wie vorher besprochen. Die beste Art im Urwald zu navigieren, ist und bleibt mit Karte und Kompass. Ein Grund mehr für dich, das Kapitel *Orientieren im Gelände* ganz genau anzusehen. Mit dem GPS (Outdoor-Navigationsgerät) habe ich die bittere Erfahrung gemacht, dass es im Urwald oft streikt. Solltest du im Urwald verschollen sein, so hast du im Kapitel ‚*Verschollen – Was tun*' bereits gelernt, dass du zunächst vor Ort bleibst. Rettungsteams suchen immer an der Stelle, an der du das letzte Lebenssignal von dir gegeben hast oder dort, wo man dich zuletzt gesehen hat. Im Idealfall schickt man einen Helikopter, um deine Aufnahme zu sichern. Die Seilwinde eines Helikopters ist im Schnitt bis zu 90 Meter lang. Alternativ kann ein Fixtau eingesetzt werden. Oft aber sind Seilwinden nicht so lang. So könnte es sein, dass erst eine Lichtung gefunden werden muss, auf der der Hubschrauber landet oder zumindest tiefer runter kann. So eine Lichtung müsste eine Dimension von 25 × 25 haben. Ist es ein Hubschrauber der Armee, verdoppelt sich diese Fläche. Wir wären dann bei 50 × 50 Meter. Das Militär verfügt meist nicht über Seilwinden, die länger sind als 35 Meter. Da die Bäume in vielen Urwaldregionen aber 70 Meter hoch sind: aus der Traum! Das nur zu deiner Information. Solltest du dich von deinem Initialstandort wegbewegen und über eine Lichtung stolpern, bleib zunächst eine Weile dort. Die Retter aus der Luft kennen diese Lichtung, weil sie auf ihren Karten dargestellt ist, und werden sie sicher an- oder überfliegen.

Transport von erlegten Tieren: Einmal schossen wir einen Tapir. Wir erwischten ihn am Hals und er war auf der Stelle tot. Zunächst ließen wir ihn ausbluten, dann nahm ich ihn aus (ich bin gelernter Metzger) und vierteilte ihn. Jedes Viertel wog an die 30 Kilo. Bevor wir die Fleischviertel dann ins Biwak schleppten, machten wir vor Ort ein Feuer, warteten, bis viel Glut da war und schmissen die Tierviertel mit der Decke (Fell) dem Feuer zugewandt in die Glut. So konnten wir im Nu alle Parasiten loswerden, die uns beim weiteren Transport nur geärgert und womöglich gestochen oder gebissen hätten.

Dann schlitzten wir die Decke an jedem Viertel so ein, dass Hautschlaufen entstanden, in die wir unsere Arme stecken konnten. Die Viertel trugen wir wie einen Rucksack auf dem Rücken. Der eigene Rucksack kommt nach vorne. Weitere Strecken? Kein Problem! Im Camp angekommen wird das Fleisch sofort in Stücke, dann in feine Scheiben geschnitten und geräuchert. Baue dir dazu einen einfachen Räucherofen.

- Ein eineinhalb Meter hohes Dreibein
- Eine rauchdurchlässige Plattform mittig
- Das Ganze umgeben mit Palmwedeln
- Ein Feuer unten

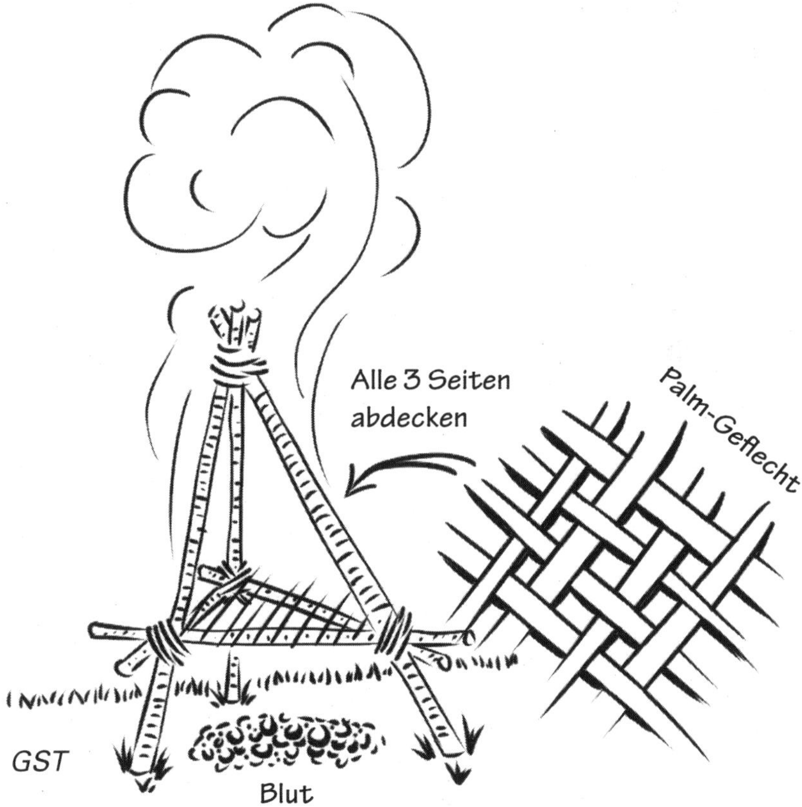

Zeitansatz, eine Stunde. Verliere keine Zeit, um nach trockenem Holz zu suchen. Du wirst keines finden. Was du aber machen kannst, ist Folgendes. Nimm einen dicken Ast und schabe mit der Machete oder dem Messer Schicht für Schicht das Holz ab. Schon nach ein paar Minuten wird deine Anstrengung belohnt, das Holz wird mit jeder abgetragenen Schicht trockener. Ist es nicht so trocken, wie du möchtest, so ist das auch kein Problem. Viel Rauch ist hier ein Vorteil.

Schlangen

1985 arbeitete ich mit anderen Legionären an der Route de l'Est, einer Dschungelstraße zwischen Cayenne und der brasilianischen Grenze. Es galt, eine Brücke auszubessern. Mein Job war es, einen alten Pfosten auszugraben. Ein Meter von meiner Baustelle entfernt war dichtes Gestrüpp. Nach einer Stunde Arbeit kam ich diesem Gestrüpp wohl etwas zu nahe. Es zischte und raschelte plötzlich. Als ich genau hinschaute, sah ich eine Klapperschlange. Sie war nur eine Armlänge von mir entfernt. Ungewollt bin ich ihr stetig etwas nähergekommen. Nun schickte sie mir eine eindeutige Warnung: Noch einen Zentimeter und ich beiße dich!

Stößt du also unvermutet auf eine Schlange, keine Panik! Schlangen greifen nicht sofort an. Sie versuchen zu fliehen. Oder sie verstecken sich blitzschnell. Sie beißen nur, wenn sie überrumpelt werden oder wenn es zu einem direkten Kontakt kommt. Fast jede Schlange, der ich zu nahegekommen bin, machte auf sich aufmerksam. Klapperschlangen rasselten mit ihrem Schwanzende. Kobras ringelten sich zusammen, richteten sich auf, spreizten die Haube und gaben einen warnenden Zischlaut von sich. Wenn du urplötzlich einer Schlange gegenüberstehst, bist du zunächst völlig überrascht. Deinerseits regen sich Angst und Neugier. Die Schlange fühlt sich bedroht. In die Enge getrieben.

HALTE ABSTAND!

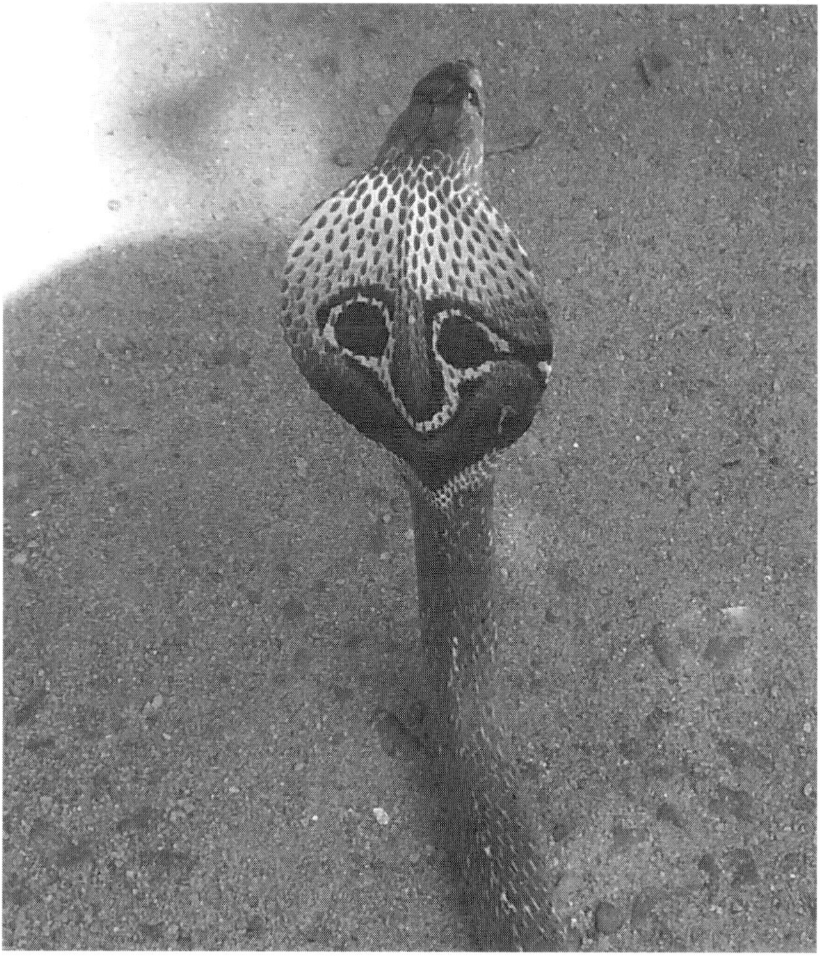

Vielleicht hütet sie ein Nest. Das macht sie, besonders, wenn es sich um eine Giftschlange handelt, sehr gefährlich. Wiege dich nie in absoluter Sicherheit. Zum Beispiel gibt es Speikobras. Sie speien Ihr Gift über Distanzen von bis zu drei Meter. Die grüne Mamba züngelt wie in Zeitlupe, bevor sie angreift. Sehr aggressiv schießt ihr Körper aus Ästen und Zweigen niedriger Bäume hervor. Eine Kettenviper wiederum schnellt ihrem Opfer bis zu vier Meter entgegen und beißt dann zu. Das geschieht mit einer Geschwindigkeit, die ein Ausweichen unmöglich macht. Lass beim Anblick einer Schlange deine Neugier im Rucksack und habe ruhig etwas Respekt. Tritt ein, zwei Schritte zurück und beobachte sie aus sicherer Entfernung. Die gefährlichsten Schlangen, mit denen ich in Französisch-Guyana, in Afrika (Gabun) und Sri Lanka konfrontiert war, sind schnell genannt: Buschmeister, Krait, Lanzenotter, Gabunviper! Ihrer relativen Gefährlichkeit zum Trotz bekamen wir beigebracht, sie mit bloßen Händen zu fangen. Es ist gar nicht mal so schwer. Man muss nur höchst konzentriert und sehr schnell sein, im Falle der Anakonda auch sehr kräftig. Egal was auch gesagt wird, die Chancen von einer Schlange gebissen und getötet zu werden, sind verschwindend gering. Das Problem ist gegebenenfalls die knallharte Realität. Wirst du nämlich doch von einer der hier aufgezählten Schlangen gebissen: aus die Maus! Dann hilft dir auch ... *aber die Chancen waren doch so gering,* nichts mehr! Hier die summarische Unterteilung der Giftschlangen, denen ich im Urwald begegnet bin:

- Grubenottern, Klapperschlangen (Crotalidae)
- Giftnattern, Kobras (Elapidae)
- Vipern (Viperidae)

Man unterscheidet mehrere Gruppen bzw. Wirkungsweisen (Krankheitsbilder) von Schlangengiften:

- **Hämorrhagien (Hämotoxine):** Hämotoxine führen zu intensiven Gewebezerstörungen und inneren Blutungen. Es kommt zu Schwellungen und Nekrosen. Die Blutzellen werden zerstört. Es ist ein äußerst schmerzhafter Prozess.
- **Neurotoxische Wirkung (Neurotoxine):** Mit diesem Gift setzt die Schlange das periphere Nervensystem ihres Opfers außer Gefecht.
- **Herz- und Kreislaufversagen (Kardiotoxine):** Es kommt zur Lähmung von Muskelzellen und zum Herzstillstand.

Einige Giftschlangen verfügen über zwei dieser Gift-Komponenten: Neurotoxine und Hämotoxine. Sollte man mich fragen, welche Schlangen ich weltweit für am gefährlichsten halte, so wären das der indische Krait, der südamerikanische Buschmeister, die afrikanische Gabunviper sowie die Kettenviper. Warum gerade die vier? Weil ich noch nie davon gehört habe, dass jemand ihren Biss überlebt hätte. Im selben Zuge muss unbedingt die Lanzenotter genannt werden.

Der Buschmeister: Der Buschmeister zählt zu den Grubenottern. Wenn es auch stimmt, dass sein Gift im Gegensatz zu anderen Grubenottern weniger gefährlich ist, so stimmt es aber auch, dass, wenn er mal beißt, er dem Opfer gleich so viel von seinem Gift injiziert, dass es meist tödlich endet. Auch hörte ich von sogenannten

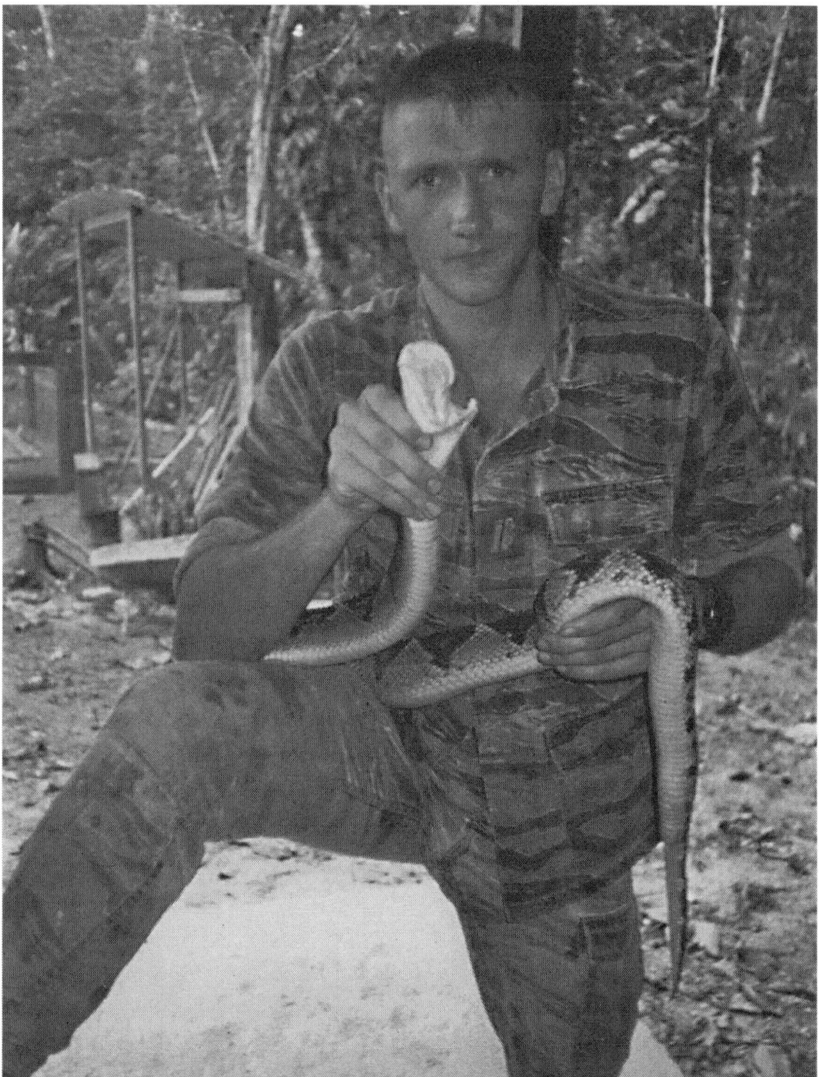

Schlangenexperten, der Buschmeister sei nicht besonders aggressiv?! Nun, meine Erfahrungen mit dieser Schlange gehen in eine ganz andere Richtung. Es müsste heißen: Er ist nicht aggressiv, wenn er in Ruhe gelassen wird. Gehst du nämlich nahe an ihm vorbei, läufst vielleicht über ihn hinweg, ohne ihn gesehen zu haben, beißt er sofort blitzschnell und heimtückisch von hinten zu. Exemplare von bis zu drei Metern Länge sind keine Seltenheit. Begegnungen mit einem Buschmeister sind selten, denn er verkriecht sich in Regionen, in die der Mensch kaum vordringt.

Die Lanzenotter: Sie war in Französisch-Guyana unsere größte Sorge. Wir fürchteten sie. Die bis zu 1,2 Meter lang werdende *Fer de Lance* ist sehr schnell und sehr aggressiv und es gab sie überall. Ohne zu zögern, greift sie auch Menschen an. Hauptsächlich nachts unterwegs besucht sie gerne dein Biwak. Auch deswegen: Schlaf nicht am Boden, lass nichts am Boden liegen. Bevor du etwas mit deinen Händen anfasst, schau erst ganz genau hin. Versuch nicht eine Lanzenotter zu fangen, wenn du es nicht von einem Profi gelernt hast: Real Survival ist die einzige Ausnahme, denn auch Lanzenottern kann man essen.

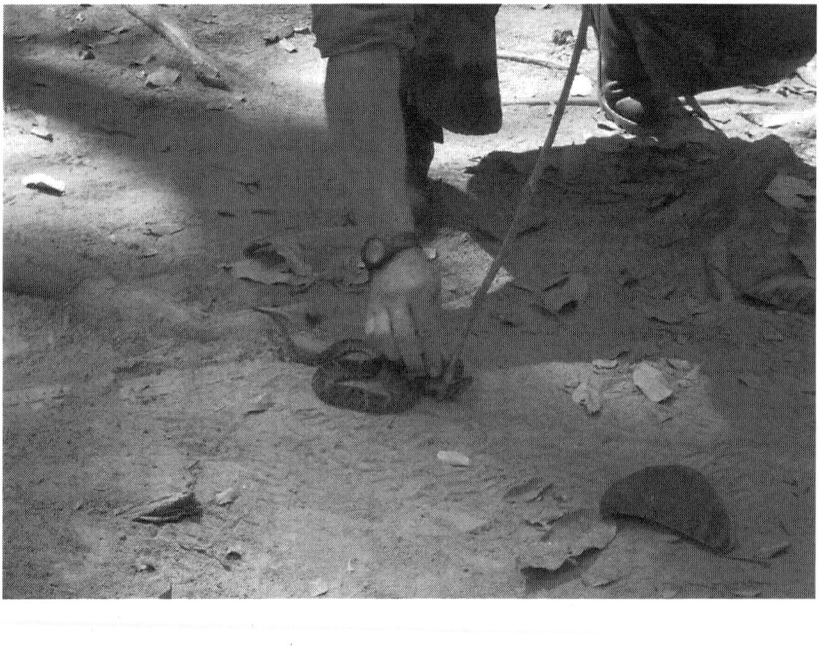

Die Kettenviper: Die Russell-Viper, wie sie auch genannt wird, ist wohl die gefährlichste Schlange überhaupt in Asien. Ich hatte in Sri Lanka mit ihr zu tun. Kaum größer als 1,2 Meter ist sie wie die meisten Giftschlangen nachtaktiv. Sie besitzt eine perfekte Tarnung. Um einen Menschen sicher zu töten, reichen ca. 70 mg Gift völlig aus.

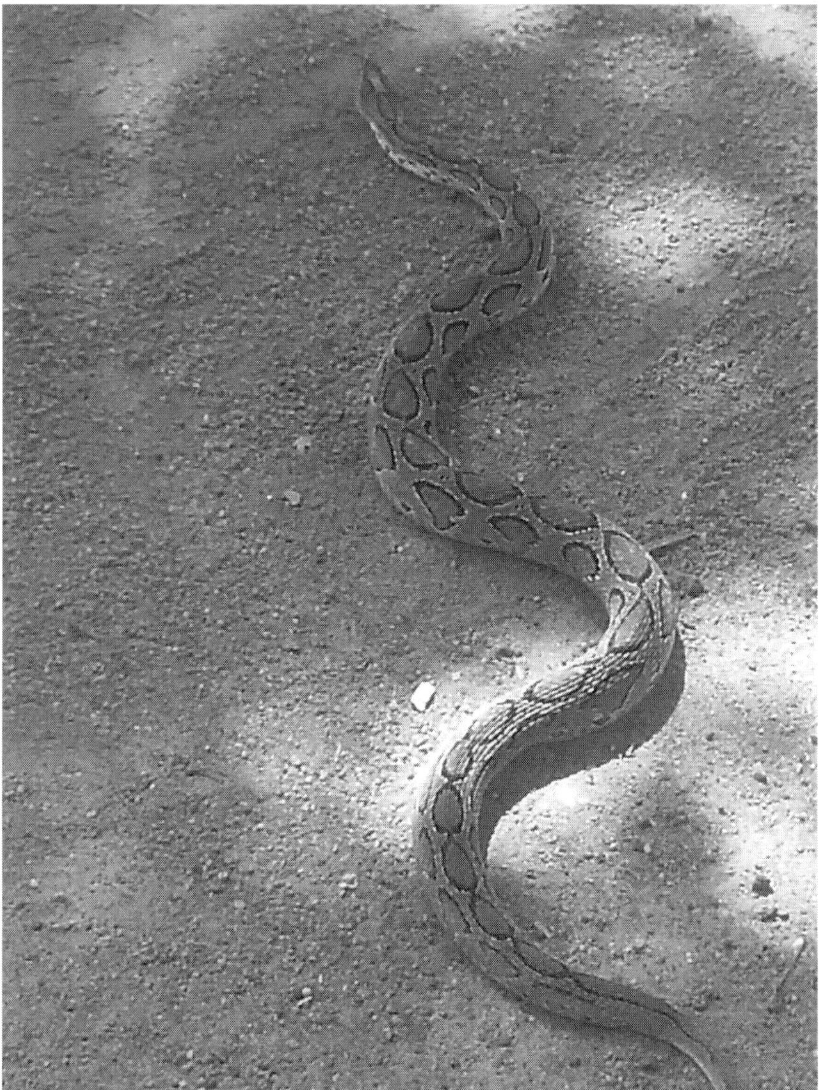

Die Kettenviper gibt beim Erstbiss jedoch bereits 72 mg und häufig sogar bis zu 250 mg Gift (hauptsächlich Hämotoxine) ab. Mehr muss man dazu wohl nicht sagen. Weiterhin, und das macht die Sache auch nicht einfacher, berichteten Augenzeugen davon, dass diese Schlange ihrem Opfer förmlich entgegenfliegt. Als ich mit einem Schlangenexperten in Sri Lanka darüber sprach, bestätigte er das. Die Viper könne bis zu vier Meter vorschnellen. Die Kettenviper verursacht zusammen mit dem Krait und der Kobra die meisten Todesfälle durch Schlangenbisse in Asien.

Die Gabunviper: Sie ist eine der größten Giftschlangen, die ich je gesehen habe. Sie lebt in den dunklen Urwäldern Afrikas, dort, wo selten Menschen ihren Fuß hinsetzen. Ein ausgewachsenes Exemplar wird leicht 2 Meter lang und erreicht ein Gewicht von nahezu 15 Kilo. Sie hat bis zu 5 cm lange Giftzähne. Allein der Schock, den ihr Biss hervorruft, kann tödlich sein. Ihr Gift ist ein Mix aus Hämotoxinen und Neurotoxinen, ein brutaler Cocktail! Die Gabunviper ist nicht aggressiv, beißt sie aber zu, pumpt sie gleich so viel Gift in ihr Opfer, dass es ein Wunder bräuchte, den Biss zu überleben.

Der indische Krait: Dieser Schlange begegnete ich in Sri Lanka. Das Gift des Krait ist 15-mal stärker als das einer Kobra. Der Biss ist tödlich. Die nachtaktive Schlange ist eng mit der Kobra verwandt. Leider hat sie die Tendenz, vom Menschen bewohnte Gegenden aufzusuchen und ihr Lager in Betten, unter Decken und Kissen aufzuschlagen oder gar am Boden schlafende Menschen zu beißen: Sie ist extrem gefährlich!

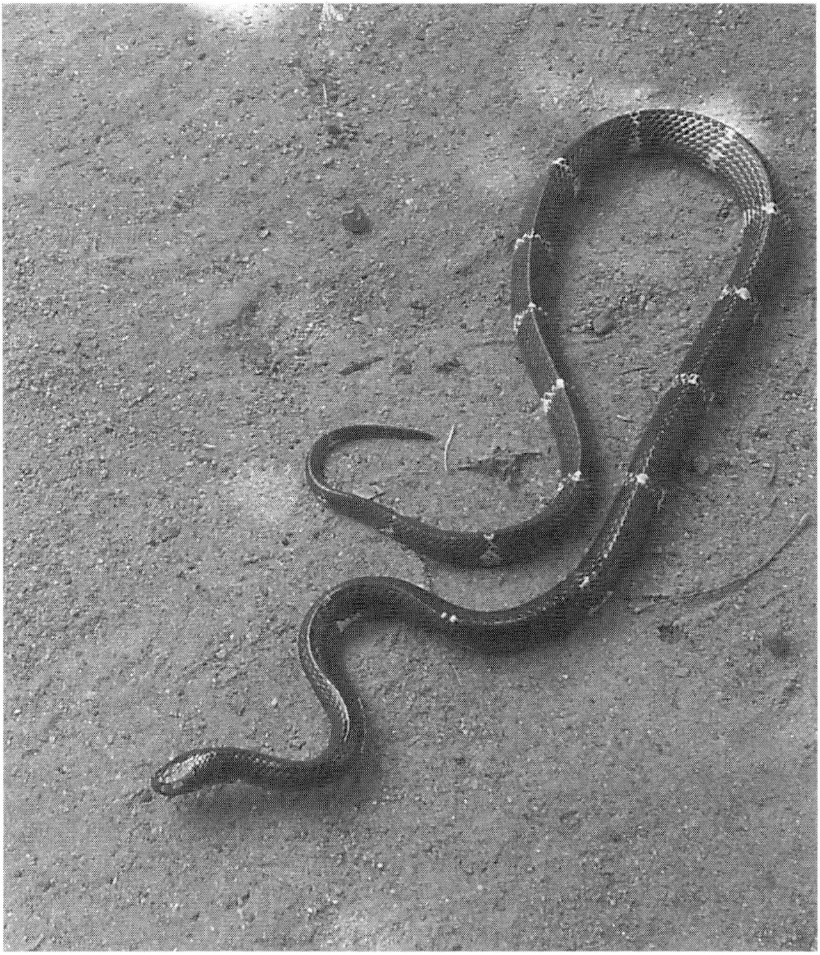

Von den Würgeschlangen, denen ich über den Weg lief, war die Anakonda wohl am gefährlichsten. Obwohl sie für erwachsene Menschen eigentlich harmlos ist. Sieht man bei Wikipedia nach, liest man dort von drei bis sechs Meter langen Anakondas. Ich kann guten Glaubens behaupten, weitaus größere Exemplare gesehen zu haben. Auf festem Boden kann dir die Anakonda nicht wirklich gefährlich werden. Im Wasser sieht das jedoch anders aus. Du hättest keine Chance. Obwohl sie eine Würgeschlange ist, besitzt sie scharfe Zähne. Ich bin mal von einer drei Meter langen Anakonda gebissen worden.

Ich wollte sie fangen, hab nicht aufgepasst und schon war es passiert. So ein Biss tut mächtig weh und es dauert eine Weile, bis die Schlange den Biss wieder löst. Manchmal kommt es dann zur Nekrose. Solche Bisse, so klein sie auch sind, sollten sofort desinfiziert werden.

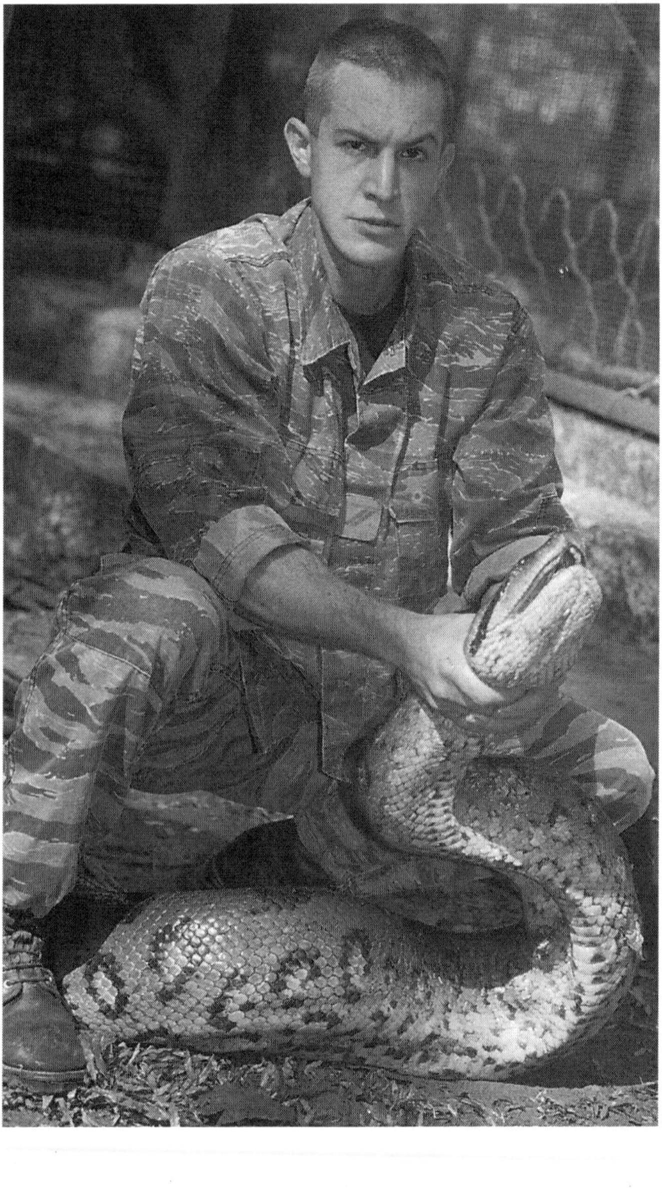

Einem Schlangenbiss vorbeugen:

- Trag hohe, feste Schuhe oder Stiefel.
- Schleiche nicht. Schlafe nie am Boden. Check deine Klamotten.
- Sei nicht nachts unterwegs (viele Schlangen sind nachtaktiv).
- Sei beim Marschieren stets hellwach, suche sorgsam den Boden vor dir ab, vermeide herunterhängendes Geäst und vergiss auch den Blick nach hinten nicht.
- Greife nie mit der bloßen Hand in ein Loch.

Wenn du durch den Urwald stapfst, hüte dich vor Baumschlangen:
Baumschlangen im Geäst auszumachen, ist fast unmöglich, so sehr man auch nach ihnen Ausschau hält. Sie sind ebenso grün wie das Blattzeug, das sie umgibt. Ich hatte mehrmals Baumschlangen gesehen, aber nur, weil man mich ganz gezielt auf sie aufmerksam gemacht hatte. Und selbst dann musste ich schon ganz genau hinsehen!

Erste Hilfe bei giftigen Schlangenbissen: Jedes Mal, wenn wir Legionäre tief in den Urwald Guyanas eindrangen und dort manchmal bis zu 30 Tage blieben, hatten wir nie ein Schlangenserum (Antivenin: Es muss ständig gekühlt werden und darf keiner ständigen Bewegung ausgesetzt sein), immer aber einen Arzt dabei. Fakt ist, dass die ersten 20 bis 30 Minuten entscheiden, ob du überlebst oder nicht. Bekommst du innerhalb dieser Zeit keine professionelle Hilfe, sinken, je nachdem, welche Schlange dich gebissen hat, deine Überlebenschancen rapide. Was also soll man tun?

- Bewahre Ruhe. Falls vorhanden, nimm (oder verabreiche) ein Beruhigungsmittel.
- Andere darüber informieren, Hilfe holen, Notruf absetzen etc.
- Den Gebissenen sowie die Bissstelle ruhigstellen: Den Arm in eine Schlinge, das Bein schienen.
- Die Bisswunde oberflächlich mit viel kaltem Wasser reinigen, abdecken und wenn möglich unterhalb des Herzniveaus halten.
- Einen leichten Kompressionsverband über der Bissstelle anlegen.
- Ständig Vitalfunktionen des Opfers beobachten bzw. sicherstellen (Atmung, Kreislauf, ihn in Schocklagerung bringen etc.)

- Sich das Aussehen der Schlange genau einprägen. So wissen die Ärzte, um welche Schlange es sich möglicherweise handelt. In diesem Zusammenhang liest man hier und da, dass es von Vorteil ist, die Schlange zu fangen, ihr den Kopf abzuschlagen, um ihn dem Arzt zu zeigen: Natürlich wäre das ein Vorteil. Aber sicher ist es auch ein tödlicher Irrtum! Die Schlange ist nach dem ersten Biss sehr erregt, der Zweitbiss eingeplant.
- Einen Transport nur liegend durchführen.
- Aussaugen? NEIN!
- Wirst du gebissen und bist ohne Kommunikationsmittel tief im Busch und allein unterwegs: bete!

Alle Schlangen, auch die giftigsten, kann man essen. Das wichtigste dabei ist, ihr den Kopf etwa zehn Zentimeter hinter den Giftzähnen abzuschneiden. Und zwar so schnell wie möglich. Danach wird sie gehäutet, ausgenommen: Mahlzeit.

Schlusswort

Du hast bemerkt, dass das Überleben zum großen Teil Kopfsache ist. Das Buch wäre unvollendet, wenn ich dir nicht von Denis erzähle, einem Mann, der uns mental in jeder Hinsicht ein Vorbild sein kann. Seine Geschichte hat sich genauso zugetragen, wie ich sie jetzt erzähle. Kamerad Denis, ein ehemaliger Fallschirmjäger der Fremdenlegion, hatte unter anderen auch im Dschungelkampfregiment der Legion gedient. Nach seiner aktiven Zeit nahm er, ähnlich wie Antonio Lopez, einer unserer bekanntesten Ausbilder, einen Job als Aufseher in einer Goldmine im Landesinneren an. Zu seinen Aufgaben zählte das Finden und Abstecken von neuen Wegen durch den Busch. Eines Tages geschah ein Unglück. Ein morscher Baum stürzte zu Boden und begrub Denis unter sich. Als er sich aufrappeln wollte, spürt er, dass sein Bein eingeklemmt war. Als er genauer hinsah, bemerkte er, dass das Bein nur noch an einer Sehne am Körper hing. Der Rest war zerfetzt. Ohne lange zu überlegen, zückte Denis seine Machete und trennte die Sehne mit ein paar kräftigen Hieben durch. Derweil riefen seine Kameraden einen Hubschrauber, der aber erst am nächsten Morgen auf einer etwas weiter entfernten Lichtung landen konnte. Was Denis da gemacht hatte, war schon Wahnsinn. Aber seinen mentalen Fähigkeiten setzte er noch ein Krönchen auf, indem er nur ein Jahr später eine Durchquerung Guyanas von Süd nach Nord durchführte: Mit nur einem Bein, einer Prothese und ohne Unterstützung! Er wollte dem Teufel, der ihm das Bein genommen hatte, noch einmal ins Gesicht schauen und was soll ich sagen, es gelang diesem Höllenhund tatsächlich. Er durchquerte Guyana von Süden nach Norden. Wie ein einsamer Wolf, fünfundsiebzig Tage folgte er mal zu Fuß, mal in einer Piroge aus Aluminium, mal schwimmend den Flüssen oder den Höhenzügen im Inneren des Landes und das so lange, bis er sein Ziel erreicht hatte. Wie hieß der Leitspruch, der ihn antrieb?

– Ich will. Ich kann. Ich werde!

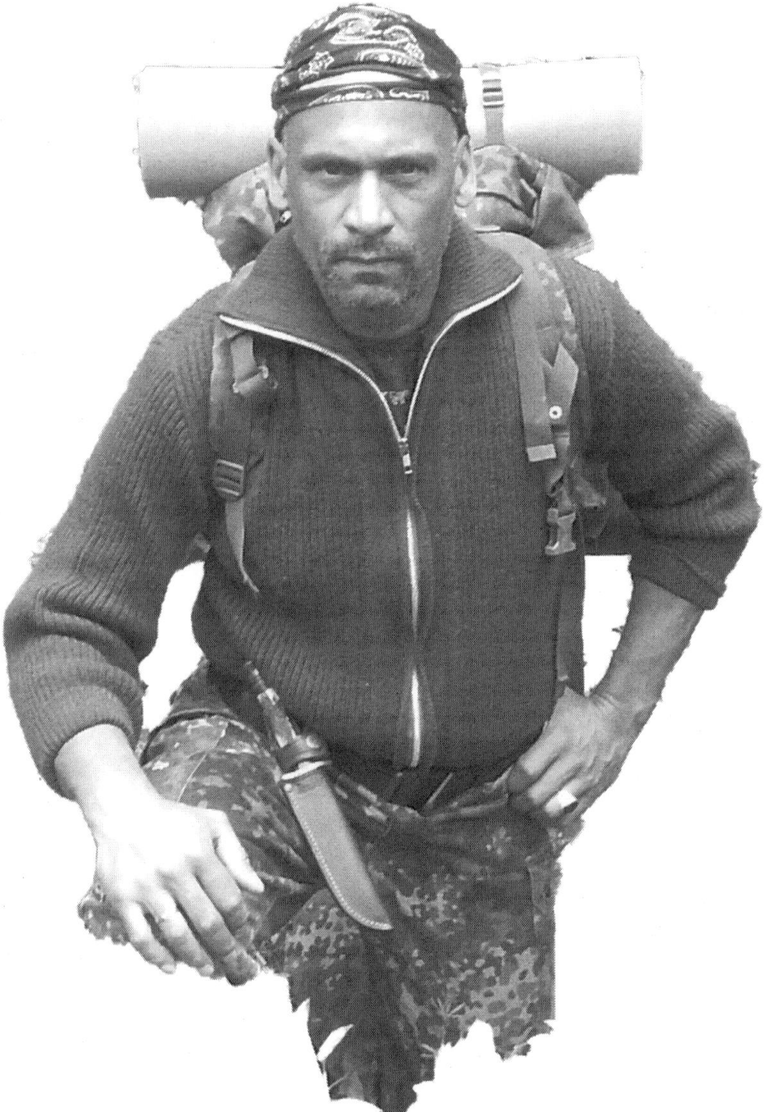

Liebe Leserin, lieber Leser,

hat Ihnen dieses Buch gefallen? Wir freuen uns über Ihre Verbesserungsvorschläge, Kritik und Fragen zum Buch.

Die Meinung und Zufriedenheit unserer Leserinnen und Leser ist uns sehr wichtig.

Kontaktieren Sie uns deshalb gerne und schreiben uns eine E-Mail an ***feedback@eulogiaverlag.de***

Wir freuen uns auf Ihre Nachricht.

Herzlichst

Ihr Eulogia Verlags Team